모든 변론에서 이기게 해주는
악마의 대화법

모든 변론에서 이기게 해주는

DEVIL LOGIC
악마의 대화법

자오잔우 지음 | 이정은 옮김

이터

제1장

상대의
논리부터
파악하라

제2장

그럴듯해 보이는
논리 속에
숨은 함정들 ━━━━━━━━

제**4**장

설득의 논리,
논리는 사고방식을
바꿔놓는다

DEVIL LOGIC

논리는
어렵다는 생각을 버려라

알고 있는가. 많은 사람들은 자신도 모르는 사이 모순된 논리를 펼치곤 한다는 사실을. 이런 일은 학술적인 문제를 다룰 때는 물론이거니와 일상생활에서도 부지기수로 일어난다. 믿기지 않는다면 다음의 예를 보자.

"이 프로젝트는 장점도 있지만 단점도 있군요."

"난 자네가 이 일을 처리하는 방식에 좋은 점도 있고 나쁜 점도 있는 것 같네."

"이 보고서는 관점이 입체적이진 않지만 단편적이라고 할 수도 없네요."

"저 사람은 말하는 게 대학생 같기도 하고 아닌 것 같기도 해."

사람들은 둘 중 어느 한쪽을 선택하고 싶지 않거나 쉽게 마음을 정할 수 없을 때면 양쪽 다 일리가 있다는 식으로 말하곤 한다. 하지만 이렇게 애매모호한 발언이 우리를 더욱 혼란스럽게 만드는 건 아닐까? 대화를 나누는 상대방이 이런 식으로 말한다면 우리는 그 사람의 논리에 문제가 있다고 생각하지 않을까?

일상생활에서 자주 볼 수 있는 논리적 오류에는 위에서 말한 것처럼 '애매하게 말하기' 외에도 '개념 바꾸기' '빙빙 돌려 말하기' '제대로 이해하려 하지 않기' 등이 있다.

21세기를 살아가는 우리가 논리학을 알아야 하는 이유는 무수히 많다. 논리를 알지 못하면 궁금한 내막을 알아낼 수 없고, 고집스런 친구를 설득할 수 없으며, 토론에서 이길 수도 없는 데다, 일상적인 대화 속에서 무수히 나타나는 모순된 말들을 식별해낼 수도 없다. 이런 문제들을 해결하려면 반드시 강력한 논리력을 갖춰야 한다.

대학에서 논리학을 수강한 적이 있다면 논리가 무척 어려운 학문이란 사실을 알고 있을 것이다. 그래서 "사실 논리는 세 살짜리 애들도 배울 수 있답니다"라고 말하면 당신은 분명 깜짝 놀랄 것이다. 하지만 실제로 다섯 살에서 열 살 사이의 아이들보다 세 살부터 다섯 살까지 아이들의 논리 습득 능력이 더 좋다는 연구 결과가 있다. 어린아이들은 아직 의식이 제대로 발달하지 않아 선입견으로 대표되는 주입식 사고방식이 형성되지 않았기 때문이다. 이렇게 사고 체계가 막 형성되는 시기의 아이들은 문제에 맞닥뜨리면 흔히 표현하는 대로 '빙빙 돌려 생각'하지 않고 직선적으로 사고한다.

이쯤 되면 나이를 먹을수록 논리 배우기가 점점 더 어려워진다는 사실을 눈치 챘을 것이다. 특히 논리적 사고력이 약한 사람이 후천적 학습을 통해 논리력을 기르려면 다른 사람보다 더 많이 노력해야 한다. 하지만 어려움이 생기면 해결책도 뒤따르는 법이니 너무 걱정할 필요는 없다. 필자가 이 책을 쓴 목표가 독자들이 가벼운 마음으로 논리를 접하고 생생한 사례들을 통해 배우고 익혀서 논리력을 키우게 만들려는 것이니 말이다.

후천적으로 논리를 학습하려면 다음의 세 가지를 기억해야 한다. 이 책을 읽을 때, 또 자신의 논리력을 키우는 데 도움이 되길 바란다.

첫째, 논리는 어렵다는 생각을 버려라. 필자의 논리학 강의를 들은 왕 선생님이라는 분이 이런 말을 했다. "후천적으로도 논리력을 키울 수 있다는 사실을 알게 됐어요. 그것이 이번 강의를 통해 얻은 가장 큰 소득입니다." 실제로 왕 선생님은 눈에 띄는 수강생은 아니었다. 논리력 기초도 탄탄하지 않았고 강의 중에 인상적인 발언을 하지도 않았다. 그럼에도 '후천적으로도 논리력을 키울 수 있다는 사실'을 깨닫게 된 것이다. 이 점만으로도 그는 강의를 통해 대단한 결실을 거둔 셈이다.

둘째, 논리의 황금법칙을 따라라. 논리학에는 모든 길로 통하는 황금법칙이 있다. '말하는 내용, 핵심과 결론, 이유와 논거'인데 이 법칙을 따르면 한층 더 조리 있고 설득력 있게 말할 수 있다.

셋째, 논리를 배울 수 있는 기회가 있다면 절대 놓치지 말라. 일상 속에서 논리를 배우고 싶어도 '배울 기회가 없다'는 사람도 있을 것이다. 하지만 주의 깊게 주위를 살펴보면 논리력을 기를 기회는 얼마든지 있다. 당신과 입씨름하는 상대, 토론을 벌이는 동료, 설득해야 할 친구…….
이 모두가 당신에게 논리학을 가르쳐줄 최고의 스승이다.

제1장

상대의
논리부터
파악하라

논거는 이론적인 것과 사실적인 것 모두 활용 가능하지만, 어느 쪽이든 말하는 이의 주장을 단단히 뒷받침하여 듣는 사람이 고개를 끄덕일 수밖에 없도록 만들어야 한다.

논리의 시작은
에둘러 말하기

평소 눈여겨보았는지 모르겠지만, 우리 주변을 보면 하고 싶은 말을 직접적으로 내뱉는 사람은 드물다. 자신의 생각이나 의견을 거침없이 말하는 사람을 고수라고 여기지도 않는다. 촌철살인으로 요령 있게 상대방의 속내를 떠보거나 자신의 뜻을 절묘하게 전달하는 사람이야말로 진정한 '언변의 고수'요, 흔히 말하는 '언어의 예술가'다. 예로부터 말솜씨가 뛰어난 사람들은 자신이 뜻하는 바를 에둘러 말함으로써 뭇사람의 감탄을 샀다. 아래의 유명한 고사를 보자.

춘추전국시대 조나라에서는 조태후(趙太后)가 실세 역할을 하며 조정을 좌지우지하고 있었다. 그러던 중 막강한 군사력을 앞세운 진나라의 공격을 받아 제나라에 군사 지원을 요청했다. 제나라는 군사를 내주는 조건으로 조태후가 아끼는 아들 장안군(長安君)을 인질로 보낼 것을 요구했지만 조태후가 받아들일 리 없었다. 조정 대신들이 조태후를 설득하려 애써봤으나 조태후는 들은 척도 하지 않고 역정을 냈다. "두 번 다시 그 일을 입에 올리는 자가 있다면 얼굴에 침을 뱉어주겠소!"

군사 지원이 미뤄지면 나라가 위태로워질 것을 알았던 좌사(左師) 촉룡(觸龍)이 고심 끝에 조태후를 찾아갔다. 여전히 화가 풀리지 않은 조태후를 본 촉룡은 천천히 다가가 절을 한 뒤 말했다. "신이 늙고 몸이 좋지 않아 오랫동안 태후마마를 뵙지 못했습니다만, 늘 마마의 안부를 염려하고 있습니다. 기체 강녕하십니까?"

"늘 가마를 타고 다니니 걸을 일이 없소." 조태후는 정색하면서 대꾸했다.

"요즘 입맛은 어떠신지요?" 촉룡이 사려 깊은 말투로 물었다.

"그저 그렇지. 죽이나 담백한 음식을 먹고 있소." 조태후의 어조가 조금씩 누그러지기 시작했다.

"소신도 입맛이 예전 같지 않습니다만, 꾸준히 걷다 보니 조금 나아지고 있습니다."

"그렇지만 나는 그렇게 할 수가 없지 않소." 고개를 돌려 촉룡을 바라보는 조태후의 목소리에 온기가 돌기 시작했다.

"태후마마, 신이 오늘 마마를 찾아뵌 것은 다름이 아니라 청할 일이 하나 있어서입니다. 소신이 가장 아끼는 막내아들에게 작은 벼슬을 하나 내려주십시오. 그렇게만 해주시면 죽어도 여한이 없겠습니다."

"그야 어려운 일도 아니지. 아들의 나이가 몇이오?"

"올해 열다섯입니다. 나이는 어리지만 제가 죽고 난 뒤 마마께서 그 아이를 돌봐주신다면 소신도 마음이 놓일 것 같습니다."

"그대 같은 아비들도 자식을 아끼는 건 어미와 마찬가지구려." 조태후가 웃으며 말했다.

"소신 같은 아비도 어머니의 마음과 조금도 다르지 않습니다. 다만 아뢰기 황공하오나, 마마께서는 아드님보다 따님을 더 아끼시는 것 같습니다." 촉룡은 진지한 말투로 대꾸했다.

"그게 무슨 소리요? 내가 장안군을 아끼는 마음은 딸을 생각하는 마음보다 더 크다오."

"마마께서는 따님을 다른 나라에 시집보내실 때 슬피 울며 배웅하셨습니다. 그러고는 부디 따님이 쫓겨 돌아오지 않기를 매일같이 기도하셨지요. 그것은 마마께서 따님의 장래를 생각해 따님이 남의 나라에 무사히 뿌리를 내리고, 그 자손들이 대대손손 군주가 되어 영화를 누리길 바라셨기 때문이 아닙니까. 그래서 소신은 마마께서 얼마나 따님을 사랑하시는지 알 수 있었습니다."

"그렇게 생각한 것은 사실이오."

"소신 황공하오나 한 가지만 여쭤보겠습니다, 태후마마. 과거 제후 관작을 받은 우리 조나라 왕자들 가운데, 그 자손들이 계속해서 관작을 물려받는 이가 있습니까?"

"그런 경우는 없지."

"제후에 봉해진 왕자들은 뜻하지 않게 화를 당하면 본인이 일찍 죽거나 그 자손들까지 화를 입게 됩니다. 그 까닭이 무엇입니까? 그것은 그들에게 관작이 없어서가 아니라 공이 없었기 때문입니다. 지금은 마마께서 장안군에게 온갖 부귀영화를 내려주고 계시지만, 단 한 번도 조정을 위해 공을 세운 적 없는 장안군이 나중에 무엇을 근거로 이 나라에 발을 붙일 수 있겠습니까?"

촉룡의 말을 들은 조태후는 고개를 끄덕이며 말했다. "그대의 뜻을 잘 알겠다."

후에 조태후는 장안군을 제나라에 인질로 보내도록 허락했고, 제나라에서 군사를 지원받은 조나라는 위기에서 벗어날 수 있었다.

이 고사가 천여 년이 지난 오늘날까지 전해지는 이유는 촉룡의 남다른 대화술 때문이다. 촉룡은 다른 대신들처럼 직접적으로 말하지 않았다. 잔뜩 화가 난 태후에게 바른말이 귀에 들어올 리 없으니 정면으로 밀고 나가기만 하면 욕이나 들어먹기 십상이었다. 현명한 촉룡은 이 점을 알고 에둘러 말하는 방식으로 완곡하게 태후를 설득한 것이다.

에둘러 말하기는 전형적인 완곡형 화술이다. 진정한 언어논리의 고수들은 한 가지 방식만 고집하지 않는다. 정면 공격이 통하지 않는다면 측면 공격을 시도해 목적을 달성한다. 일반적으로 에둘러 말하기 화법이 효과를 발휘하려면 다음의 세 가지를 기억해야 한다.

첫째, 적절한 언어 매개를 찾아 말을 대신한다. 직접적으로 말하기 곤란하거나 상대에게 통하지 않을 때는 언어 매개의 힘을 빌려 우리의 생각을 전달할 수 있다. 여기서 매개는 특정한 사람이나 이야기가 될 수도, 어떤 이치가 될 수도 있다. 일상 속에서 우리는 이런 방법을 통해 자신의 목표를 완곡히 달성할 수 있다.

대학을 졸업한 아룽은 어느 기업의 IT 담당부서에 입사했다. 예전부터 뛰어난 엔지니어가 되고 싶었던 그는 한껏 의욕에 차 근무했다.

2년 뒤, 아롱의 대학 동기들은 하나둘 관리직으로 승진했지만 아롱은 여전히 말단 엔지니어에 머물러 있었다. 동기들과 자신의 처지를 비교할수록 아롱의 마음은 좋지 않았다. 그런 아롱의 불만을 눈치 챈 상사 리린은 어느 주말, 아롱을 포함한 회사 사람들에게 주말을 이용해 야유회를 가자고 제안했다.

야유회 장소로 정한 교외 식물원은 규모가 굉장히 컸다. 무리 지어 걸어가던 사람들 앞에 갈림길이 나타나자 리린이 아롱에게 물었다.

"어디로 갈까?"

아롱이 말했다. "뒤쪽으로 난 저쪽 길로 가죠."

리린이 웃으며 대답했다. "그래, 그럼 자네 말대로 가보지."

그러나 한참을 걸어도 출구가 나오지 않자 아롱은 조바심을 냈다. "왜 길이 끝나질 않을까요? 다른 사람들은 벌써 도착했겠죠?"

리린이 웃으며 말했다. "자네는 이쪽 길을 택했는데 다른 사람들이 어떻게 가든 왜 신경을 쓰나? 얼마나 더 가야 할지는 걱정하지 말게. 자신을 믿고 꾸준히 걷기만 하면 반드시 출구를 찾을 수 있을 테니."

아롱은 자신을 이끌어준 리린을 바라보며 무언가를 깨달은 듯 고개를 끄덕였다.

'자신의 능력만 믿는다면 타인과 비교할 필요는 없다.' 불안해하는 아롱이 이 사실을 깨달을 수 있도록 리린은 사실을 매개로 선택했다. 그 자체가 의미 있는 경험이므로 설득하기도 쉬웠다.

자신의 생각을 완곡히 전달하려 할 때에는 먼저 매개를 찾으면 되는데, 여기서 주의할 점은 매개와 말의 요점이 서로 연결되고 핵심을 절묘하게 표현할 수 있어야 한다는 사실이다.

둘째, 말은 신중하게 골라야 한다. 언어 '매개'를 선택할 때 상대의 입장이나 상황을 제대로 고려하지 않으면 오해를 사기 쉽다. 때에 따라 상대는 당신을, 하고 싶은 말도 똑바로 못하고 빙빙 돌리며 변죽만 울리는 '소인배'라고 여길 수도 있다. 특히 여러 사람이 얽혀 있는 상황이라면 더 쉽게 오해가 발생한다.

갑은 승진 기념으로 동료인 을과 병을 집으로 초대했다. 그런데 회사에 일이 많아진 바람에 초대받은 두 사람은 제시간에 함께 오지 못했다. 식사를 준비하던 갑은 초인종 소리에 얼른 달려 나가 문을 열었다. 두 사람이 함께 올 줄 알았지만 문 앞에 서 있는 사람은 을뿐이었다. 을은 즐겁게 거실로 들어왔고, 갑은 병이 제시간에 오지 않아 아쉽다는 듯 이렇게 말했다. "와야 할 사람이 좀 일찍 오지 않고."

이 말을 들은 을은 안색이 변했다. '먼저 온 나는 와야 할 사람이 아니란 말인가?'

기분이 상한 을은 갑이 상을 차리는 것도 도와주지 않고 거실 소파에 앉아 휴대전화만 만지작거렸다. 그때 병이 헐레벌떡 도착했다. "늦어서 미안해."

그러자 갑은 웃으며 말했다. "괜찮아. 와야 할 사람이 왔으니까."

그 말을 들은 을은 생각했다. '와야 할 사람이 왔다고? 그럼 나는 있으나마나 한 사람이란 말이야?'

을은 화가 나서 밖으로 나가버렸고, 갑과 병은 갑자기 씩씩대는 을의 뒷모습을 보며 황당해했다. 식탁에 앉은 갑이 한숨을 쉬며 말했다. "아쉽다. 가면 안 될 사람이 가버렸네."

그러자 그 말을 들은 병의 얼굴이 굳어지기 시작했다…….

많이 배운 데다 말솜씨가 괜찮다고 자부하는 사람들도 종종 실수를 저지른다. 위의 예시가 바로 그렇다. 갑은 나름대로 '철학적'인 화법을 통해 자신의 생각을 표현하려 했지만 남들의 생각이 다 내 생각 같지는 않은 법이다. 듣는 상대를 고려하지 않은 채 적절하지 않은 완곡형 화술을 발휘하다간 이렇게 끝이 좋지 않을 수도 있다. 따라서 완곡형 화술을 익히고 싶다면 먼저 상대를 고려해 말할 줄 알아야 하고, 듣는 대상과 장소에도 유의해야 한다. 그렇지 않으면 의도치 않은 갈등과 오해를 불러일으킬 수 있고, 심지어 '건넛산 보고 꾸짖는' 격이 될 수도 있다.

셋째, 접근 각도를 바꿔 말한다. 한 가지 사실이라도 바라보는 각도에 따라 무수히 다른 견해가 나오듯, 사람을 대할 때도 여러 각도에서 접근할 수 있다. 한 가지 측면으로만 사물을 바라보면 독불장군이 되기 쉽다. 따라서 상대방이 눈앞의 사실에만 정신이 팔려 있다면 다른 각도에서 바라보도록 유도하는 것도 방법이다. 상대가 스스로 깨닫도록 만든다면 당신이 전달하고자 하는 의도도 곧바로 이해할 것이다.

한 황제가 이웃 나라를 공격할 준비를 하고 있었다. 야심에 부푼 황제는 나라의 국고가 가득 차 있으니 온 힘을 기울이면 전쟁에서 이길 수 있을 거라 생각했다. 그러나 대신들은 이웃나라의 성곽이 난공불락이라 무턱대고 공격만 해서는 이길 수 없다는 사실을 알고 있었다. 승산이 없다고 여긴 대신들은 황제를 만류했지만 콧대 높은 황제는 그들의 말을 귓등으로도 듣지 않았다. 그때 황제가 가장 신임하는 승상이면 지방의 시찰을 마치고 돌아왔다. 황제의 서고로 찾아간 승상이 웃으며 말했다. "폐하, 소신이 여행 중에 아주 재미있는 자를 만났는데 그자의 이야기를 한번 들어보시겠습니까?"

"오, 말해보라."

황제는 이야기 듣는 것을 가장 좋아하는 사람이었다.

"그자는 서쪽으로 가서 장사를 하려고 하는 상인이었습니다. 그런데 해가 떠오르는 방향으로 가고 있기에 제가 좋게 말해줬지요. '당신은 지금 잘못된 방향으로 가고 있습니다.' 그런데 이자가 콧방귀를 뀌는 겁니다. '내 마차는 오백 리 안에서 최고로 좋은 마차요.' 그래서 소신이 웃으며 말했지요. '하지만 방향이 틀렸잖소.' 그자는 또 다시 웃더니 이렇게 말했습니다. '나는 돈도 넉넉하고, 마부도 천 리 안에서 골라 뽑았소.' 어떠십니까, 폐하. 그자가 아주 우습지 않습니까?"

그러자 황제가 껄껄 웃으며 말했다. "정말 우스운 자로군. 아무리 돈이 많고 좋은 마부와 마차를 지녔다 한들 목적을 이룰 수는 없지. 애초에 잘못된 결정을 내리면 일은 점점 더 잘못되기만 하니까 말일세. 승상의 뜻을 잘 알아들었네."

다른 이들이 하나같이 국가라는 관점에서만 황제를 설득하려 했다. 하지만 승상은 결정과 그 결정이 가져오는 결과라는 각도에서 접근해 황제의 잘못된 결정이 나라와 백성들을 궁지로 몰아넣을 수 있다는 사실을 완곡한 방식으로 알렸다. 그리하여 아무리 국고가 넉넉해도 소용없다는 것을 황제가 깨닫도록 유도해 전쟁을 포기하도록 만들었다.

정면화법이 통하지 않는다면 에두르는 화술을 활용해 충돌을 피할 수 있다. 스스로의 안위도 지키면서 상대를 성공적으로 설득할 수 있으니 이것이 바로 '언어보다 지혜로운 방법'이라 하겠다.

이처럼 말로써 상대에게 연상 작용을 불러일으키려 할 때 한 가지 기억해야 할 점이 있다. 반드시 자신의 의도가 올바른 방향을 향하고 있는지 점검해야 한다는 점이다. 그렇지 않으면 승상의 이야기 속 상인처럼 잘못된 방향으로 나아갈 것이다.

논거를 찾아라

완전한 논리 구조란 일반적으로 주장과 논거로 이루어진다. 말하는 사람은 우선 대상에 대한 자신의 관점과 태도를 정리한 다음 적절한 논거를 들어 주장의 유효성을 증명한다. 논거는 이론적인 것과 사실적인 것 모두 활용 가능하지만, 어느 쪽이든 말하는 이의 주장을 단단히 뒷받침하여 듣는 사람이 고개를 끄덕일 수밖에 없도록 만들어야 한다.

언어논리의 고수가 논리적으로 사고하는 과정을 들여다보면 논거는 매우 중요한 역할을 한다. 힘 있는 논거가 부족할 경우 사소한 주장도 신빙성을 잃게 되고, 근거가 충분하지 않아 결국 상대를 설득하는 데 실패하고 만다. 일상생활 속에서도 논거가 부족해 논리가 서지 않는 경우를 많이 볼 수 있다. 많은 사람들이 자신의 논거가 충분한지는 신경 쓰지 않은 채 오로지 그렇게 생각하는 이유만 찾는다. 마치 저 사람은 명문가 출신이니 반드시 능력이 있을 거란 식인데, 이렇게 감정에 호소하는 논리적 오류가 발생하는 까닭은 근거가 불충분하기 때문이다.

논거가 충분해야 설득력을 얻는다. 물론 이때는 논거의 진실성도 중요하다. 언어논리학 전문가들은 올바른 논거의 첫째 조건으로 진실성을 꼽는다. 올바른 주장이라도 뒷받침하는 논거가 거짓이면 전체 논리에 구멍이 날 수밖에 없다.

논거는 크게 사실적 논거와 이론적 논거 두 가지로 나뉜다. 사실적 논거는 사람들이 직접 체험할 수 있는 사실, 실제 일어난 사건을 재료로 삼는다. 과거에 일어난 사실도 좋고 지금 일어나고 있는 일들도 좋다. 자신의 경험이나 다른 사람이 겪은 일, 긍정적인 사건과 부정적인 사건 모두 활용할 수 있다. 한편 이론적 논거로는 사회적으로 공인된, 대중이 일반적으로 받아들이는 상식이나 도덕, 명언, 속담 등이 있다. 다음의 예시를 보자.

◆ 잔인한 운명도 인간의 의지를 막을 수는 없다. 사람은 스스로의 의지로 어려움을 극복하고 성공을 향해 걸어간다. 세계적인 작곡가 베토벤도 그랬다. 운명은 그의 청각을 앗아갔지만 베토벤은 끝내 위대한 작곡가가 되었다.

◆ 사람은 10분마다 거짓말을 한다는 연구 결과가 있다. 살면서 거짓말을 하지 않는 사람은 없다는 뜻이다. 단지 거짓말의 크고 작은 차이가 있을 뿐이다.

◆ 강한 의지만 있다면 이루지 못할 일은 없다. 태행(太行)과 왕옥(王屋)은 아주 높은 산이었지만 우공(愚公)은 그 산을 깎으려 끊임없이 노력했고, 감복한 신이 우공을 도와 두 산을 옮겨주었다.

- 에디슨은 "천재는 1퍼센트의 영감과 99퍼센트의 땀으로 이루어진다"고 말했다. 성공하기 위해서는 후천적인 노력이 매우 중요하다.
- 중국 속담에 "푸른 산을 남겨두면 땔나무 걱정은 없다"는 말이 있다. 사업에 실패했다고 그렇게 싸워봐야 무슨 소용인가. 다시 힘을 모아 기운을 차리면 언젠가 재기할 기회가 올 것이다.

다섯 가지 글 가운데 앞의 세 개는 사실적 논거이고 마지막 두 개는 이론적 논거다. 언어논리학 전문가들은 이 같은 논거의 성질을 이해하는 것은 첫 단계일 뿐이라고 말한다. 주장을 제대로 펼치려면 논거를 선택할 때 몇 가지를 더 고려해야 한다.

첫째, 논거는 반드시 진실해야 한다. 논거의 진실성은 언어논리학의 기본이다. 유형에 관계없이 모든 논거는 실제로 확인된 사실 또는 원리여야 하며, 이 부분이 결여되면 말에 근거가 없어진다. 다시 말해 올바른 논거의 첫째 조건은 진실성이다. 그러므로 우리가 일상생활에서 말을 할 때는 주장을 뒷받침하는 논거가 신뢰할 만한지 반드시 생각해야 한다.

학교에서 돌아온 샤오타오에게 아버지가 물었다. "담임선생님이 오후에 전화를 하셨더구나. 어째서 오늘 수업을 가지 않았니?"

샤오타오가 말했다. "선생님이 잘못 아신 거예요. 지각은 했지만 수업을 빼먹진 않았어요. 오후에 수업 종소리를 듣자마자 바로 교실로 들어간 걸요."

아버지가 말했다. "말도 안 되는 소리. 오늘 오후엔 온 동네가 정전이었는데 어떻게 종소리를 들었다는 거니?"

위의 대화 속에서 아버지는 샤오타오의 논거가 진실이 아니라는 점에 착안해 거짓된 주장임을 추론해냈다. 상대방의 논거를 자세히 듣고 논리가 성립하는지 여부를 분석하는 것은 언어논리 고수들이 자주 쓰는 방법이다. 그러므로 자신의 주장이 옳다는 사실을 논리적으로 증명하려면 논거의 진실성부터 확보해야 한다.

둘째, 논거와 주장은 일치해야 한다. 논거의 진실성은 대단히 중요하다. 그러나 진실된 논거라고 해서 반드시 주장을 증명하고 뒷받침할 수 있을까? 늘 그렇지는 않다. 주장의 정확성을 증명하려면 논거의 진실성보다 더 중요한 것이 있다. 바로 논거를 통해 결론을 도출할 수 있어야 한다는 점, 다시 말해 논거와 주장이 일치해야 한다는 사실이다.

주장과 근거가 일치하지 않으면 주장의 유효성을 뒷받침할 수 없다. 예를 들어 '비가 내리니 땅이 젖는다'는 말은 논리적으로 성립하지만, 순서를 바꿔 '땅이 젖었으니 비가 내린 것이다'라고 한다면 오류가 생긴다. 왜냐하면 땅이 젖는 상황은 여러 경우가 있기 때문이다. 누군가 물을 뿌렸을 수도 있고 살수차가 방금 지나갔을 수도 있다. 그러므로 땅이 젖었다고 해서 비가 내렸다고 추론할 수는 없다.

일상생활 속에서 사람들은 마치 동문서답하듯 주장과 논거가 일치하지 않는 논리적 오류를 자주 범한다. 다음의 예시를 통해 언어논리의 고수가 어떻게 상대방의 논증 오류를 짚어내는지 살펴보자.

어느 날 초등학교 3학년 선생님이 학급 그림 그리기 대회를 열자고 제안했다. 일등에게 초콜릿을 주겠다며 상품도 내걸었다. 아이들은 환호하며 열심히 그림을 그렸다. 점심시간이 되자 학생들은 모두 식당으로 갔고, 선생님은 서랍에 초콜릿을 넣어둔 채 교실 밖으로 나갔다.

　그날 오후, 교실로 돌아온 선생님은 초콜릿 봉지가 뜯어져 있는 것을 발견했다. 봉지 안에 들어 있던 초콜릿 일부는 이미 보이지 않았고, 그 옆에는 반 학생 리레이의 연필이 놓여 있었다. 선생님은 리레이를 불러 꾸짖었다. "리레이 이 녀석, 어떻게 초콜릿을 훔쳐 먹을 수 있니?"

　리레이는 당황하지 않고 차분히 대꾸했다. "선생님, 초콜릿 봉지 옆에 연필이 놓여 있었다고 해서 연필 주인이 초콜릿을 훔쳐 먹었다고 단정할 수는 없잖아요. 만약 봉지 옆에 선생님 연필이 놓여 있었다면 선생님이 범인이겠네요?"

　선생님은 말문이 막혔다. 리레이의 말이 틀리지 않았기 때문이다. 리레이는 계속해서 말을 이었다. "봉지 옆에 연필이 있었다면 누군가가 연필을 그곳에 놓아두었다는 뜻이죠. 그건 연필 주인일 수도 있고 다른 사람일 수도 있어요."

　선생님은 고개를 끄덕이고는 교실 안을 둘러보며 말했다. "그 짧은 시간 동안 초콜릿을 훔쳐 먹었다면 손을 씻으러 저 멀리 있는 화장실까지 다녀오지는 못했을 거다. 모두 양손 내밀어. 손가락에 초콜릿이 묻어 있는 사람이 범인이겠지."

　선생님의 말이 끝나자 구석에 앉아 있던 샤오창이 얼른 손을 등 뒤로 숨겼고, 그 장면을 포착한 리레이가 샤오창을 가리키며 말했다. "초콜릿을 훔친 사람은 샤오창이에요."

　결국 샤오창은 자신이 그랬노라고 실토할 수밖에 없었다.

　리레이는 선생님의 추리를 듣고 분석한 뒤 사실을 근거로 삼아 누명을 벗었다. 선생님은 '연필 주인이 초콜릿을 먹은 사람'이라는 주장을 펼쳤지만 똑똑한 리레이는 그 속에 숨은 논리적 오류를 찾아냈다. 초콜릿 봉지 옆에 연필이 놓여 있다고 해서 반드시 연필 주인이 범인은 아니기 때문이다. 선생님도 리레이의 지적을 받아들이고는 손을 씻을 시간이 부족했다는 사실을 근거로 삼아, 손가락에 초콜릿이 묻어 있는 사람이 범인일 거라고 다시 추리했다. 결과는 리레이와 선생님의 추론이 맞은 것으로 드러났다.

상대방의 말을 듣고 주장과 논거를 정리한 뒤, 해당 논거가 반드시 주장을 뒷받침할 수 있는지 여부를 분석해보면 상대의 논증이 올바른지 판단할 수 있다. 이 과정이 너무 복잡하다고 생각하지는 말자. 실은 굉장히 간단한 방법이고, 당신도 해낼 수 있으니까!

애매한 말과
모호한 뜻

먼저 다음의 예시를 보자.

"차를 너무 빨리 몰지 마. 사고 나면 어쩌려고 그러니? 근데 너무 늦게 가면 안 돼. 나 지각한단 말이야."

"물이 너무 뜨거우면 안 된다고 말했지만 이렇게 차가워도 안 돼."

"저 사람은 옷차림이 학생 같은데 다시 보니까 학생 같지 않기도 하네."

"내가 만든 이 기획서 참 괜찮은데 자세히 보면 또 별로야."

우리는 이렇게 애매모호한 화법 때문에 골치 아플 때가 많다. 운전을 너무 빨리 하지도 느리게 하지도 말라면 대체 어떻게 하라는 뜻일까? 어느 정도가 중간 속도일까? 물이 너무 뜨거워서도 차가워서도 안 된다면 몇 도쯤 돼야 적당할까? 이렇게 애매모호한 말을 들으면 말하는 사람이 전달하고자 하는 의미는 헷갈린다.

당신도 한 번쯤은 저런 식으로 말한 적이 있을 것이다. 이런 화법을 들으면 '확실히 문제가 있는 것 같은데' 싶을 것이다. 그러나 사실 이 말도 애매모호하다. '확실히 문제가 있다'는 걸까, 아니면 '문제가 있는 것 같다'는 걸까? 많은 사람들이 습관적으로 사실을 긍정하면서 동시에 부정한다. 그러면 듣는 사람조차 그 말이 긍정인지 부정인지 헷갈리고, 결국 양쪽 모두 옳다는 의미로 받아들인다. 그러니 애매모호한 화법이야말로 화법을 비논리적으로 만드는 진짜 범인이다. 이처럼 생활 속의 애매모호한 논리의 오류를 피하고 싶다면 다음의 세 가지부터 실행해보자.

첫째, '뭐든 좋아'는 이제 그만! 자신의 입장을 명확히 해야 한다. 다음의 예를 보자.

사업부 중간 간부직을 맡고 있는 팡타오는 업무 능력이 괜찮은 편이다. 회사 안에서 그는 '오케이 맨'으로 통하는데, 대화할 때마다 "다 괜찮아, 오케이야"라는 말을 자주 해서 상대방을 곤란하게 만들기 때문이다.

하루는 행정부서에서 사무용품을 구매한다며 부서별로 필요한 물품을 알려달라는 공문을 보내왔다. 팡타오는 종이가 필요하다고 신청했는데 신청서를 본 담당자가 어떤 종류의 종이냐고 물었다. 팡타오는 아무렇지도 않게 대답했다.

"다 괜찮아, 오케이야."

"다 괜찮다니요? 종이 종류가 얼마나 다양한데요. 필요한 종이가 인쇄

지예요, 화선지예요? 전지도 있고 마분지도 있잖아요. 이렇게 종류가 많은데 어떤 게 필요한지 저희가 어떻게 알겠습니까?" 담당자가 재촉했다.

"다 괜찮아. 글씨 쓸 수 있는 종이면 아무거나 사요."

"부장님도 참. 글씨 쓸 수 있는 종이도 규격이 다양합니다. A4도 있고 B3도 있고 16절지도 있어요. 어떤 종이가 필요하신데요?"

"다 괜찮으니 알아서 사라니까."

팡타오는 그렇게 말을 맺고는 업무에 집중했고, 담당자는 별 수 없이 돌아가야 했다. 행정부서에서는 회사에서 가장 많이 쓰는 인쇄용지인 16절지를 대량으로 구매해 사업부에 보냈다. 그런데 종이를 본 팡타오가 인상을 쓰며 담당부서에 전화를 걸었다. 사내 붓글씨 쓰기 대회를 계획하고 있던 터라 화선지가 필요했는데 도착한 종이가 전부 16절지였기 때문이었다. 팡타오가 항의하자 담당자는 억울하다는 듯 대꾸했다.

"제가 여쭤봤을 땐 부장님이 다 오케이라고 하셨잖아요."

이야기 속 팡타오는 자신의 입장을 분명하게 말하지 않았다. 무슨 종이가 필요한지 정확히 전달하지 않았으니 담당자도 물품을 잘못 산 것이다. 우리도 생활 속에서 "다 오케이야.""둘 다 괜찮아.""마음대로 해.""알아서 해"라는 말을 자주 한다. 하지만 이 말이 진심일까? 말은 그렇게 했지만 마음속으로는 이미 무엇을 원하는지 정해두었을 것이다. 그러니 우리는 상대를 막론하고 반드시 입장을 명확히 밝혀야 한다. 이것 또는 저것을 제대로 가리키고 태도를 분명히 해야 논리적 오류를 피할 수 있다.

둘째, 정확한 언어를 사용한다. 두 번째 방법은 언어를 구사하는 데 중의적인 표현을 삼가고 정확한 단어를 고르는 것이다. 단어는 크게 긍정의 뜻을 내포한 것과 부정의 의미를 띤 것, 중의적 표현을 띤 것 세 가지로 나눌 수 있다. 여기서 중의적 표현은 상황과 문맥에 따라 긍정의 의미가 될 수도 있고 부정의 어감을 풍길 수도 있다. 그래서 듣는 사람의 오해를 사기 쉽고, 뜻하지 않게 곤란한 상황을 만들 수도 있다.

샤위와 자오웨는 공모전에 함께 참가했지만 샤위만 상을 받았다. 하지만 두 사람 모두 같은 회사에서 근무하기 때문에 자오웨는 샤위가 상을 타서 기뻤다. 한자리에 모인 동료들은 자오웨가 입을 꾹 다문 채 말을 하지 않자 이렇게 물었다.

"자오웨, 샤위가 상 받으니 어때?"

"좋죠. 요새 샤위를 볼 때마다 굉장히 으쓱하더라고요."

그 말을 들은 샤위는 얼굴이 굳어졌고, 동료들도 자오웨가 말을 잘못했다고 생각했다. 사실 자오웨는 샤위가 상을 받아 자신이 무척 으쓱하다는 뜻으로 한 말이었지만, 동료들과 샤위는 상을 탄 이후로 샤위가 아주 으쓱해하는 것 같으니 좀 겸손해질 필요가 있다는 뜻으로 받아들인 것이다.

'으쓱하다'는 전형적인 중의적 표현이라 오해를 사기 쉽다. 때로는 이렇게 입장을 명확히 하고도 언어 구사를 잘못한 탓에 타인의 오해를 불러일으키기도 한다. 이런 상황을 피하기 위해서는 중의적 표현을 삼가고 감정적인 어감이 분명한 단어를 선택해야 한다. 이를테면 자오웨가 사용한 '으쓱하다'는 표현을 '자랑스럽다'로 바꾼다면 본래 전달하고자 했던 의미가 한층 명료해진다.

셋째, 결론을 내리면 논리는 '철옹성'이 된다. 세 번째 방법은 말을 한 뒤 결론을 내리는 것이다. 앞에서 말한 내용을 한 번 더 명확히 정리하면 오해의 소지가 없어진다.

직장인 다량은 회사에 건의 사항을 제출하라는 지시를 받고 이렇게 썼다. "사무실 화장실을 청소하는 사람이 없어 근무 시간에 종종 고약한 냄새가 납니다. 동료들도 다들 같은 생각이에요. 또 안에 있는 쓰레기통을 비우는 사람이 없고, 정수기는 사무실에서 너무 멀리 떨어져 있어서 시간 낭비가 심합니다. 화장실 안에 비치된 화장지가 없을 때도 많고요. 창문도 너무 더러워요. 창밖에 우거진 나무를 보면 기분이 좋아질 텐데 창문이 깨끗하지 않으니 기분이 좋지 않습니다."

전체적으로 두서가 없지 않은가. 화장실 이야기를 하다가 갑자기 정수기가 나오고, 정수기가 멀리 있다는 불만을 말하다가 또 다시 화장실 문제로 돌아간다. 다량의 건의사항을 이렇게 고치면 어떨까?

"사무실 화장실을 청소하고 쓰레기통을 비우는 사람이 없습니다. 화장지도 없을 때가 많고요. 정수기는 너무 멀리 있어서 이용하기가 무척 불편합니다. 사무실 창밖으로 보기 좋은 나무들이 아주 많은데 창문이 더러우니 직원들 기분까지 나빠지는 것 같아요. 그래서 일단 화장실 청소와 화장지를 비치할 담당자를 두고, 정수기 위치도 사무실 가까이로 조정했으면 합니다. 창문도 직원들이 돌아가면서 닦으면 좋겠어요."

건의 내용은 모두 같지만 후자는 결론을 내리는 문장이 덧붙여졌고 배치도 조리 있게 바뀌어 보는 사람이 더욱 쉽게 받아들일 수 있다. 언어

논리의 고수가 되려면 주장을 펼친 다음 결론을 낼 줄 알아야 한다. 조리 있는 단어 배치와 논리적인 문장 구조, 명확한 요점, 주장을 종합한 결론. 평소 말을 할 때 이 세 가지만 갖춘다면 애매모호한 논리적 오류는 대부분 피할 수 있을 것이다.

아큐와 동곽 선생의 논리

루쉰(魯迅)의 소설 《아큐정전(阿Q正傳)》에 등장하는 주인공 아큐의 대사 중 이런 명언이 있다. "그 비구니, 분명히 중놈이랑 사통했을 거야. 여자 혼자서 밖에 나다니는 건 분명 놈팡이를 꼬드기려는 심산이지. 두 연놈이 저기서 이야기를 하고 있으니 수작질을 하는 게 분명해." 아큐의 이런 논리는 두말할 필요도 없는 궤변이다. 필연적인 관계가 없는 사실들을 엮어 억지로 결론을 만들어낸 것이다.

어리석고 무지한 촌사람 아큐는 누군가와 말다툼을 할 때면 자주 '완판승'을 거두곤 한다. 여기에는 두 가지 비결이 있는데, 정신력과 독특한 논리 덕분이다. 아큐는 자신만의 독특한 논리를 앞세워 황당한 일을 벌이곤 한다. 정수암 여승을 희롱할 때는 침을 튀겨가며 이렇게 말한다. "중놈은 괜찮고 나는 안 된단 말이야?" 정수암 채마밭에서 무를 훔치다 늙은 여승에게 걸렸을 때는 오히려 이렇게 큰소리를 친다. "이게 당신 거야? 당신이 부르면 이 무가 대답하느냔 말이야!" 이렇게 기가 막히게 되물으니 조금이라도 지각이 있는 사람은 하나같이 할 말을 잃는다.

아큐의 논리를 간단히 정리하자면 '궤변'이다. 전제에서 출발해 결론을 도출하는 과정까지 필연성이 결여돼 있기 때문이다. 이렇듯 논증하는 과정에서 제시한 논거가 주장과 필연적인 관계가 없어 논제를 논리적으로 증명해내지 못하는 것을 궤변이라고 한다.

고사 속에 등장하는 동곽 선생도 아큐만큼이나 잘 알려진 인물이다. 어리석도록 인정 많은 책벌레 동곽 선생이 어떻게 조간자를 속여 넘겼는지 명나라 시대 마중석(馬中錫)이 지은 《중산랑전(中山狼傳)》을 보자.

진나라 대부 조간자는 자신이 쫓던 늑대가 보이지 않자 동곽 선생을 향해 으름장을 놓았다. "늑대가 어디로 갔는지 사실대로 말하지 않으면 경을 치게 될 것이오!" 쫓기는 늑대가 가여워 책보 속에 숨겨준 동곽 선생은 깜짝 놀라 바닥에 무릎을 꿇었다. 그러고는 책벌레다운 실력을 발휘해 나름의 논리를 펼쳤다. "소인이 어리석으나 천하를 위해 보탬이 되겠다는 뜻을 품고 먼 곳에서 과거를 보러 가는 중입니다. 스스로도 길을 잃고 헤매고 있는데 찾으시는 늑대가 어디로 갔는지 어찌 알겠습니까?" 그 말을 들은 조간자는 주변을 한 번 휙 둘러보고는 늑대를 찾아 다른 방향으로 가버렸다.

가만히 살펴보면 동곽 선생의 변명이 무척 재미있다. 변명이란 말문이 막히거나 진심을 숨기고 싶을 때 방패막이 삼아 늘어놓는 말이다. 맹자는 "변명은 스스로 궁색함을 안다"고 했다. 동곽 선생이 급한 대로 궁색하게 꺼낸 변명에도 명백한 논리적 오류가 있다. 그는 '나도 길을 잃고 헤매고 있다'를 논거로 들어 '늑대가 어디로 갔는지 모른다'는 논제를 증명하려 했지만 둘 사이에는 필연적인 관계가 성립하지 않는다.

논제를 제시하고 그것이 옳다는 것을 증명하려면 반드시 사실적인 논거를 들어야 한다. 말이 이치에 닿아야 하고, 주장에는 일정한 근거가 있어야 하며, 논거와 논제 사이에 논리적인 관계가 성립해야 한다. 이것이 바로 논증이다. 논증은 추론의 한 방법으로 논리적인 논증을 하려면 추론법의 규칙을 따라야 한다. 이를테면 논거가 진실성을 갖추고 논거와 논제 사이에 필연적인 관계가 성립할 때 논제가 증명된다.

동곽 선생이 '나도 길을 잃었다'고 한 것은 진실이지만 그것이 '늑대가 어디로 갔는지 모른다'를 증명할 논거는 되지 못한다. 길을 잃은 것과 상관없이 지나가는 늑대를 볼 수 있기 때문이다. 변명의 오류가 이처럼 명백했지만 호방하고 털털한 조간자는 포착해내지 못했고, 그렇게 동곽 선생을 놓아주었다.

예로부터 중국인들은 호색한을 가리켜 등도자(登徒子)라고 부른다. 그런데 등도자가 매우 억울한 누명을 쓰고 있다는 사실은 잘 알려져 있지 않다. 그렇다면 누가 등도자를 호색한으로 만들었을까? 바로 《등도자호색부(登徒子好色賦)》를 쓴 송옥(宋玉)이다.

초나라 대부 등도자가 하루는 왕을 찾아가 송옥을 험담했다. "송옥은 인물이 준수한 데다 말솜씨도 뛰어나고, 무엇보다도 여색을 몹시 밝히는 자입니다. 바라건대 송옥이 후궁에 출입하지 못하게 하십시오."

등도자의 말을 들은 왕이 송옥을 불러 묻자 송옥이 대답했다. "소신의 외모는 타고난 것이고 말재간은 스승으로부터 배운 것입니다. 그러나 여색을 밝힌다는 말은 사실이 아닙니다."

왕이 물었다. "그대가 여색을 밝히지 않는다고 말한 근거는 무엇인가? 할 말이 있으면 하되 없으면 물러가라."

송옥은 자신이 호색하지 않는다는 것을 증명하기 위해 이렇게 말했다. "천하의 미인이라 해도 우리 초나라 여인들에 비하지 못할 것입니다. 초나라 미인 중에도 소신의 고향 여인의 미모가 으뜸인데, 소신의 고향에서 가장 아름다운 여인이 바로 제 이웃의 여식입니다. 그 여인은 키가 크지도 작지도 않아 꼭 알맞으며, 얼굴에 분을 바르면 너무 희고, 입술에 연지를 바르면 너무 붉습니다. 눈썹은 물총새의 깃털처럼 푸르고 살결은 새하얀 눈 같으며, 허리는 묶어놓은 실타래처럼 가늘고, 치아는 조개처럼 고르지요. 그 여인이 한 번 웃으면 일대 모든 이들의 넋이 나갈 정도입니다. 그렇게 절색인 여인이 3년간 소신의 집 담장을 기어올라 소신을 훔쳐보았지만 소신은 아직까지 그 여인과 교분을 맺지 않았습니다. 그런데 등도자는 다르지요. 그의 아내는 머리가 봉두난발이고 귀는 찌그러진 데다 입술이 밖으로 말려 잇몸이 드러나고 이는 고르지 못해 엉망입니다. 허리가 굽고 곱사등이라 절뚝이며 걷고, 피부에는 옴이 오른 데다 치질까지 앓고 있습니다. 등도자는 이런 추녀도 좋아서 어쩔 줄 모르며 아이를 다섯이나 낳았지요. 현명하신 왕께서 판단해주십시오. 저와 등도자 가운데 누가 호색한이겠습니까?"

이렇게 해서 송옥은 왕의 신임을 얻었고 등도자는 냉대를 받게 되었다.

송옥의 말솜씨가 뛰어나다는 등도자의 말은 사실인 것 같다. 그는 몇 마디 말을 통해 자신이 호색하지 않으며 등도자야말로 진정한 호색한이라고 왕을 설득했다. 그러나 그의 말을 자세히 살펴보자. 송옥 자신이 호색하지 않다는 것은 그럭저럭 증명되지만 등도자가 호색한이라는 사실은 증명되지 않는다. 못생긴 아내를 버리지 않고 다섯 명의 자녀를 낳은 것과 여색을 밝히는지 여부의 사이에는 필연적인 논리 관계가 성립하지 않기 때문이다. 결혼해서 아이를 두는 것은 자연의 이치이자 인지상정인데, 어떻게 이것으로 등도자가 호색한이라는 결론을 증명할 수 있을까. 이렇게 주장과 상관없는 근거를 들어 변론을 펼친 송옥의 말 속에도 뚜렷한 논리적 오류가 숨어 있다.

인용의 논리학

우리는 개념을 설명하기 위해 정의를 내린다. 예를 들어 '정당방위'란 '불법 행위로 피해를 당했을 때 자신과 타인을 보호하기 위해 정당한 권리를 행사하는 행위'라고 정의할 수 있다. 여기서 좀 더 분석해 '정당방위에는 정해진 행위의 범위가 있으므로 남용할 수 없다'는 논리를 펼칠 수 있다. 이처럼 명료하고 쉬운 말로 특정 사물의 성질과 특징을 요약해 정의하면 주장과 추론의 타당성을 증명할 수 있다. 이렇듯 정의를 내릴 때는 특정한 논리를 따라야 하지만, 막상 실생활에서는 이 점을 소홀히 하는 경우가 많다.

- ◆ A : "수박은 무슨 색이에요?"
  B : "수박색이지."
- ◆ A : "행복이란 무엇인가요?"

B : "행복을 느끼며 사는 것이 행복이지."

A : "어떻게 살아야 행복을 느낄 수 있나요?"

B : "행복하면 되지."

위의 대화 속에 등장하는 '정의'는 대상의 본질적인 특징을 요약해내지 못한다. 계속해서 개념만 언급하면서 자신이나 타인이 했던 말을 되풀이하고 있는데, 이런 식으로 정의하면 상대방이 이해하지도 못할 뿐더러 논리도 성립되지 않는다.

언어논리학 전문가들은 이런 오류를 '중복된 정의' 혹은 '중복된 논증'이라고 한다. 한 번 언급된 내용을 되풀이해 인용하면서 대상을 명확히 정의하거나 설명하지 못해 쳇바퀴 돌듯 제자리걸음만 하게 된다.

위의 예시를 보면 수박이 무슨 색이냐고 물었을 때 B는 '수박색'이라고 대답했다. 개념 자체를 중복인용했을 뿐 합리적인 답변이 아니다. 두 번째 예시에서도 '행복'이란 '행복을 느끼는 것'으로 풀이했는데 '무엇이 행복인가'에 대한 명확한 설명은 없다. 이렇게 개념의 중복인용은 오해를 불러오기도 한다. 그러나 언어논리학에서 인용이 언제나 나쁜 것만은 아니다. 실제로도 "XX가 그렇게 말했잖아"라는 말을 입버릇처럼 하는 사람이 많은데, 'XX가 말한 내용'을 상대방이 알고 있다는 것을 전제로 불필요한 설명을 되풀이할 필요가 없기 때문이다. 다음의 대화를 보자.

◆ 샤오리: "우수사원상까지 받은 사람 표정이 왜 이렇게 밋밋해?"

　샤오가오: "옛말에 일희일비하지 말랬잖아."

◆ 근무 시간, 작업 현장에 나온 직원 네 명이 포커 게임을 하다 주임에

게 현장을 들켰다. 깜짝 놀라 황급히 카드 패를 숨겼지만 주임의 '심문'은 피할 수 없었다.

주임: "자네들 지금 포커 게임 했지?"

갑: "전 아닙니다. 방금까지 병이랑 새로 들여온 기계 이야기를 하고 있었어요."

을: "저도 아니에요. 전 물 마시고 있었는데요."

병: "갑은 이야기를 하고 있었고 을은 물을 마시고 있었는데 저 혼자 포커를 칩니까? 그러니 저도 아니죠."

적절한 인용은 대화를 좀 더 쉽고 직관적으로 이해할 수 있게 한다. 첫 번째 예시에서 샤오가오는 자신이 의연한 성격임을 직접적으로 언급하지 않았지만 옛사람의 말을 인용함으로써 그러한 성품을 충분히 드러냈다. 두 번째 예시에서는 인용법을 활용해 다른 발언들을 귀납하는 방법으로 변명을 짜냈다. 논리는 성립하되, 그 논리가 받아들여질지 여부는 주임의 재량에 달렸지만 말이다.

이처럼 적절한 인용은 복잡하게 설명하는 수고를 덜고 추론을 위한 귀납과 연역 과정도 한층 수월하게 한다. 그러나 여기에는 한 가지 전제가 있으니, 남용해서는 안 된다는 점이다. 우리는 '약장수'처럼 속마음을 숨기고 말을 빙빙 돌리거나 어물쩍 얼버무리려는 사람이 '인용'을 많이 한다는 사실을 알고 있다. 이런 말은 실컷 들어도 듣지 않은 것과 다를 바 없어서 논리적 오류가 반드시 발생한다.

수능 성적이 나온 다음 날, 아파트 화단 주위를 산책하던 샤오량은 장을 보고 돌아오는 이웃 자오 아주머니를 만났다. 자오 아주머니는 반색하며 물었다. "량이도 성적 나왔니? 어때?"

샤오량이 대답했다 "아주머니 댁 니우니우랑 같이 시험 쳤잖아요. 걔랑 비슷하게 봤어요."

자오 아주머니가 다시 물었다. "그 녀석은 몇 점인지 말을 안 해주는데 넌 알고 있니?"

샤오량이 말했다 "니우니우 점수는 저랑 비슷해요."

원하는 답을 듣지 못한 자오 아주머니는 집에 들어서자마자 궁금증을 이기지 못하고 니우니우의 방에 들어가 물었다.

"아들, 시험 성적 몇 점 나왔어?"

"아주 만족스럽게 나왔어요."

"아주 만족스럽다고? 어떻게 나왔는데?"

"아주 만족스럽게 시험 본 사람은 알죠."

순간 자오 아주머니는 화가 머리끝까지 났다.

샤오량과 니우니우의 대답은 하나같이 명확한 결론을 도출하지 못했다. 두 사람 모두 있는 그대로 이야기하지 않고 '말을 빙빙 돌리며' 끊임없이 인용만 반복했기 때문이다. 언어논리학 전문가들은 중복인용이 사물의 성질을 설명해내지 못하므로 정의를 내리거나 논증할 때 활용해선 안 된다고 말한다. 대상을 설명하는 데 도움이 되지 못할 뿐더러, 상대방을 혼란스럽고 답답하게 만들기 때문이다.

대화할 때 인용을 중복하거나 남용하는 상황을 피하려면 다음의 세 가지 항목을 실천해보자.

첫째, 정의는 명확하게 내린다. 중복인용은 자신 또는 타인이 했던 말을 통해 그 말을 증명하는 것이므로 자신의 말만 반복하는 셈일 뿐 대상을 명확히 정의할 수 없다. 논리적으로 말하고 싶다면 말하면서 언급한 개념의 정의를 정확히 내려야 한다. 정의를 내릴 때는 일정한 공식이 있는데, '정의되는 개념=사물 고유의 개념+최소 상위 개념'이다. 사물 고유의 개념이란 비슷한 범주에 속한 다른 개념과 구분되는 고유의 특성을 뜻한다. 최소 상위 개념이란 그 개념이 속하는 가장 작은 범위의 상위 개념을 의미한다. 언뜻 복잡해 보이지만 실은 매우 간단하다. 다음의 예시를 보자.

A : "사람은 무엇입니까?"
B : "사람은 스스로 도구를 만들고 그 도구를 활용해 일하는 고등 동물입니다."

여기서는 정확한 방식으로 '사람'을 정의했다. 먼저 '사람'은 동물의 일종이다. 사람은 도구를 만들고 그 도구를 능숙히 다뤄 일하므로 다른 동물과 구분된다. 또한 동물의 유형은 하등동물과 고등동물 등으로 구분할 수 있는데 '사람'의 가장 작은 상위 개념이 바로 '고등동물'이다.

지금까지 바르게 정의 내리는 방법을 살펴보았지만 실제로 말을 하면서 이를 정확히 활용하기란 쉽지 않다. 사실 우리는 학자들처럼 엄밀한 기준을 세울 필요가 없다. 일정한 논리적 순서에 따라 생각하고 자신이 언급한 개념만 또렷하게 이해할 수 있으면 된다. 구체적인 방법은 다음의 두 가지 예시를 참조하자.

◆ 서술하는 개념에 범위를 정해주자. 가장 많이 볼 수 있는 방식은 'XXX은 무엇이다' 'XXX에 속한다' 혹은 'XXX는 XXX의 일종이다' 등이 있다. 예를 들어 '용과'를 정의하려 한다면 먼저 이렇게 범위를 정한다. '용과는 열대식물의 일종이다.'

◆ 개념 특유의 성질을 찾아 A인지 B인지 상대가 바로 이해하게 한다. 말하기에 앞서 어떻게 대상의 특징을 잘 설명할 수 있을지 충분히 생각하고, 듣는 사람이 둘 사이의 차이점을 직관적으로 알아차리게 한다. 그다음 접속사를 활용해 두 가지 개념을 연결시킨다.

둘째, 직선식 사고를 활용한다. 수학에서는 두 개의 점 사이를 가장 가깝게 잇는 선을 직선이라고 한다. 소통할 때 말을 빙빙 돌리거나 중복인용하는 잘못을 피하는 데는 직선식 사고가 가장 효과적이다. 직접적으로 말하고 행동하는 사람이 주위 사람들로부터 가장 신뢰받는 법이다.

셋째, 적절하게 질문을 던져 상대방이 잘 이해하고 있는지 확인한다. 소통은 자신의 의도를 듣는 사람에게 전달하는 과정이다. 화자의 의도를 받아들인 청자는 이해한 것을 기반으로 새로운 질문을 한다. 소통은 양측이 한 번씩 번갈아 공을 넘기는 게임과 같다. 혼자서만 재밌게 놀겠다며 엉뚱한 데로 마구 공을 던지면 듣는 사람은 정보를 받아들이지 못한다. 쉽게 말해 자신의 의견을 말할 때는 상대방이 대화를 제대로 이해하고 있는지 확인하기 위해 듣는 사람의 반응을 주의 깊게 살펴야 한다. 상대의 표정이 심상치 않거나 질문을 해도 반응이 없다면 일단 말을 멈추고 잘 이해하고 있는지 되묻자. 그래야 대화를 계속 이어갈 수 있다.

첫 번째 개념 오류 -
개념 혼동

개념이란 사고에서 '세포'와 같은 기본 요소다. 개념은 대상의 본질과 특성에 대한 반영이자 인식 과정의 한 단계로, 객관적이고 사실적으로 사고하려면 반드시 명확하고 증명 가능한 논리적인 개념부터 세워야 한다. 일반적으로 개념은 단어를 통해 표현된다. 단어는 개념을 표현하기도 하지만 다의어나 유의어도 있어 적절히 사용하지 않으면 개념적 오류를 범하기 쉽다. 실제로 잘못된 단어를 사용해 웃음거리가 되는 경우도 적지 않다.

이처럼 잘못된 개념을 사용하는 오류는 일상생활 속에서도 자주 볼 수 있다. 가장 흔한 것은 개념 혼동과 도치다. 언뜻 문제없어 보이는 이런 오류들은 듣는 사람을 울지도 웃지도 못하게 만든다. 개념 혼동이란 비슷하지만 서로 다른 개념을 무의식적으로 같은 개념으로 사용하거나 같은 개념을 다른 의미로 사용하는 논리적 오류다. 서로 상반되는 단어를 적절하지 못한 곳에 사용하는 것도 역시 개념 혼동을 초래한다. 개념 혼동이 일어나는 이유는 인식하는 사람이 개념 자체를 명확히 인지하지 못하거나 논리적 지식이 부족하기 때문이다. 다음의 예시를 보자.

- ◆ 이 커리큘럼은 정말 재미없어서 배우고 싶은 마음이 전혀 들지 않아.
- ◆ 그는 시간만 나면 온라인 게임을 하면서 일분일초도 낭비하지 않는다.

위의 두 문장은 모두 개념 혼동의 오류를 범하고 있다. 첫 번째 문장 속 '커리큘럼'은 집합 개념이지만 문장의 화자는 단독 개념으로 사용하고 있다. 두 번째 문장에서 '낭비'라는 단어는 가치 있는 물건 혹은 의미 있는 일을 소모한다는 의미인데, '온라인 게임'은 대부분 가치도 의미도 없는 일에 속하므로 논리가 성립되지 않는다.

《한비자(韓非子)》에는 복 씨의 아내에 대한 고사가 있다.

정나라 복 씨가 아내에게 바지를 지어달라고 하자 아내가 물었다. "어떻게 지을까요?"

남편이 대답했다. "낡은 바지와 똑같이 지어주오."

그러자 아내는 새로이 헤진 바지를 만들어놓았다.

이야기 속 복 씨가 "낡은 바지와 똑같이 지어주오"라고 말한 것은 입던 것과 같은 모양으로 만들어달라는 의미였지만 아내는 낡은 옷과 똑같이 헤지게 만들어달라는 뜻으로 이해했다. 새로 바지를 지어서 일부러 헤지게 만들어 남편에게 준 아내는 웃음거리가 되었다.

서로 비슷한 사물과 현상일수록 내포적, 외연적으로 구분하기 어려워지기 때문에 개념을 혼동하는 논리적 오류를 범하기 쉽다. 개념 혼동을 피하려면 우선 자신이 사용하는 개념의 내포와 외연을 정확히 이해해야 하며 동음이의어나 유의어도 주의해서 구분해야 한다. 혼동하기 쉬운 개념을 철저히 구분하고 문맥에 알맞은 단어를 사용해야 개념 혼동을 피할 수 있다.

개념 혼동의 예는 아주 많다. 이를테면 '늑대는 모두 날카로운 이빨이 있다. 이빨이 모두 뽑힌 늑대도 늑대다. 따라서 이빨이 모두 뽑힌 늑대는 날카로운 이빨이 있다'라는 명제는 명백한 모순이다. 어떻게 이토록 모순적인 결과가 도출된 것일까? 그것은 두 가지 전제에 등장한 '늑대'라는 단어의 의미가 서로 달랐기 때문이다. 첫 번째 전제에서 '늑대'는 날카로운 이빨이 있는 늑대라는 의미로 쓰였다. 두 번째 전제의 '늑대'는 이빨이 모두 뽑힌, 특수한 상황에 처한 늑대라는 의미로 쓰였다. 각기 명백히 다른 대상을 가리키는 이 '늑대'라는 단어가 동일하게 쓰이면서 잘못된 추론의 결과로 이어졌다. 이것은 무척 쉬운 예시라 논리적 문제가 발생한 이유를 쉽게 찾아낼 수 있지만 실제 상황에서 발생하는 오류는 이보다 훨씬 복잡할 것이다. 의미가 서로 상반되는 단어도 개념 혼동의 오류로 이어지기 쉽다. 다음의 예를 보자.

- 지렁이는 동물이다. 그러므로 큰 지렁이는 큰 동물이다.
- 이것은 작은 뱀이고 저것은 큰 지렁이다. 그러므로 작은 뱀은 큰 지렁이보다 작다.

여기서 '크다'와 '작다'는 서로 반대되는 말이다. 이렇게 상반되는 개념인 '크다'와 '작다'를 절대적인 '크다'와 '작다'로 이해하면 위와 같은 논리적 오류를 범하게 된다. 이외에도 유의어, 동음이의어, 서로 다른 시제, 사물의 구체적인 개념과 사물 자체의 개념 등도 개념 혼동의 오류로 이어지기 쉬우니 주의해야 한다.

두 번째 개념 오류-
개념 바꾸기

언어논리의 고수들은 특정 사물에 대한 의견 또는 견해를 말할 때 언제나 명료하고 통일된 방식으로 사고한다. 머릿속의 개념이 확실히 고정돼 있어 듣는 사람도 정확히 이해할 수 있다. 그러나 현실에는 그렇지 않은 사람들이 많다. 사람들이 사용하는 언어를 살펴보면 '개념 바꾸기' 현상을 자주 볼 수 있는데, 명나라의 문인 당백호(唐伯虎)처럼 고수의 반열에 오른 경우도 있다.

명나라 시대, 한 부호의 노모가 팔순을 맞았다. 부호의 가족들은 경사를 맞아 큰 잔치를 벌였는데 글솜씨가 좋기로 유명한 당백호도 초청했다. 당백호가 배불리 먹고 얼큰하게 취하자 주인은 노모의 생일을 기념하기 위한 시를 한 수 써달라고 공손히 부탁했다. 당백호가 웃으며 고개를 끄덕이자 집사가 얼른 문방사우를 가져왔다. 당백호가 시를 짓는다는 소리에 다른 손님들도 몰려들어 그의 주위를 몇 겹으로 에워쌌다. 종이를 펼치고 붓을 잡은 당백호가 일필휘지로 첫 문장을 썼다.

'이 여인은 인간이 아니다.'

지켜보던 손님들은 당황했고 곁에 서 있던 주인도 얼굴색이 변했다. 노부인의 자손들이 뜨거운 맛을 보여주려는 듯 하나둘 소매를 걷기 시작하는데 노부인이 뜻밖에도 웃으며 손을 내저었다. "가만 있거라. 계속 쓰시게 해야지."

당백호가 두 번째 문장을 이어 썼다.

'구천의 선녀가 땅 위에 내려온 것.'

그러자 사람들은 그의 재주를 칭찬하며 손뼉을 쳤고 주인의 얼굴에도 미소가 번졌다. 그때 당백호가 세 번째 문장을 썼다.

'그 자손들은 하나같이 도적이다.'

방금 전까지 들리던 웃음소리가 돌연 멎어버렸다. 주인의 얼굴이 붉으락푸르락해지고 다른 가족들도 씩씩댔지만 이번에도 노부인이 그들을 만류했다. 당백호는 술을 한 모금 마신 뒤 마지막 문장을 완성했다.

'육친을 위해 감복숭아를 훔쳐왔으니.'

좌중은 다시 환호했고, 주인은 당백호의 글을 두 손으로 받아들고는 연신 감사의 인사를 했다.

이야기 속 당백호는 '사람이 아니다'와 '선녀', '도둑'과 '복숭아를 훔쳐 오는 효자'의 개념을 바꿔 주인을 기쁘게 했다. 개념 바꾸기는 이렇게 적절히 쓰면 유머로 활용할 수 있지만, 그렇지 못할 경우 웃음거리가 되거나 상대방을 속이게 된다.

한 대학생이 큰길가에 무릎을 꿇고 앉아 있었다. 앞가슴에 매달린 커다란 팻말에는 이렇게 쓰여 있었다.

"대학에 가려면 2위안이 필요해요."

그리고 남자의 앞에는 너무나도 식상한 사정이 분필로 적혀 있었다.

"찢어지게 가난한 집안에서 태어나 어려서 부모를 잃고, 열심히 노력한 끝에 모 명문대학에 합격했으나 학비며 생활비를 마련할 길이 없었습니다. 아주 어렵게 조금씩 돈을 모았지만 2위안이 모자라 대학에 등록하지 못하니, 부디 도와주시기 바랍니다."

그때 '대학생' 앞을 지나던 한 어리석은 젊은이가 물었다. "2위안만 있으면 대학에 갈 수 있어요?"

대학생은 대답 없이 고개만 끄덕였다. 그 모습을 지켜보던 젊은이가 씩 웃더니 4위안을 꺼내 내밀며 말했다.

"2위안 더 주면 나도 같이 대학에 갈 수 있는 거죠?"

물론 우스갯소리로 꾸며낸 이야기지만 여기 등장하는 어리석은 젊은이가 개념 바꾸기의 오류를 범했다는 사실을 쉽게 알 수 있다. '2위안만 있으면 등록금을 마련할 수 있다'라는 말이 '2위안으로 대학에 갈 수 있다'라는 뜻이 아니라는 건 누구나 아는 사실이다. 이렇게 두 가지 개념을 혼용하면 궤변으로 상대를 속이는 듯한 인상을 줄 수도 있다.

언어논리의 고수들은 이런 개념 바꾸기를 귀신같이 짚어낸다. 반면 보통 사람들은 평소 개념 변경의 오류를 잘 감지하지 못하며, 드물게는 어리석게 속아 넘어가기도 한다. 이것은 아마도 개념 바꾸기가 무엇인지 정확히 모르기 때문일 것이다.

논리적으로 사고하기 위해서는 말할 때나 논증하는 과정에서 등장하는 개념이 처음부터 끝까지 통일돼야 한다. 말이나 논증은 하는 사람의 자유의지로 구성된다. 화자 본인이 직접 규칙을 정하고 게임의 규칙도 바꿀 수 있는 것이다. 개념 바꾸기는 화자 또는 논증하는 사람이 상대방이 알아채지 못하는 틈을 타 제시된 개념을 슬쩍 변경하는 수법이다. 개념이 바뀌면 논리적 오류가 발생하므로 상대는 혼란스러워 하고, 결국 정확한 판단을 방해한다. 그렇다면 아주 간단한 비유를 통해 개념 변경을 정의해보자.

누군가 당신 앞에서 토끼 한 마리를 풀어놓았다. 토끼는 나무 구멍 안으로 뛰어 들어갔는데, 잠시 뒤 그곳에서 다람쥐 한 마리가 나와 나무 위로 올라갔다. 나무 위에는 원래 새가 다섯 마리 앉아 있었다. 여기서 질문. 나무 위에는 새가 몇 마리나 남았을까?

당신이 나무 위에 남은 새가 몇 마리일지 머리를 짜내고 있을 동안 이 문제를 낸 사람은 키득거릴 것이다. 그것은 당신이 가장 중요한 문제, 즉 토끼가 어떻게 다람쥐로 변했는지를 놓치고 있기 때문이다.

실생활 속에서는 이처럼 잠깐 한눈을 파는 순간 토끼가 다람쥐로 변해버린다. 이런 식의 개념 바꾸기는 그야말로 너무나 많은 데다 피하려야 피할 수도 없다. 개념 자체의 의미를 바꿔버리면 수식어나 응용 범위, 지칭하는 대상 등이 전부 바뀐다. 이런 현상이 바로 '개념 바꾸기'다. 개념 바꾸기는 궤변과 긴밀한 관계가 있는데 상대방을 속이는 일종의 수법으로 쓰일 때가 많다.

궤변가들은 개념을 바꾸기에 앞서 사전 작업을 한다. 우선 정상적인 사고방식에 선입견을 심어 대상의 성질을 모호하게 바꾼다. 예를 들면 '채소인 사과는 볶아야 맛있을까, 쪄야 맛있을까' 하는 식인데, 이때 '사과는 채소다'는 이미 전제가 되어버린다. 어느 쪽을 선택할지 골몰할 때 당신은 이미 자신도 모르는 사이 상대방이 파놓은 함정에 빠진 것이다. 다음의 예시를 보자.

한 청년이 지혜롭기로 이름난 노인을 찾아가 가르침을 청했다.
"궤변이란 무엇입니까?"

노인은 웃으며 청년에게 자리를 권하고는 이렇게 물었다.

"두 사람이 사막을 걷고 있다고 합시다. 한 사람은 머리와 얼굴이 온통 먼지투성이고 다른 한 사람은 깨끗하지. 이들이 오아시스에 도착하면 누가 세수를 하겠소?"

청년은 깊이 고민하지 않고 대답했다.

"물론 얼굴과 머리가 먼지투성이인 사람이지요."

"틀렸소. 얼굴이 깨끗한 사람이 세수를 할 것이오. 왜냐하면 깔끔한 사람은 어디에서나 스스로를 깨끗하게 유지하려 하지만, 지저분한 사람은 돼지처럼 진흙 위를 뒹굴어도 세수를 하지 않을 테니 말이오. 다시 한 번 생각해보시오. 누가 세수를 하겠소?"

"깨끗한 사람입니다."

"또 틀렸소. 먼지투성이인 사람이 할 것이오. 깨끗한 사람은 세수를 할 필요가 없지만, 얼굴이 더러운 사람은 씻어야 하니까 말이오. 사람은 필요가 있어야 행동하는 법이고, 그것이 이 이야기의 교훈 아니겠소?"

노인은 조용히 웃으며 말을 이었다.

"다시 생각해보시오. 먼지투성이인 사람이 얼굴을 씻겠소?"

"예, 그렇습니다." 청년은 자신 있게 대답했다.

"또 틀렸구려, 젊은이. 얼굴이 깨끗한 사람은 세수하는 습관이 있고, 지저분한 사람은 세수할 필요가 있으니 두 사람 모두 세수를 할 게 아니오. 어떻소, 두 사람 다 세수를 하겠소?"

"그렇겠지요."

청년은 이미 의기소침해졌다.

"역시 틀렸어. 둘 다 세수를 하지 않을 것이오. 왜냐하면 깨끗한 사람은 세수를 할 필요가 없고, 지저분한 사람은 씻는 것을 좋아하지 않으니 말이오."

청년은 넋이 나갈 지경이 되고 말았다. 그제야 노인이 청년에게 말했다. "알겠는가? 이것이 바로 궤변이라네."

이야기 속 지혜로운 노인은 계속해서 청년에게 다른 전제를 제시하며 개념을 바꿨다. 듣고 있던 청년은 판단력을 잃었고 논리적 함정에 조금씩 빠져들었다. 그렇다면 이런 상황에 처했을 때, 어떻게 해야 스스로를 방어할 수 있을까?

첫째, 이성을 잃지 말고 개념의 의미를 파악한다. 대화 속에서 개념에 어떤 의미가 숨어 있는지 파악하는 것이 매우 중요하다. 궤변가가 힘을 발휘하지 못하게 하려면 우선 이성과 지혜를 잃지 않아야 한다. 상대가 대체 무슨 말을 하고 있는지 자세히 듣고 말 속에 등장하는 개념을 똑바로 기억해둔다. 그다음 자신이 이해한 뜻이 맞는지 상대에게 되물어 확인하고, 뒤에 그 단어가 등장하면 같은 의미로 쓰였는지 확인한다. 이렇게 해야 궤변을 깨뜨릴 수 있다. 복잡한 개념의 정확한 의미를 똑바로 짚고 넘어가지 않으면 덫에 걸리기 쉽다.

둘째, 전제를 제시해 상대가 '말을 돌릴' 기회를 주지 않는다. 논리적인 사람들의 말을 들어보면 항상 명확한 논리 주어가 있다. 반면 화자가 언급하는 대상이 고정되어 있지 않고 자꾸 바뀐다면 슬쩍 '말을 돌리는' 상황으로 이어지기 쉽다. 주어나 주어가 가리키는 대상이 조금씩 바뀌고 있다는 뜻이다. 이때는 상대방의 논리 주어가 무엇인지 판별해내야 한다. 확실한 답을 알아낸 뒤에는 상대방에게 전제를 제시해 개념의 범위를 제한해야 한다. 예를 들어 지혜로운 노인의 이야기 속에서 청년은 노인에게 이런 전제를 제시할 수 있다. 노인이 "누가 세수를 하겠는가?" 하고 물었을 때, 세수를 할 필요가 있는 사람을 묻는 것인지, 아니면 세수를 하는 습관이 있는 사람을 물은 것인지 전제를 요구할 수 있다. 명확한 전제만 세운다면 정확한 답을 쉽게 도출해낼 수 있고, 상대방이 쳐놓은 논리적 함정에도 빠지지 않을 수 있다.

중국인들은 이러한 '개념 바꾸기'를 좋아한다. 지혜를 뽐내 사람들의 감탄을 살 수 있고, 때로는 검은 속내를 숨기고 상대방을 속일 수도 있기 때문이다. 개념 바꾸기를 구별해내는 법을 익혀두면 필요할 때 활용할 수 있을 뿐만 아니라, 타인에게 속아 넘어가는 일도 피할 수 있다.

세 번째 개념 오류-
모호한 개념

모호하고 부정확한 개념은 예부터 애용되어왔다. 이를테면 "나는 나의 호연지기를 잘 기르노라(吾善養吾浩然之氣)"라고 한 맹자의 말 속에서 '호연지기'란 정확히 무엇을 뜻할까? "도라고 할 수 있는 도는 진정한 도가 아니요, 이름이라 할 수 있는 것은 진정한 이름이 아니다(道可道非常道 名可名非常名)"라는 노자의 말 속에서 '도'와 '이름'이 가리키는 것은 또 무엇일까? '호연지기'와 '도'와 '이름'이라는 개념은 하나같이 모호하고 부정확해서 오늘날까지도 정확히 정의되지 못한다.

옛날 사람들이 사물의 본질을 제대로 파악하지 못한 이유는 크게 두 가지다. 첫째는 경제 수준이 비교적 낮았기 때문에 앞선 기술을 통해 정확한 정보를 얻는 데 제약을 많이 받았기 때문이고, 둘째는 일부러 개념을 모호하게 표현해 생각의 여지를 남겨둠으로써 다양한 해석과 답안을 유도했기 때문이다. 오늘날에도 상황과 장소만 달라졌을 뿐, 이렇게 모호한 표현과 개념은 여전히 쓰이고 있다. 한때 중국에서 큰 인기를 끌었던 유머 시리즈에도 모호한 표현의 전형적인 예가 등장한다.

샤오밍이 직장 임원에게 선물을 건넸다. 임원이 물었다.
"샤오밍, 이건 무슨 뜻이야?"
"별 뜻은 없습니다. 그냥 조그만 성의지요."
"이러면 내가 좀 그런데."
"그냥 조그만 성의라니까요."
그러자 임원이 웃으며 말했다. "자네 참 재밌는 사람이군."
샤오밍도 따라 웃으며 대답했다.
"별다른 뜻은 없습니다."
"내가 좀 그래서 그러지."
"오히려 제가 그렇죠."

명백히 뇌물을 건네는 상황이지만 두 사람 모두 확실하게 말하지는 않는다. '뜻'이 무슨 '뜻'인지, '좀 그렇다'가 어떤 의미인지 무척 모호하다. 특정 상황 속에서 쓰이는 모호한 개념은 상대의 눈과 귀를 가리기 위해서 쓰이는 경우가 많다. 일상생활 속 모호한 개념은 종종 불필요한 오해를 불러일으켜 뜻하지 않은 갈등을 겪게 만든다.

'모호한 개념'의 오류를 범하지 않으려면 우선 모호한 개념이 무엇인지부터 알아야 한다. 사고 과정에 등장하는 개념들은 정확한 범위와 의미를 지녀야 하고, 개념들 사이에는 명확한 관계가 형성되어야 한다. 그러나 개념이 모호하거나 서로 뒤섞이는 현상이 일어날 때도 있는데, 이런 현상은 우리가 생각과 견해, 의견에 대해 사고하는 과정에서 주로 나타난다. 따라서 모호한 개념이란 사고 대상의 성질과 범위, 상호관계가 부정확하고 명료하지 않은 현상이라고 요약할 수 있다.

일반적으로 개념은 특정한 분위기나 장소 등에서 구체적이고도 명확한 외연을 지닌다. 예를 들어 한 사람의 키와 몸무게, 수입 같은 개념들은 모두 명확한 범위가 있고 확실한 숫자를 통해 범위를 제한할 수 있다. 그러나 다음과 같이 단어로 묘사하면 듣는 사람은 헷갈린다.

"이 사람 키가 꽤 크네."

"저 아저씨 굉장히 뚱뚱하다."

"샤오왕의 수입은 중산층에 속하지."

'키가 꽤 크다'라는 문장은 키가 어느 정도인지 명확하지 않고 '굉장히 뚱뚱하다'라는 것도 체중이 얼마인지 정확한 설명이 없다. '중산층'이라는 표현도 애매한데, 국가별 또는 도시별로 중산층의 수준이 다르기 때문이다. 이렇게 의미가 상대적인 단어들은 개념을 모호하게 만들기 쉽다.

말 속의 개념이 모호한지 여부를 판단하기란 사실 무척 간단하다. 화자가 자신이 묘사하는 대상을 제대로 설명해내지 못해 청자가 엉뚱한 것을 상상한다면 그것이 바로 모호한 개념의 오류라고 할 수 있다. 오류를 피하려면 먼저 그 문제가 어떻게 발생하는지부터 이해해야 한다. 모호한 개념이 발생하는 상황은 크게 다음의 두 가지로 나눌 수 있다.

첫째, 개념 자체 때문이다. 세상의 사물은 수없이 많고, 이 다양성 때문에 우리는 복잡하고도 끊임없이 변화하는 사물들의 의미를 모두 파악해낼 수 없다. 예를 들어 인구가 얼마인지에 대해 논할 때 특정한 시기를 지정하지 않으면 정확한 수치를 알 수 없다. 인구수는 계속해서 증가하고 있기 때문이다. 또 다른 예로는 사람의 건강 상태가 있다. 지금 당장은 더없이 건강해 보이는 사람이 얼마 뒤에 암 진단을 받을 수도 있다.

둘째, 위에서 언급한 키와 몸무게를 표현하는 단어들처럼 어떤 개념들은 자체적으로 상대적인 의미를 내포하며 범위의 경계도 애매하기 때문이다. 이처럼 개념 자체의 모호성을 간과할 경우 소통하는 과정에서 논리적 오류를 범하기가 쉽다. 다음은 그 전형적인 예다.

"세상에 백락(伯樂)이 있고 그 후에 천리마가 있다"는 유명한 고사가 있다. 백락의 본명은 손양(孫陽)으로 춘추전국시대의 유명한 말 감정사였다. 백락에게는 아들이 하나 있었는데, 말을 감정하는 재주를 물려주고 싶었던 그는 매일같이 아들에게 말 보는 법을 정성껏 가르쳤다. 아들은 눈 깜짝할 새 자라났다. 충분히 가르쳤다고 생각한 백락은 아들에게 집을 떠나 천리마를 찾아오도록 했다. 떠나기 전 아들이 물었다. "천리마가 대체 무엇입니까?"

백락이 웃으며 대답했다. "이마가 봉긋하게 솟아 있고 눈이 튀어나왔으며 등이 완만히 휜 데다 잘 뛰는 놈이 천리마다."

그 말을 들은 아들은 신나게 고개를 끄덕였다. '쉽게 찾을 수 있겠는데.' 그러고는 짐을 꾸려 집을 떠났다. 그는 1년간 떠돌며 천리마를 찾아 다녔다. 이름난 곳들을 수없이 다녀보았지만 백락이 말한 천리마는 찾을 수 없었다. 그러던 어느 여름날 저녁, 묵을 곳을 찾지 못한 백락의 아들은 근처의 연못가에 자리를 잡았다. 연못가에서 개구리 울음소리가 들렸다. 백락의 아들은 무언가를 생각하듯 가만히 귀를 기울여 울음소리를 듣더니 이내 기뻐하며 말했다. "그동안 떠돌며 찾아다닌 것이 헛되지는 않았구나!"

그는 개구리 한 마리를 들고 신이 나서 집으로 돌아갔다. 아들은 백락을 찾아가 말했다. "보십시오, 아버지. 이마가 봉긋하게 솟아 있고 눈이 튀어나왔으며 등이 완만히 휜 데다 잘 뛰는 놈을 잡아 왔습니다. 이놈이 천리마입니다!"

백락은 개구리를 바라보며 웃어야 할지 울어야 할지 알지 못했다.

이야기 속에서 백락은 '천리마'의 범위를 정확히 설명하지 않은 채 '천리마'의 외형적 특징에 대해서만 말했다. 개념을 제대로 이해하지 못한 상태로 천리마를 찾아 떠난 백락의 아들은 모호한 개념의 오류를 범하고 말았다.

말을 할 때는 이처럼 모호한 개념이 발생할 수 있으므로 말을 듣는 데도 요령이 필요하다. 상대의 말 속에서 의미가 상대적인 개념을 골라내 더 자세한 설명을 요구한다면 오류를 피할 수 있다. 물론 제대로 듣는 것만으로는 부족하다. 정확히 표현할 줄도 알아야 한다.

사람들은 실제로 어떤 대상을 인식하는 과정에서 언제나 다양한 내적, 외적 요소의 영향을 받는다. 이를테면 자신의 감정 상태나 외부의 상황

등이 그것이다. 언어는 인간의 사고를 담아내는 그릇으로 화자의 내면 생각을 반영한다. 하지만 누구나 상황에 어울리는 완벽한 단어를 언제나 찾아낼 수는 없으며, 언어가 매번 화자가 말하고자 하는 진정한 의미를 전달하는 것도 아니다. 언어가 물을 퍼내는 바가지라면 사물의 성질과 상태는 끝없는 바다와 같기 때문이다. 계속해서 물을 퍼낼 수 있지만 바다를 모두 퍼낼 수는 없는 노릇이다.

간단히 말하자면 모호성은 언어 자체에서 비롯된다. 그렇기 때문에 언어로 추론이나 판단을 할 때는 모호한 개념이 등장할 수밖에 없다. 다시 말해 모호한 개념은 언어의 한계 때문에 발생한다. 일상생활에서 우리는 다음과 같은 말을 자주 한다.

"너 오늘 옷이 아주 예쁘다."

"교수님, 제 졸업논문 주제는 '당시와 송시에 대하여'입니다."

"자네, 일을 아주 엉망으로 했군."

이런 말들은 모두 모호한 개념의 오류를 범하고 있다. 우리는 누군가를 기분 좋게 하기 위해 "너 아주 예쁘다"라고 말하지만, 누구나 할 수 있는 이런 모호한 표현으로는 상대방을 정말로 기쁘게 하지 못할 수도 있다. 그러나 이 말을 "오늘 입은 옷이 네 큰 키와 정말 잘 어울린다." 또는 "그 브로치 네 분위기와 아주 잘 어울려"라고 좀 더 구체적으로 바꿔보면 어떨까. 상대방은 당신의 칭찬을 기쁘게 받아들일 것이다.

'당시와 송시에 대하여' 역시 범위가 너무 넓다. 당시와 송시는 종류가 무수하기 때문에 논할 수 있는 주제가 수도 없이 많다. 이를테면 시의 유형이나 특정 시인 또는 작풍처럼 구체적으로 범위를 좁혀야 한다.

이제 우리는 언어 표현의 한계가 논리적 오류를 유발한다는 사실을 알게 되었다. 그렇다면 어떻게 해야 지시 대상의 범위를 좁혀 오류를 막을 수 있을까?

언어논리의 고수들은 말의 정확성을 높이기 위해 '단순화'의 원칙을 활용한다. 추상적인 묘사를 삼가고 언어를 단순화시켜 간결하고 정확하게 표현한다. 이렇게 생동감 있게 묘사하면 듣는 사람도 헷갈리지 않고 제대로 이해할 수 있다. 예를 들어 위에서 언급한 '당시와 송시에 대하여'라는 문장을 단순화 원칙에 따라 바꿔 '이백의 작품 속 시상에 대하여' 또는 '소식의 전고(典故) 인용 분석' 등 당시와 송시의 논술 범위를 좁히면 더욱 명료해진다.

"자네, 일을 아주 엉망으로 했군"의 경우도 마찬가지다. 상대방을 비판할 때는 잘못된 부분을 정확히 지적해야 논리적인 화법을 펼칠 수 있다.

비유의 기술

난해한 대상을 설명할 때 언어논리의 고수들은 기막힌 비유 또는 생동감 있는 예를 들어 상대방의 연상을 유도한다. 익숙하지 않은 사물에 비유법을 활용하면 상대가 더욱 쉽게 이해할 수 있고, 본인의 말에도 설득력이 더해지기 때문이다. 청자는 낯선 개념과 익숙한 개념 사이의 비교 연상을 통해 화자가 묘사하는 대상을 머릿속에서 이미지화한다. 언어논리학에서는 이것을 비유추론이라고 부르는데, 우리가 흔히 이야기하는 '예를 들어 말하기'가 그것이다.

사람들은 보통 길고 장황한 표현보다 '예를 들어 말하기'를 선호한다.

언어논리학 전문가가 '그녀는 상대방의 말을 듣자 부끄러운 감정이 일어나, 교감신경이 흥분되고 아드레날린 분비가 늘고 심장박동이 빨라지며 모세혈관이 확장돼 얼굴이 붉어지는 증상이 나타났다'라는 문장을 본다면 웃을 것이다. 비유법을 활용해 '부끄러워하는 그녀의 얼굴은 잘 익은 사과 같았다'라고 표현하면 문장을 한결 단순하고도 정확하게 묘사할 수 있기 때문이다.

일상적인 대화 속에서도 사람들은 이러한 비유추론 방식을 애용한다. 예를 들어가며 설명하면 자신이 말하고자 하는 논점을 더욱 효율적으로 표현할 수 있고, 심지어 일반적인 묘사로는 도달할 수 없는 수준까지 깊이 있게 전달할 수 있다. 이렇게 비유추론을 통한 논증법은 크게 두 가지로 나뉜다.

첫째는 유추식 비유로 '여자 한 명은 삼천 마리의 오리와 같다' '그녀의 노랫소리는 꾀꼬리처럼 곱다' '여자는 물로 만들어졌고 남자는 진흙으로 만들어졌다'(고전소설 《홍루몽(紅樓夢)》에 등장하는 유명한 비유 — 옮긴이) 등이 그것이다. 여기서 눈여겨볼 점은 일반적으로 사람들은 비유할 때 자신에게 익숙한 대상을 고른다는 점이다. 같은 보름달을 보더라도 촌락에 사는 농사꾼은 달을 접시에 비유하고, 도시에 사는 시인은 진주에 비유할 것이다.

둘째는 추리식 비유다. 예를 들어 고대 중국인들은 가혹한 통치자가 지역을 다스리는 시기를 가리켜 '가혹한 정치는 호랑이보다 무섭다(苛政猛於虎)'라고 비유했다. 당시 사람들은 맹수인 호랑이를 무척 무서워했는데, 정치 환경이 호랑이보다도 두렵다니 통치자에 대한 원망과 공포가 어느 정도였는지 알 수 있다.

언어논리의 고수는 소통하는 과정에서 비유논증을 통해 복잡한 이치를 설명하곤 한다. 이렇게 비유를 통한 논증 방식은 언뜻 간단해 보이지만 막상 하려면 무척 까다로워서 적절하게 사용하지 않으면 논리적 오류를 쉽게 범할 수 있고, 소통은 가로막혀버린다. 이렇게 비유가 통하지 않는 이유는 일반적으로 다음과 같은 두 가지 요소와 관계가 있다.

첫째, 상대방의 입장을 제대로 이해하지 못하는 경우다. 발화의 주체인 우리와 이야기를 듣는 청자의 생각이 완벽히 일치하기란 무척 어렵다. 낯선 사람과 처음으로 소통할 때 우리는 반드시 상대방의 문화적 배경, 국적과 민족, 학습 또는 업무 환경 등을 고려해야 한다. 상대의 입장을 충분히 이해한 다음 적절한 비유법을 찾아야 서로의 뜻이 통하고 의도한 효과를 거둘 수 있다.

〈양산백여축영대〉(梁山伯與祝英台, 중국인이 사랑하는 민간설화로 소설과 경극, 텔레비전 드라마, 뮤지컬 등으로 만들어졌다―옮긴이)는 중화인민공화국 건국 초기에 탄생한 희극 작품이다. 당시 총리로 해외 순방을 계획하던 저우언라이(周恩來)는 중국문화를 알릴 목적으로 이 작품을 영화로 제작하라고 지시했다. 중국의 전통극이 상영된다는 소식에 많은 외국인들이 극장으로 몰려들었다. 그런데 작품의 제목을 보고는 적지 않은 사람들이 발길을 돌렸고 극장은 텅 비어버렸다. 이 소식을 들은 저우언라이는 사람을 보내 이유를 조사하라고 했는데, 알고 보니 외국인들은 작품이 어떤 내용인지조차 이해하지 못하고 있었다. 제작 담당자가 작품 제목을 〈양산백과 축영대의 비극〉이라고 번역해놓은 것이 문제였다. 이 두 사람이 누구인지도 알지 못하는 외국인들은 제목에서 아무런 흥미도 느끼지 못했고, 결국 실망한 채 극장을 떠났던 것이다. 상황을 파악한 저우언라이는 웃으며 말했다. "제목을 〈중국판 로미오와 줄리엣〉으로 바꾸시오."

그로부터 며칠 뒤 극장에는 다시 관객들이 몰려들었고 작품은 호평을 받았다. 처음에 번역된 제목이 공감을 얻지 못한 까닭은 담당자가 관객들의 문화적 배경을 제대로 고려하지 않았기 때문이다. 양산백과 축영대는 중국에서는 너무나 유명한 이름이지만 외국인들에게는 낯설었다. 저 우언라이는 이러한 문화적 차이를 정확히 짚어냈고, 그 결과 외국인들의 이해와 인정을 얻어낼 수 있었다.

둘째, 주체와 비유 대상의 관계가 모호한 경우다. 실제 대화에서 우리는 이해할 수 없는 비유를 들을 때가 종종 있다. 이를테면 '비가 오고 어머니는 시집간다'의 경우, '비가 온다'는 자연현상과 '어머니가 시집간다'는 사실 사이에는 어떤 관계도 성립되지 않는다. 이 두 가지 사이에는 유사한 점이나 연관된 부분이 거의 없어 비유성은 물론이고 설득력도 약하다. 잘못된 비유논증이라고 할 수 있다. 비유하는 주체와 대상 사이에는 반드시 밀접한 관계가 있어야 하며, 듣자마자 이해될 정도로 직관적이어야 한다.

유명한 고사 중에 '안자사초(晏子使楚)'라는 이야기가 있다. 제나라의 사신 안자가 초나라에 갔을 때, 무례한 대접을 받으면서도 훌륭한 비유논증을 펼쳐 나라의 위신을 지켰다는 내용이다.

안자와 술을 마시던 초나라 왕이 일부러 형리를 시켜 제나라 출신의 죄인을 데려오게 했다. 안자의 코를 납작하게 해줄 심산이었지만 안자는 뜻밖에도 차분한 낯빛으로 입을 열었다. "귤나무는 강남에 심으면 맛 좋은 귤이 열리지만 북쪽에 심으면 그 열매가 시고 맛이 없다고 들었습니다.

문제는 사람이 아니라 토양과 물에 있다는 뜻이 아니겠는지요. 제나라에 선 물건을 훔치지 않던 사람이 초나라에 와서 도둑이 되었습니다."

안자의 절묘한 비유를 들은 초나라 왕은 말문이 막혀버렸다.

비유를 통해 자신의 논점을 더욱 효과적으로 증명하려면 논점 자체에 중점을 둬야 한다. 따라서 일상생활에서든 업무를 할 때든 말하면서 언제나 논점을 놓치지 말고 비유를 들어야 한다. 서한시대의 문학가 유향(劉向)은 "책은 약 같아서 열심히 읽으면 어리석음을 고칠 수 있다"라고 말했다. 책을 좋은 약에 비유해 독서를 열심히 하면 무지에서 벗어날 수 있다는 의미를 표현한 것이다. 여기서 논점의 핵심은 '책의 역할'이지 책이 약이라는 것은 아니다. 만약 표면적인 뜻을 그대로 받아들여 '독서는 약 같다' '책이 바로 약이다'라고 이해한다면 웃음거리가 되기 십상이니, 비유를 하거나 들을 때는 핵심을 파악하는 데 주의해야 한다.

콩 심은 데
콩 난다

우리는 이런 말을 자주 한다. "콩 심은 데 콩 나고, 팥 심은 데 팥 난다." "용은 용을 낳고 봉황은 봉황을 낳는다." "생쥐의 아들은 구멍 파기에 능하다." 이런 속담들은 부모와 자식의 특정한 능력과 성격이 비슷함을 표현하는 것으로 출신이 영웅을 만든다는 이론도 여기서 비롯됐다. 그렇다면 이 같은 출신 결정론에는 논리적 근거가 성립할까? 지금부터 차근차근 분석해보자.

당신이 어느 기업체의 인사담당자라고 가정해보자. 업무 특성상 전국의 명문대학과 대학원의 사정을 훤히 꿰뚫고 있고, 각 학교 졸업생들의 기본적인 상황도 정확히 파악하고 있다. 특히 저장성의 모 대학원이 명문 축에 들지 못한다는 사실을 알고 있는데, 이곳 출신 졸업생인 샤레이라는 사람의 이력서가 1차 합격자 명단에 끼어 있었다. 회사에서 아주 중요한 직책을 맡길 사람을 고르고 있던 당신은 필기시험에 합격한 샤레이를 명단에서 빼버리기로 한다.

지원자의 출신 학교만 보고 합격자 후보에서 제외시켰다면 당신은 이미 오류를 범한 것이다. 물론 완전히 비합리적인 결정은 아니다. 당신은 해당 대학원의 사정을 알고 있고 샤레이는 정말로 적합한 인재가 아닐 수도 있다. 그러나 반드시 그렇다고도 할 수 없다. 그저 그런 학교에서 반짝반짝 빛나는 인재가 나올 수도 있으니 말이다. 이때 당신은 매우 일반적인 오류를 범했다. 출신지가 좋지 않으면 그곳에서 나오는 모든 것이 좋지 않다고 판단하는 오류다. 이런 논리는 필연적인 관계가 성립하지 않는다.

대상을 고를 때 사람 또는 사물의 출신을 따져볼 필요는 있지만 그것에 너무 큰 비중을 두어서는 안 된다. '샤레이가 어느 학교 출신인가?'를 먼저 물었다면 뒤이어 한층 중요한 질문을 해야 한다. 바로 '그는 어떤 사람인가?'이다. 예나 지금이나 사람들은 '이런 사람의 후손 또한 분명히 이럴 것이다'라는 일종의 법칙을 믿어왔다. 영웅호걸은 후손도 영웅호걸이고, 악독한 간신배의 후손은 역시 간신배일 것이란 셈이다. 그러나 정말로 특정한 출신 성분이 그 사람이 누구인지를 대변할 수 있을까?

조괄(趙括)은 조나라 명장 조사(趙奢)의 아들이다. 나라를 위해 큰 공을 세운 조사는 조나라에서 매우 명망이 높았다. 진나라 군대가 조나라를 공격하자 조나라 왕은 "그 아비에 그 아들이며, 청출어람 청어람이라 했다"며 조괄을 장군으로 세웠다. 기존의 장군이었던 염파(廉頗)는 성을 지키는 전술을 고집했지만 새로 장군에 임명된 조괄은 군사를 끌고 성 밖으로 나가 정면 돌파하려 했다. 그러나 조나라 군대는 전투마다 패해 쫓기기 시작했고, 조괄은 적군인 진나라 장수 백기(白起)가 쳐놓은 포위망에 걸려들어 죽고 말았다. 조나라 45만 대군이 몰살당한 이 전투를 '장평(長平)전쟁'이라고 한다.

당초 조나라 왕이 조괄을 장군으로 임명할 때, 조괄의 어머니가 왕을 찾아와 결정을 물러달라고 청했다. 그러나 왕이 뜻을 굽히지 않자 그녀는 조괄이 전쟁에서 패하더라도 조 씨 집안에는 책임을 묻지 말아달라고 청했다. 그리고 결국 그녀의 말대로 조괄은 전쟁에 대패하고 목숨을 잃었다.

조나라 왕의 사고 과정에는 논리적인 오류가 있었다. 조사에게 뛰어난 능력이 있었으니 그 아들 또한 그럴 것이라는 판단 자체가 성립하지 않는다. 이 두 사실 간에는 필연적인 관계가 없기 때문이다. 조괄의 능력을 알고 싶었다면 그의 행동을 지켜보고, 실제 상황에서 군사를 이끌고 병법 기술을 활용하는 모습을 통해 판단했어야 했다. 그 아버지의 능력은 논증 과정에서 근거가 될 수 없었다.

충신의 후손이 언제나 충신은 아니듯, 간신의 후손도 반드시 간신은 아니다. 중국 역사 최악의 간신인 진회(秦檜, 송나라 고종에게 금나라 투항을 권유하고 명장 악비(岳飛)에게 누명 씌워 죽였다. 중국인들에게는 매국노이자 간신배의 대명사로 통한다―옮긴이)의 증손인 진거(秦鉅)는 금나라에 맞서 싸운 명장이었다.

남송 가정(嘉定) 14년 2월, 금나라 군사가 남하해 황주를 공격했고, 그 해 3월에는 금나라 10만 대군이 기주성 턱밑까지 들이닥쳤다. 이때 진거라는 인물이 기주의 통판(通判) 관직에 있었는데, 그는 진회의 증손이었다. 진거는 진회와 달리 문무를 겸비하고 나라에 대한 충성심이 강한 사람이었다. 갓 부임했을 때 그는 기주의 성곽이 허물어지고 방비도 허술한 것을 보고는 신임 지주 이성(李誠)과 상의해 금나라 군사의 공격에 대비했다. 군사를 훈련시키고 성곽을 다시 쌓았고 군량미와 군용물자를 늘렸다. 금나라 군대가 침입해왔을 때, 기주는 이미 튼튼한 성곽과 날랜 병사들이 지키고 있었다. 진거는 군사들이 전력을 다해 싸우도록 이끌어 1만여 명의 적군을 죽였다. 그러나 성 안의 병력이 점점 줄어들고 탄약 등의 무기도 바닥났다. 송나라 수도의 지원군도 끝내 오지 않아 기주는 금나라 군대에 함락되고 말았다. 진거의 부하들은 변복하고 도망갈 것을 권했지만 진거는 끝까지 적군에 맞서다가, 결국 가솔들과 함께 불 속으로 몸을 던져 목숨을 끊었다.

누군가를 판단할 때는 출신이 아닌, 그 사람의 품성과 능력에 근거해야 한다.

감동은
논리에서 온다

위대한 인물이 등장하는 영화를 보면 이런 모습이 자주 등장한다. 훌륭한 지도자가 나타나 짤막한 몇 마디로 사람들을 감격시키고, 그에 감화된 사람들이 공동의 이상을 위해 목숨까지 바치는 장면. 관객들마저 작품 속 인물의 '언변'에 감동할 정도인데 실제로도 많은 사람들이 위대한 인물처럼 훌륭한 '언변'을 갖고 싶어 한다.

그들은 어째서 그토록 매력적으로 말을 잘 할까? 전달력이나 친화력처럼 우리가 알고 있는 요소 외에도 말을 통해 강력한 논리력을 발휘하기 때문이다. 일상생활과 직장에서 말은 매우 중요한 역할을 한다. 하루 종일 밥은 거를 수 있어도 말을 하지 않기는 무척 어렵다. 어떤 의미에서 말이란 한 사람의 능력을 직접적으로 나타낸다고도 할 수 있다. 같은 이치로 논리가 약한 언어는 그 사람의 능력에도 중요한 영향을 미친다. 실제로 많은 사람들이 언어논리력이 없어 고민하곤 한다.

다음의 테스트를 통해 당신이 논리적인 언변 능력을 지녔는지, 연설의 고수가 될 가능성이 있는지 알아보자.

1단계 | 아래의 설명을 보고 정도에 따라 숫자를 선택한다.

A: 매우 그렇다. 이 방면으로는 나 만한 사람이 없다.(5점)

B: 비교적 그렇다.(4점)

C: 보통이다.(3점)

D: 비교적 그렇지 않다.(2점)

E: 전혀 그렇지 않다. 이 방면으로는 매우 뒤떨어진다.(1점)

2단계 | 질문을 읽고 5초 이내에 알맞은 대답을 찾아 표시한다.

번호	질문	A	B	C	D	E
1	나는 언제나 말이 많은 편이다.	5	4	3	2	1
2	다른 사람이 내 말을 끊는 경우가 많다.	5	4	3	2	1
3	대화가 끊어져 분위기가 어색해지는 경우가 많다.	5	4	3	2	1
4	내가 말을 하면 상대에게 제대로 전달되지 않는다.	5	4	3	2	1
5	말을 할 때 긍정문을 많이 쓰고 부정문은 적게 사용한다.	5	4	3	2	1
6	상대가 누구든 내 말은 다 알아듣는다.	5	4	3	2	1
7	상대의 '비언어적' 신호들에 주의를 기울인다.	5	4	3	2	1
8	상대와 눈빛만으로도 마음이 통할 때가 많다.	5	4	3	2	1
9	내가 한 시간 동안 쓸데없는 이야기를 늘어놓아도 사람들은 지겨워하지 않는다.	5	4	3	2	1
총점						

3단계 | 점수를 모두 더해 총점을 확인한다.

40~45: 축하한다. 당신은 타고난 입담꾼이다. 다만 듣는 사람의 감정에 주의를 기울여라.

30~40: 점수가 좋은 편이다. 실제로도 말을 잘하는 사람일 것이다.

20~30: 사람들은 당신의 말을 이해하고 있다. 전달 능력은 합격점이다. 다만 말로써 뜻을 이루고 뛰어난 입담을 갖길 원한다면 좀 더 노력해야 한다.

10~20: 언어논리가 매우 빈약하다. 이 책을 몇 번 더 꼼꼼히 읽어보길 권한다!

　　　　　　일반적으로 동양인들은 내향적이고 수줍음을 많이 탄다고 알려져 있다. 또한 지난 수천 년에 걸쳐 "열심히 공부하면 좋은 집도 아름다운 아내도 얻을 수 있다(書中自有黃金屋, 書中有女顏如玉)" "세상 모든 것은 하찮고 오직 독서만이 고상하다(萬般皆下品, 唯有讀書高)"라며 학문을 찬양해왔다. 이렇게 독서만 해도 모든 것을 해결할 수 있는데 굳이 밖으로 나가 사람들과 교류할 필요가 있었겠는가. 수많은 책벌레가 이렇게 탄생했다. 그리고 오늘날까지도 우리는 책벌레를 양산하는 교육제도에서 완전히 벗어나지 못하고 있다. 하지만 이제 경제의 세계화가 빨라지면서 중국인들은 교류의 중요성을 인식하기 시작했고, 발전을 가로막는 고정관념도 서둘러 벗기 시작했다. 평소 타인과의 언어 소통이 원활하지 못하다면 서로 간에 '소통감'이 부족하기 때문일 수 있다. 그렇다면 여기서 말하는 소통감이란 무엇일까?

　소통감이란 쉽게 말해 대화를 이어가고 상대의 말을 이해할 수 있는 능력이다. 소통감은 사람과 사람 사이의 관계에서 매우 중요한 역할을 하는데, 스스로 대인관계 능력을 향상시키고 싶다면 먼저 이 소통감부터 키워야 한다. 오랜 연구 끝에 언어논리학 전문가들은 소통감을 기르는 세 가지 비법을 정리해냈다.

　첫째, 더하기. '더하기'란 말 그대로 사람과 교류하는 과정에서 상대방이 한 말을 간략히 귀납해 더하기로 종합하는 방법이다. 상대의 뜻을 더욱 잘 파악할 수 있어 침착하게 대응할 수 있다. '더하기'를 활용한 다음의 예를 보자.

점심시간, 샤오장과 샤오마는 요즘 최대의 화제로 떠오른 이라크전쟁에 대해 이야기를 나누고 있었다. 샤오장이 물었다. "미국이 왜 이라크를 침공했다고 생각해?"

샤오마는 당연하다는 듯 "왜겠어. 당연히 석유 때문이지"라고 말했다. 샤오마의 대답에 샤오장이 말을 이었다. "사실 난 사담 후세인이 미국에 정면 대항하고 나선 것과 관련이 있는 것 같아."

샤오마가 덧붙였다. "미국의 중동 지역 주도권 때문일 수도 있고."

두 사람의 대화를 곁에서 듣고 있던 라오자오가 말했다. "내가 봤을 때 미국이 이라크를 침공한 이유는 세 가지야. 첫째는 중동 지역 내 미국의 정치적인 주도권 때문이고, 둘째는 경제적인 석유 패권, 셋째는 소위 '인권'이라는 도덕적 가치 때문이지."

라오자오의 정리에 모두 고개를 끄덕였다.

사실 라오자오는 샤오장과 샤오마가 나눈 대화를 단순히 종합했을 뿐이다. 논리화법인 '더하기'를 활용한 것이다. 이 방법은 언뜻 까다로워 보이지만 실제로는 무척 간단하다. 실제 상황에서 자주 활용해보면 금세 익힐 수 있으며, 당신도 곧 요약하는 능력을 갖춘 언어논리의 고수가 될 것이다.

둘째, 공차기. 실제 대화 속에서 매우 흔하게 나타나는 현상이 있다. 바로 대화를 나누는 양측이 일시적으로 '보조를 맞추지 못하는' 현상이다.

"너 방금 한 말, 정말 나한테 한 말이야?"

"우리는 분명 이 문제에 대해 이야기하고 있었는데 어째서 갑자기 다른 이야기로 넘어갔죠?"

"제 질문에 대해 아직 대답을 하지 않으셨습니다. 왜 화제를 바꾸시는 건가요?

타인과의 대화는 끊임없는 '공차기 놀이'와 같다. 우리가 먼저 공을 차면 얼마 뒤 상대방이 반응해 다시 이쪽으로 공을 차는 식이다. 대화에서 '보조를 맞추지 못하는' 문제가 발생하는 이유는 대화 참여자들이 대화에 집중하지 않다가 공을 차야 할 시기를 놓치기 때문이다. 상대방이 재촉하면 그제야 실수를 알아챈다. 그러므로 말을 할 때는 "오는 것이 있으면 가는 것이 있다"는 속담을 기억하고 공을 허공에 내버려두지 말아야 한다. 놀이가 중단되면 소통은 불통이 된다.

셋째, '신체언어'에 주목하기. 단순히 말만 유창하게 한다고 해서 언어 논리력을 키울 수 있는 것은 아니다. 진정한 소통의 달인은 말과 아울러 효과적인 신체언어를 다양하게 활용한다. 신체언어는 사람과 사람이 소통하는 또 다른 '입'과 같다. 자신과 타인의 신체언어를 제대로 파악해야 더욱 효과적으로 소통할 수 있다.

전날 아주 멋진 영화 한 편을 본 강즈는 회사 동료에게 영화에 대해 이야기하고 싶어 안달이 날 지경이었다. 점심시간, 상사인 왕 부장을 발견한 강즈가 커피 한 잔을 들고 다가갔다. "제가 요새 정말 괜찮은 영화를 봤는데요." 그런데 왕 부장은 강즈를 쳐다보지도 않았고, 계속 고개를 숙인 채 업무 내용만 들여다보았다. 신나게 이야기하던 강즈는 곧 입을 다물었다. "제가 귀찮게 해드렸나 봐요. 업무 보세요."

잠시 뒤 강즈는 같은 부서의 또 다른 동료인 라오싱을 찾아갔다. "선배, 제가 어제 끝내주는 영화 한 편을 봤거든요." 라오싱은 팔짱을 낀 채 무표정한 얼굴로 강즈를 바라보았다. 그 모습을 보며 강즈는 생각했다. '엄청 냉담하게 쳐다보네. 내가 잘못 말했나 보군.' 결국 강즈는 말을 마치지 못한 채 아무 핑계나 둘러대고 자리를 벗어났다.

강즈가 다음으로 찾아간 사람은 동료 리리였다. 그런데 리리는 강즈가 영화 이야기를 꺼내기가 무섭게 입을 열더니 쉼 없이 말을 이었다. "아, 저도 그 영화 봤는데 정말 최악이던데요. 배우들은 연기를 하는지 뭘 하는지, 어울리지도 못하고 따로따로 흩어져서는……"

결국 강즈는 풀이 죽은 채 자신의 자리로 돌아와야 했다.

실제로 우리도 강즈와 같은 상황을 겪을 때가 종종 있다. 상대방의 신체언어를 이해하지 못하면 의도를 오해하고, 그러면 대화가 더 이상 진행될 수 없기 때문이다. 신체언어는 교류에 임하는 태도를 간접적으로 나타낸다. 따라서 전달하고 싶은 내용을 한층 생동감 있게 표현하고 상대방에게 더욱 잘 이해시키길 원한다면 언어 능력과 아울러 신체언어도 반드시 알아야 한다.

제 2 장
그럴듯해 보이는
논리 속에
숨은 함정들

근거가 없거나 받아들이기 어려운 가정을 내놓는 이유는 대부분 그 문제를 회피하고 원하는 답을 유도해내기 위해서다. 평소 상대방의 말이 암시하고 있거나 그 말에 명시되지 않은 가정에 유의해야 한다. 이런 가정을 악용하면 선량한 사람들을 쉽게 속일 수 있기 때문이다.

순환논증에
속지 말자

어느 중학교 정치 과목 교사는 객관식 문제를 설명할 때, 이 답안은 왜 맞고 저 답안은 왜 틀린지 제대로 설명해주지 않았다. 학생이 질문하면 그저 이렇게 대답했다. "이 답이 정답이니까 맞는 거고 그러니까 나머지는 틀린 거지." 학생들은 선생님의 설명이 만족스럽지 않았지만 뭐라고 반박할 수도 없었다. 이렇게 가르치는 교사는 학생들에게 전혀 도움이 되지 않는다.

순환논증이란 동어반복이라고도 일컫는 논증 오류다. 자신이 이미 정해둔 결론을 뒷받침하기 위해 결론을 논거로 삼아 다시 결론을 증명하는 오류로, 같은 술을 계속 다른 병에 바꿔 담는 것과 마찬가지다.

'소변은 왜 노란색이고, 모르핀은 왜 졸음이 오게 만들까?'라는 질문에 소변이 노란색인 이유는 소변 안에 포함된 색소가 노랗기 때문이며, 모르핀을 투입하면 잠이 오는 이유는 모르핀이 마취 작용을 하기 때문이라고 대답한다면 어떤가? 이런 답변들은 질문을 반복하는 속임수에 불과하다. 신의 존재를 증명하라는 요구에 전도사가 이렇게 말했다. "《성경》에는 신이 존재한다고 쓰여 있습니다. 《성경》은 신의 말씀을 기록한 것이라 백 퍼센트 옳아요. 그러니 신은 존재하죠." 그러나 신의 존재를 의심하는 사람은 《성경》이 백 퍼센트 옳다는 가설에 의문을 제기할 테고 전도사의 말에도 넘어가지 않을 것이다. 물론 이것은 순환논증의 오류를 쉽게 설명하기 위한 예시일 뿐이다.

18세기 스코틀랜드의 위대한 철학자 데이비드 흄(David Hume)은 자신의 저서 《기적에 관하여(Of Miracles)》에서 기적을 비판하는 논리를 펼쳤는데 논리학자들에게는 순환논증의 전형적인 사례로 통한다. 《기적에 관하여》에서 흄은 이렇게 말한다.

"……이렇게 결론 내릴 수 있겠다. 기독교의 기적은 초기 기독교가 출현하는 데만 영향을 미친 것이 아니다. 사리에 밝은 오늘날의 사람들도 기적이 아니었다면 기독교를 믿지 않았을 것이다. 단순한 이성만으로는 우리가 믿는 것이 진실이라는 것을 설명할 수 없다. 믿음을 바탕으로 기독교를 받아들인 사람들은 스스로 끊임없이 기적의 장면을 떠올린다. 이것이 본인의 인지적 원칙을 무너뜨려 기존의 전통이나 경험과 완전히 상반된 결론을 믿게 만드는 것이다."

논증 과정에서 흄은 몇 가지 논거를 제시했다. 그러나 모든 논거는 '기적이란 자연법칙에 대한 위반에 불과하며, 이것이 종교의 이론적 근거가 될 수는 없다'는 하나의 논점을 뒷받침하고 있다. 마찬가지로 이런 기존의 인식 때문에 흄은 《기적에 관하여》에서 기적을 이렇게 정의했다. "기적은 자연법칙에 대한 위반으로 발생 확률이 매우 희박하다."

　여기서 우리는 흄이 기적을 증명하기 전에 이미 기적의 특징과 자연법칙 등을 가설로 세워놓았음을 어렵지 않게 알 수 있다. 이미 정해둔 결론을 바탕으로 교묘한 순환논증을 펼친 것이다. 흄처럼 심오한 내용을 다루는 철학자뿐만 아니라 평범한 사람들도 일상 속의 소소한 사건 속에서 순환논증의 오류를 자주 범한다. 이를테면 아이가 정말로 잘못했다는 확신 없이 아이를 혼내는 부모는 이렇게 말한다. "봐, 넌 반성하는 기색이 전혀 없잖아. 이래도 잘못하지 않았어?" 그러나 아이에게 잘못이 없다면 반성하는 기색을 보이지 않는 것이 당연하다.

　며칠 전 인터넷에서 이런 글을 발견했다.

　"친구들과 식당에 밥을 먹으러 갔다. 색과 향, 맛이 기가 막힌 탕수어(생선을 기름에 튀겨 새콤달콤한 소스를 끼얹은 요리—옮긴이)가 나왔는데, 접시 위에 놓인 생선이 입을 뻐끔거리고 지느러미를 움직이는 것이다. 깜짝 놀라 지배인에게 물었다. '다 익은 생선이 어떻게 움직이는 거죠?' 지배인이 대답했다. '그건 저희 요리사가 생선 요리의 명인이기 때문입니다. 솜씨가 대단하죠. 그래서 어떤 때는 생선을 다 익혀서 손님께 내가도 입과 지느러미가 움직인답니다. 심지어 살을 다 발라먹고 뼈만 남았는데도 입을 뻐끔댈 때도 있는걸요.' 우리는 지배인의 말에 배꼽을 잡고 웃느라 생선 입이 왜 움직이는지 물은 것을 까맣게 잊어버렸다."

　여기서 지배인은 순환논증 기법을 활용해 손님들을 속였다. 손님이 '다 익은 생선이 어떻게 움직이는 것이냐'고 질문했으니 그 원인을 설명해야 했지만, 지배인은 '요리사의 솜씨가 대단해서'라는 완전히 다른 답변을 했다. 식당의 수준은 과시했을지 몰라도 동문서답이다. 여기서 지배인의 대답은 설명을 요구받은 현상을 그대로 되풀이하고 있을 뿐, 왜 그런 일이 벌어졌는지는 설명하지 못한다.

학생들이 쓰는 논술문에서도 순환논증의 오류는 쉽게 찾아볼 수 있다. 예를 들어 '조화로운 사회 건설'이라는 논술 주제에 대해 한 학생이 이렇게 썼다.

"조화로운 사회를 건설하는 것이 어째서 우리의 급선무일까? 그것은 조화로운 사회 건설이 오늘날 국가 건설의 가장 시급한 임무이기 때문이다. 따라서 우리는 조화로운 사회 건설을 중요 임무로 삼아 실천에 옮겨야 한다. 우리가 건설해야 하는 것이 바로 조화로운 사회이기 때문이다."

이 학생의 글에서는 논제와 논거, 결론이 모두 비슷하다. 왜 중요한지는 설명하지 않고 '조화로운 사회 건설은 중요하다'는 말만 '동의반복' 했다. 명백히 '순환논증'의 오류를 범하고 있는 것이다. 초중고 학생들의 논술에서 이런 잘못은 수도 없이 많다. 다만 지나치게 드러날 정도는 아니라 그냥 넘어가기 쉬운 것뿐이다.

어린 학생들은 아직 지식 수준이 얕고 주제도 정확히 이해하지 못한다. 어떤 문제에 대해 논하라고 하면 합리적인 논거를 제시하지 못하지만, 자신의 논점을 증명은 해야겠으니 순환논증의 오류를 자주 범한다. 특히 초중고 학생들의 기하학 논증에서 이런 오류가 자주 발생하는데, 중요한 시험에서 문제를 풀려는 마음이 앞선 나머지 결론이 성립한다고 가정부터 한 다음 증명하기 때문이다. 표면적으로는 논증이 된 것 같지만 실제로는 순환논증의 오류를 통해 채점하는 선생님의 눈을 속여 보려는 심산이다.

순환논증은 논리적으로 성립한다. 다만 전제와 결론의 관계는 완전히 성립하되, 전제가 결론을 증명해낼 수는 없다. 모든 순환논증은 명제가 이미 성립한다고 가정하고 시작하므로 그런 논증 과정을 통해서는 아무 것도 증명할 수 없다. 문제를 회피하기 위한 수단일 뿐이니 부디 속는 일이 없기를 바란다.

전건부정의 보수적 오류

'P 하면 Q이다'라는 논증 구조에서 P를 전건, Q를 후건이라고 한다. 일반적으로 전건은 후건을 증명하며 이 둘의 순서는 뒤바뀔 수 없다. 다음의 예를 보자.

달걀을 바닥에 떨어뜨리면 달걀이 깨진다.(달걀을 떨어뜨렸으므로 달걀은 깨진다.)

이러한 전건긍정은 일상에서 자주 볼 수 있다. 논리가 성립하려면 반드시 전건을 긍정한 다음 후건을 이끌어내야 한다. 그런데 후건을 긍정하고 둘의 순서를 바꾸거나 전건을 부정하면 완전히 상반된 결론이 나온다.

후건긍정: 달걀이 깨졌으니 달걀을 바닥에 떨어뜨린 것이다.
전건부정: 달걀을 바닥에 떨어뜨리지 않았으니 달걀이 깨지지 않았다.

본질적으로 '전건부정'의 오류는 듣는 사람을 현혹시켜 판단력을 흐리게 한다는 점에서 '후건긍정'과 마찬가지다. 전건부정은 다른 원인도 비슷한 결과를 유발할 수 있다는 가능성을 인정하지 않는다. 다음의 예를 보자.

내가 너무 많이 먹으면 병이 날 거야. 난 많이 먹지 않았으니까 병이 나지 않을 거야.

적게 먹는 것과 병이 나지 않는 것 사이에 직접적인 관계가 있을까? 병에 걸리는 이유는 아주 많다. 독한 술을 한 병 다 마시고 녹슨 못에 손을 찔린 다음 축축한 밖에 밤새 앉아 있으면 병이 날 것이다. 이 오류의 핵심은 언급한 사건이 발생하지 않더라도 다른 원인 때문에 같은 결과가 나올 수 있다는 점이다.

'P 하면 Q이다'라는 논증 구조에서 우리는 전건을 긍정하거나 후건을 긍정할 수 있다. 둘 다 논리가 성립한다. 그런데 후건을 긍정하고 전건을 부정하면 오류가 생긴다.

그가 느리게 달리면 경기에서 진다.
전건부정: 그가 느리게 달리지 않으면 경기에서 지지 않는다.

명백하게 틀린 논증이다. 그는 느리게 달리지 않고도 경기에서 얼마든지 질 수 있다. 발목을 삐는 등 다양한 원인이 있다. 물론 전건을 긍정할 수는 있다. '그가 느리게 달리면 경기에서 진다.' 또는 후건을 부정할 수도 있다. '그는 경기에서 지지 않았으니 느리게 달리지 않았다.' 첫 번째 논증 방법은 '전건긍정의 형식', 두 번째는 '후건부정의 형식'이라고 하는데 두 가지 모두 유효한 논증법이다. 전건을 부정하고 후건을 긍정할 경우는 언뜻 유효할 것 같지만 논리적 오류다.

전건부정이 성립하지 않는 이유는 하나의 사건에 하나의 원인만을 제공하고 다른 원인은 모두 배제하기 때문이다. 즉 또 다른 가능성을 배제했기 때문에 오류라고 할 수 있다.

논증하는 과정에서는 그 누구도 오류를 피할 수 없다. 이유는 간단하다. 자신에게 불리한 결과는 피하고 원하는 결론만을 기대하기 때문이다.

술, 담배, 여자를 모두 가까이하면 분명 오래 살지 못한다. 그러므로 술, 담배, 여자를 끊어야 100세까지 장수할 수 있다.

이런 논리는 국가 사이에서 자주 발생한다. 어떤 정책을 펼칠 때 국가는 그 정책이 초래할 결과를 따져본다. 그리고 국가 전체가 곤란한 상황에 빠지지 않도록 하기 위해 특정 정책을 택하지 않는다. 예를 들면 이런 식이다.

우리의 군사력이 강해지면 위협을 느낀 나라들이 공격해올 것이다. 다른 나라의 적의를 없애기 위해 무장을 해제해야 한다.

이것이 사실일까? 물론 그렇지 않다. 우리가 반격할 능력이 없어도 상대는 공격을 해올 수 있다. 사람들은 현재의 상황을 합리화하기 위해 전건부정의 오류를 범하곤 한다. 이것은 굉장히 보수적인 오류다. 우리가 다른 선택을 한다고 해서 반드시 특정 결과를 피할 수 있는 것은 아니기 때문이다. 납세를 장려하는 나라의 논리도 마찬가지다. 납세를 잘할수록 국가가 안전해진다고 홍보하는 것은 납세자들을 기만하는 행위다. 국가의 안전과 납세 행위 사이에는 직접적인 관계가 없기 때문이다.

뭔가를 숨기는
유도성 발언

     실제로 일어난 사실들에 주목하고 감정적인 언어는 의심해야 한다. 그렇지 않으면 냉철한 머리로 사고하기가 어려워진다. 무엇을 믿고 무엇을 하고 어떻게 생각해야 할지 논하려는 사람들은 보통 우리의 사고를 특정한 방향으로 유도한다. 그러므로 이야기를 나눌 때는 상대방이 특정 문제를 회피하려 하는지 늘 의심하고 확인해야 한다. 쓸데없이 기세만 높이는 말은 대부분 무언가를 피하려 한다는 뜻이기 때문이다.

   문제를 회피하려는 사람들은 보통 "누구도 부인할 수 없는 문제지만" "더할 나위 없이 분명하지만" "이보다 더 간단할 수는 없지만" "너무도 당연하지만" "초등학생들도 아는 문제지만" "여러분 모두가 알고 있듯이" 등의 요란한 수식어로 말문을 연다. 이때 말하는 사람의 진짜 의도는 자신이 원하는 방향으로 당신의 사고를 유도하는 것이다. 또한 특정한 답변을 유도할 때는 이런 질문을 한다. "동의하지 않으세요?" "이 말이 틀립니까?" "그럴 수 있다고 생각하지 않으세요?" "이렇게 생각하는 게 합리적이지 않나요?" 때로는 일부러 문제를 내놓고 자신이 원하는 답을 말하게 한다. "너, 나 사랑하지? 아니야?" "이 옷 300위안 주고 샀는데 진짜 싸지? 안 그러니?" "산산조각 난 이 도자기 말이에요. 정말 위대한 예술 작품이라고 생각하지 않으세요?" 그럼 당신은 자신도 모르는 사이에 이 러한 유도성 질문에 넘어간다.

　다음의 질문을 살펴보자. 한 남자가 만난 지 얼마 안 된 여자에게 이렇게 묻는다. "우리 데이트할 때 자전거 탈까?" 자전거를 타자고 요구하는 이 남자가 회피한 문제는 무엇일까? 여자가 자신과 데이트를 할지 여부다. 남자는 여자와 데이트를 하는 걸로 이미 가정하고 있지만, 사실 상대방의 생각은 어떤지 알 수 없으니 그 문제부터 의논해야 한다. 데이트 수단을 정하기에 앞서 일단 데이트를 할지 결정하는 게 가장 중요한 문제 아닐까?

　언니와 강가에 앉아 있던 샤오메이는 얼마 지나지 않아 심심해졌다. 그녀는 언니가 읽고 있는 책을 힐끗 쳐다봤는데 삽화도 대화도 없었다. '저런 책이 무슨 소용이야?' 샤오메이는 생각했다. '삽화도 대화도 없잖아.'

　샤오메이는 자신의 생각을 질문을 통해 이미 내놓았다. 생각을 명확히 서술하지는 않았지만 정리하자면 이런 생각일 것이다. '삽화도 대화도 없는 책은 아무런 소용이 없다.'

　법정에서는 샤오메이 같은 질문들이 허용되지 않는다. 이런 질문은 정답을 정해놓거나 그런 암시를 포함하고 있기에 대답하는 사람이 질문자의 의도에 가까운 답변을 하기 때문이다. 이때 변호사는 이렇게 '유도된' 답변에 대해 이의를 제기한다. 전형적인 예로는 이런 것이 있다. "자동차 전조등이 부서진 것을 보았을 때 당신은 어디에 있었죠?" 이때 상대 변호사는 틀림없이 항의할 것이다. "유도성 질문입니다. 가정한 사실은 증거가 될 수 없습니다. 자동차 전조등이 부서졌다는 것은 아직 확인되지 않은 사실입니다." 그러면 상대방은 질문을 고쳐서 물을 것이다. "당신은 부서진 전조등을 보았습니까?"

또 다른 전형적 예로는 이런 것도 있다. "당신은 이제 아들을 때리지 않습니까?" 이때도 피고의 변호사는 항의할 것이다. "유도성 질문입니다. 가정한 사실은 증거가 아니며, 피고가 아들을 때렸다는 사실은 아직 확인되지 않았습니다." 만약 질문을 받은 피고가 '예' 또는 '아니오'라고 대답했다면 어느 쪽이든 아들을 때렸음을 암묵적으로 인정한 것과 같다.

근거가 없거나 받아들이기 어려운 가정을 내놓는 이유는 대부분 그 문제를 회피하고 원하는 답을 유도해내기 위해서다. 평소 상대방의 말이 암시하고 있거나 그 말에 명시되지 않은 가정에 유의해야 한다. 이런 가정을 악용하면 선량한 사람들을 쉽게 속일 수 있기 때문이다.

모순전제, 그 놀라운 논증

아무리 완벽한 논리라도 거짓 명제가 끼어 있다면 사람들은 믿지 않을 것이다. 참된 전제와 타당한 논리가 모두 갖춰져야만 완전한 논증을 할 수 있다. 모순된 전제의 문제는 모두 옳을 수 없다는 점에 있다. 둘 중 하나가 옳다면 나머지 하나는 반드시 틀려야 한다. 반대의 경우도 마찬가지다. 바꿔 말해 둘 중 하나가 거짓이라는 점만 확실하다면 그 논증을 거친 결론은 완전할 수 없다. 다음의 예를 보자.

만물은 모두 죽는다. 신은 죽지 않는다.

그러므로 신은 만물이 아니다.

이 논증은 언뜻 신에 대한 부정론 같지만 실제로는 상식에 대한 논증이다. 전제가 모순이라면 둘 중 하나는 반드시 거짓이다. 다시 말해 이런 전제를 바탕으로 도출되는 어떤 결론도 불완전하다는 뜻이다.

추론 과정이 타당하다는 점에서 모순된 전제의 오류는 무척 흥미롭다. 그래서 사람들을 헷갈리게 만들고 심지어는 참이라고 믿어버리는 경우도 생긴다. 이처럼 일치하지 않는 두 가지 전제가 타당한 논증을 거쳐 전혀 관련 없는 결론을 도출한다는 점은 논리학자들에게 충격일 것이다. 그러나 그들에게 '타당'하다는 것과 '완전'하다는 것은 별개다. 만약 모순된 전제처럼 전제가 불완전하다면 논리가 아무리 완벽해도 논증은 완전할 수 없다. 다음의 불완전 논증은 달이 치즈로 만들어졌다는 사실을 논리적으로 증명한다. 조금 복잡하지만 굉장히 흥미롭다.

1단계 | 먼저 두 가지 전제를 세운다.

우유는 흰색이다.

우유는 흰색이 아니다.

2단계 | 논증을 시작한다.

만약 '우유는 흰색이다'가 참이라면 '우유는 흰색이거나 달은 치즈로 만들어지지 않았다'는 사실은 성립한다(참). 그러나 우유는 흰색이 아니고 미세하게 노란기가 도는 색이므로 문장의 두 번째 명제는 반드시 거짓이다. 그러므로 달은 치즈로 만들어진 것이다.

위의 논리에는 오류가 없다. 이렇게 모순된 전제하에서 우리는 어떤 것도 논증해낼 수 있는데, '고양이는 생선을 먹지 않는다'를 증명하는 것도 가능하다.

일상적인 논증 과정에서 모순된 전제를 이용한 오류를 활용하기란 쉽지 않다. 왜냐하면 대부분의 사람들이 "그 칼로 그 방패를 찔러보라"는 고사처럼 문장 속의 오류를 대번에 알아차리기 때문이다. 그러나 논리 고수는 다르다. 그들은 편안한 말투 속에 청중이 받아들일 만한 오류를 슬쩍 끼워 넣은 다음 촘촘한 논리로 포장한다. 이렇게 하면 사람들은 오류를 눈치 채지 못한다. 다음의 예를 보자.

가오용은 굉장히 전문적인 사람이지만 약간 비전문가 같을 때도 있다.

이 문장은 언뜻 크게 이상하게 들리지 않는다. 그러나 논리 고수는 바로 이런 모순전제를 이용해 달이 치즈로 만들어졌다는 것도 증명할 수 있음을 기억하자.

이중부정이
긍정이라고?

삼단논법은 흔히 볼 수 있는 논증이자 추리 형식이다. 앞쪽에 놓이는 명제(일반적으로 두 단)는 전제(premise)라고도

하는데, 우리는 명제를 통해 결론을 도출해낸다. 다음의 예를 보자.

모든 포유류는 정온동물이다.[대전제(major premise)]
고래는 포유류다.[소전제(minor premise)]
따라서 고래는 정온동물이다.[결론]

대전제와 소전제 두 명제를 바탕으로 결론을 도출해내는 것이 삼단논법이다. 여기서는 앞의 두 전제가 근거가 되어 결론을 연역적으로 이끌어낸다. 그런데 두 가지 전제가 모두 부정형인 경우에는 유효한 결론을 도출해낼 수 없다. 이런 오류를 가리켜 부정 전제가 두 개인 오류라고 한다. 다음의 예를 보자.

건설 인부 가운데 제빵사인 사람은 없다.
제빵사 가운데 어부는 없다.
따라서 건설 인부 가운데 어부는 없다.

언뜻 단순해 보이는 이 삼단논법은 사실 매우 비논리적이다. 만약 어부 대신 '탈세자'를 넣는다면 마지막 결론은 이렇게 된다. 건설 인부 가운데 탈세자는 없다. 이렇게 신뢰성 없는 명제가 도출된 이유는 논증에 쓰인 두 가지 전제가 모두 부정형이기 때문이다. 오류가 어디서 나왔는지는 아주 쉽게 찾을 수 있다. 일반적으로 삼단논법은 두 가지 전제와 세 번째 결론이 각각 연결되고 두 전제끼리도 서로 연결되어야 한다. 그런데 두 전제가 모두 부정형일 경우 전제들이 가리키는 사실이 결론을 완전히 포함하지 못하는 문제가 생긴다. 이 두 가지 전제를 어떻게 연결하든 결과는 마찬가지다. 두 가지 부정형을 모두 포함하면서 참인 결론을 얻기란 불가능하기 때문이다. 다음의 예를 보자.

어떤 탄광 주인은 바보가 아니다.
어떤 바보는 부자가 아니다.
따라서 어떤 탄광 주인은 부자가 아니다.

이보다 더 황당한 논증을 본 적이 있는가? 앞의 두 가지 부정전제를 가만히 살펴보자. 부자가 아닌 바보와, 바보 중 탄광 주인이 아닌 사람은 반드시 일치하지 않는다. 헷갈린다면 이 두 가지 사실만 명확히 하자. 첫째, 두 개의 부정전제는 어떤 것도 증명할 수 없다. 둘째, 모든 탄광주인은 매우 부자다.

이러한 오류가 자주 발생하는 이유는 믿는 사람들이 있기 때문이다. 가령 A와 B가 대치되고 B와 C가 대치된다면 A와 C는 대치된다는 식이다. 당신은 어떻게 생각하는가? 또 다른 예를 들어보자.

왕 씨는 마을회에 들어가지 못한다.
마을회는 농촌협동조합에 들어갈 수 없다.
따라서 왕 씨는 농촌협동조합에 들어갈 수 없다.

깊이 생각할 필요도 없다. 이 논증은 성립되지 않는다. 마을회가 농촌협동조합에 들어갈 수 없고 왕 씨는 마을회 회원이 될 수 없지만, 그렇다고 왕 씨가 농촌협동조합원이 될 수 없는 것은 아니기 때문이다.

> 푸딩을 좋아하지 않는 사람은 말라깽이다.
> 흡연자 가운데 일부는 푸딩을 좋아하지 않는다.
> 그러므로 흡연자 가운데 일부는 말라깽이다.

위의 두 부정명제는 흡연자의 문제를 올바르게 설명하지 못한다. 만약 흡연자가 무척 말랐다면 건강에 문제가 있기 때문일 수도 있고, 푸딩을 좋아하지 않는 것은 담배를 사느라 푸딩을 사먹을 돈이 없기 때문일 수도 있다.

사기꾼들은 부정전제가 두 개인 오류를 활용할 때 사람들이 쉽게 믿을 만한 사실을 골라 설득력 있는 부정형 명제를 만든다. 언뜻 신뢰성 있어 보이는 결론이 나왔으므로 청중은 말하는 사람이 사실을 제대로 증명해 냈다고 생각하기 때문이다. 예를 들어 화자가 "국가의 지도자 중 게으른 사람은 없습니다"라고 말을 시작했다고 하자. 청중은 고개를 끄덕일 것이다. 물론 최대한 청중이 경험적으로 받아들일 수 있는 사실을 택하는 것 또한 그들이 애용하는 수법이다. 예를 들면 누구나 상식적으로 알 만한, '면직된 사람 중 꼼꼼한 사람은 없다'처럼 말이다. 복잡하게 들리는가? 알고 보면 무척 간단하다. 두 가지 전제가 모두 부정형일 때는 유효한 결론을 얻어낼 수 없다는 사실만 기억하면 된다. 상대방이 무슨 말을 하는지 자세히 들을 필요도 없이 그것이 오류라는 사실만 알면 그만이다.

'일부'는 '모든 것'을
대표하지 않는다

결론에 어떤 집단 전체를 가리키는 단어가 들어 있다면, 그 결론을 뒷받침하는 논거가 반드시 그 집단 전체를 의미해야 한다. 이것은 논증의 규칙 중 하나다. 예를 들어 '모든 부동산 중개인'에 대해 결론을 낼 수는 없다. 단 한 명의 예외만 있어도 논리는 무너지기 때문이다. 물론 어떤 업계에 대해 보편적으로 알려진 인식을 먼저 언급하고 말을 시작한다면 상황이 달라질 수 있다. 부동산 중개인들이 중개 과정에서 변칙을 저지른다고 생각하고는 있지만 모든 부동산 중개인에 대한 결론이 참인지는 증명할 수 없다. 이러한 규칙에 어긋나는 논증을 가리켜 부당하게 주연된 오류라고 한다. 다음의 예를 보자.

모든 백조는 고니다.
모든 백조에게는 하얀 깃털이 있다.
그러므로 모든 고니에게는 하얀 깃털이 있다.

명백한 오류다. 흔히 백조라고 알려진 고니 중에는 검은 깃털을 가진 흑고니도 있기 때문이다. 부당하게 주연된 논증은 근거가 약해 설득력이 없다. 전제는 집단 중 일부에 대한 것이지만 결론이 그 나머지 부분까지 모두 포함하고 있기 때문이다. 바꿔 말하면 논거가 없는 결론을 도출해내려 했기 때문에 논증에 오류가 생긴 것이다.

사기꾼들은 이 부당하게 주연된 오류를 잘 활용하곤 하는데, 듣는 사람이 논증 속에 숨겨진 불합리성을 알아차리지 못하게 하거나 심지어는 매우 일리 있다고 여기게 만든다. 다음의 논증은 매우 전형적인 예다.

자전거를 타는 사람들은 모두 절약하는 사람이다.
우리 구청 고위 공무원들 중에는 자전거를 타는 사람이 없다.
그러므로 모든 구청 고위 공무원 중 절약하는 사람은 하나도 없다.

이러한 논증은 명백한 오류다. 내용만 봐도 구청 고위 공무원들이 자전거를 타지 않는 것과 절약하지 않는다는 것 사이에는 직접적인 관계가 없다. 다시 논리 관계 측면에서 이 논증을 분석해보자. 전제에서 자전거를 타는 사람은 절약하는 집단의 일부라고 서술했다. 그런데 결론에서는 절약하는 '모든' 집단 중에 구청 고위 공무원은 하나도 없다고 했으니 명백히 논리가 성립하지 않는다.

외연에 포함되는 모든 개체가 언급되었을 때 그 명사는 '주연(周延)되었다'고 한다. 몇 가지 규칙을 따라가면 이 명사를 찾을 수 있다. 일반적으로 '모든' 혹은 '빠짐없이'로 대상을 전칭했다면 이때의 주어는 주연된 것이다. 반대로 '하나도 없다'처럼 부정형 명제의 술어인 경우도 주어는 주연된 것이다. 위의 예시를 보자. '절약하는 사람'은 결론에서 주연되었는데, 이는 논증이 부정형 명제로 종결됐기 때문이다. 반면 전제에서는 주연되지 않았다. 전칭한 주어도 아니고 부정형 명제의 술어도 아니기 때문이다.

다소 복잡하게 들릴 수도 있지만 사실은 매우 간단한 규칙이다. 머리가 아파지지 않도록 다시 한 번 구분하자. 전제에서 전체를 언급하지 않은 명사가 결론에서 전체를 언급한 오류는 두 가지로 나뉜다. 결론 속 주어가 주연되지 않은 것을 '소개념 부당 주연(illicit minor)의 오류'라고 하고, 결론 속 술어가 주연되지 않은 것을 '대개념 부당 주연(illicit major)의 오류'라고 한다.

일부 호주인들은 흥미로운 사람이다.
하지만 일부 노름꾼은 흥미로운 사람이 아니다.
그러므로 일부 호주인들은 흥미로운 사람이 아니다.

논리적으로 이 논증은 당연히 부당주연의 오류를 범하고 있다. 그러나 내용도 틀렸다고 할 수 있을까? 위의 내용이 사실일 수도 있지만, 이를 증명하려면 더 많은 논거가 필요하다.

거짓말은 영원히 거짓말일 뿐

사람들이 함부로 내용을 바꿔가며 옮기는 말들이 있다. 거짓말이라는 사실을 쉽게 알 수 있는데도 끊임없이 더해지고 반복해서 전해지다 보면 나중에는 진짜라고 믿게 된다. 처음에 그 말을 한 사람은 자신이 거짓논리로 사람들의 생각을 바꿔놓았다고 의기양양해한다. 정말 그럴까? 거짓말은 정말 참이 될 수 있을까?

"거짓말도 백 번 하면 진실이 된다." 히틀러의 나팔수였던 괴벨스(Paul Joseph Goebbels)의 말이다. 이것만 봐도 괴벨스가 반복적인 거짓말의 오류를 범하고 있음을 쉽게 알 수 있다. 반복적인 거짓말이란 괴벨스의 생각처럼 어떤 주장이나 관점 혹은 사건을 끊임없이 반복해 끝내 사람들이 진실이라고 믿게 만드는 것을 일컫는다.

괴벨스가 나치의 열혈 추종자가 된 것은 1922년 6월, 히틀러의 연설을 듣고 난 뒤였다. 연설을 들은 괴벨스는 감탄을 멈추지 않았다. "이제 내가 가야 할 길을 찾았다. 이것은 명령이야!" 그때부터 괴벨스는 자신이 신봉하는 '나치즘'을 광적으로 선전하기 시작했고, 이로써 나치 지도층과 히틀러의 눈에 들어 나치당 간부가 되었다. '영웅'은 늘 쓰일 곳이 있는 법. 괴벨스는 나치당 선전부의 모든 인력을 동원해 독일 역사상 최대 규모의 선전운동을 벌였고 히틀러가 수상으로 취임하는 데 큰 공을 세웠다. 1933년 히틀러가 수상으로 취임한 뒤 괴벨스는 국민계몽선전 장관에 임명됐다. 이후 괴벨스는 히틀러를 조금도 실망시키지 않았다.

장관 취임 직후 그는 선전을 통해 나치당 일당독재체제를 합법화해 히틀러가 파시즘을 앞세워 독재하는 길을 닦았다. 대중선동 전문가였던 괴벨스는 국민들의 의식과 나치의 사상을 일치시키는 일이 중요하다는 사실을 잘 알고 있었다. 그래서 그는 독일 국민들이 오직 한 종류의 목소리만 들을 수 있게 해야겠다고 마음먹었다.

국민들의 사상을 뿌리부터 바꾸기 위해 괴벨스는 먼저 전국적인 분서운동을 벌였다. 그는 학생들을 선동해 책을 태우는 광적인 운동을 전개하며 이렇게 말했다. "독일 국민의 정신은 다시 일어날 것입니다. 이 불꽃 아래 낡은 시대는 끝나고, 새로운 시대가 밝게 비출 것입니다." 이외에도 괴벨스는 출판, 방송, 영화 등 모든 대중매체를 엄격히 통제하기 위해 문화회의소를 세웠다. 이 단체의 회원들은 열혈 나치당 추종자들로 채워졌고 정부의 방침과 정책, 노선에 따라 조직돼 활동을 이어갔다. 예술작품이 출판되거나 무대에 오르려면 반드시 나치 선전부의 심의를 거쳐 허가를 받아야 했다. 편집자들의 생각은 정치적으로 나치당의 사상과 일치해야 했으며, 그들의 혈통은 반드시 '순수한' 아리아인이어야 했다. 모든 뉴스는 엄격한 검열을 거쳐 보도되는 경우도 있었고 제지될 때도 있었다. 그렇게 독일의 전체 여론은 광적인 파시즘으로 물들어갔다. 대중에게 사실과 진실, 정의를 전달해야 하는 언론매체가 거짓말을 퍼뜨리고 대중을 속였으며, 궤변을 만들고 전쟁을 부추기는 도구로 전락했다.

독일이 폴란드를 침공하기 전, 나치독일의 신문과 방송은 대대적인 선전을 통해 폴란드를 침공해야 한다는 여론을 조성했다. 폴란드가 유럽의 평화를 깨뜨리고 국경을 넘어 독일을 위협하고 있다는 주장이었다. 독일 신문들은 "폴란드를 조심하라!" "바르샤바 군대, 독일 국경 침입!" "폴란드 전역, 전쟁 광기로 들썩!" 같은 자극적인 헤드라인을 실어 폴란드가 금방이라도 독일을 공격할 것 같은 착각을 일으켰다.

괴벨스는 여론을 철저히 통제해 독일 국민들이 제대로 된 판단을 할 수 없게 만들었을 뿐만 아니라, 본인 스스로도 각종 연설을 통해 청중에게 나치즘을 주입했다. 괴벨스는 이렇게 끊임없이 거짓말을 반복하며 거짓말에 진실의 외투를 입혔다. "반복은 힘이다. 거짓말도 백 번 반복하면 진실이 된다"라는 결론까지 내렸고 실제로도 그랬다. 독일 선전부는 대중이 진실을 바로 볼 수 없도록 언론을 이용해 거짓말을 만들었다. 그리고 다양한 방식을 통해 반복적으로 사회에 주입했다. 이 거짓말이 국민들의 인정을 얻었으니 진실이 된 셈이다.

괴벨스는 거짓말을 백 번 반복하면 진실이 된다고 끝까지 믿었다. 그리고 실제로 그와 히틀러가 만들어낸 거짓말 속에서 나치가 탄생했다. 그러나 그들의 거짓말은 결국 파시즘 제국을 무너뜨리고 말았다. 끝없이 반복되던 거짓말을 사람들이 결국 알아차렸기 때문이다. 이성적인 사고를 통해 거짓말을 분별해낼 줄 알아야 반복된 거짓말의 오류를 줄일 수 있다. 그러면 끊임없이 이어져 사람들 사이를 돌던 거짓말도 우리의 발 앞에서 멈추게 할 수 있을 것이다.

소문을
너무 믿지 말라

아방궁은 규모의 웅장함이나 장식의 화려함에서 단연 뛰어났다고 전해진다. 크고 작은 건물 700여 개로 이루어진 아방궁은 같은 날에도 각 전각별로 날씨가 달랐다고 한다. 진시황은 각 전각을 돌며 하룻밤씩 묵었지만 죽을 때까지 한 바퀴를 돌지 못했다. 이 전설은 믿을 만할까? 직접 본 사람이 있을까? 사실 아방궁에 대한 이미지나 묘사는 당나라 시인 두목(杜牧)이 쓴 〈아방궁부(阿房宮賦)〉를 바탕으로 한다. 두목은 이 작품에서 아방궁을 이렇게 묘사했다.

"다섯 걸음마다 누각이 하나요, 열 걸음마다 전각이 하나라. 회랑은 넓고 길게 돌아 이어졌고 처마 끝은 불쑥 내밀어 있다. 전각마다 지세에 따라 안겨 있고 갈고리 같은 추녀는 한데 모여 있네. 거대한 궁궐 마치 벌집 같고 소용돌이 같아, 우뚝 솟은 것이 몇 천만 가닥인지 모르겠구나. 긴 다리가 물결 위에 누웠으니 구름 없이 웬 용이며, 복도가 허공을 가로지르니 비도 없이 웬 무지개인가. 높고 낮은 곳 혼미하여 서와 동을 가릴 수 없구나. 노래하는 무대의 따사로움은 봄빛이 아롱대고, 춤추는 전각의 찬 옷소매는 비바람으로 쌀쌀하다. 같은 날 한 궁전의 날씨가 고르지 않네."

두목이 묘사한 대로라면 아방궁은 대단히 웅장하고 화려한 건축물이다. 그러나 이는 전설일 뿐이며, 후대 사람들이 진나라의 멸망을 교훈 삼아 제왕의 사치와 향락을 경계하고 검약하도록 하기 위해 꾸며진 이야기다. 고고학적으로도 이미 아방궁은 실존하지 않았다는 사실이 증명되었다. 중국 고고학자들은 성양궁(成阳宫) 터를 제외한 다른 곳에서는 화재의 흔적을 발견하지 못했다. 전해지는 것처럼 아방궁이 수개월에 걸쳐 타오른 일은 없었다. 사료 속에 짤막하게 언급된 기록과 그 시기를 통해 미루어보면 믿을 만한 결론이 나온다. 수천 년간 사람들 사이에서 전해오던 아방궁은 실존하지 않았으며, 두목이 묘사한 것처럼 웅장하고 대단한 것도 아니었다는 사실 말이다. 모든 것은 그저 두목의 걸출한 문학적 상상력에 불과했다.

그러나 사람들은 오랫동안 이러한 전설을 근거로 삼아 아방궁이 역사상 최대 규모의 건축물이며, 진시황이 사치와 향락을 즐겼다고 여겨왔다. 전설을 논거로 삼은 전형적인 경우다. 전설을 논거로 삼는 오류는 자세한 고증을 거치지 않은 채, 전설에 등장하는 내용을 근거로 사실의 논리적 관계 또는 사물의 실존 여부를 판단하는 것이다. 또한 어디선가 전해들은 사실을 논증의 근거로 사용하는 오류도 해당된다.

춘추전국시대, 중원 한복판에 위치한 송나라는 비가 적고 강이나 호수가 부족해 땅이 늘 메말라 있었다. 농민들은 주로 우물물을 끌어와 농사를 지었다.

송나라에 살던 정 씨 농가는 무척 척박한 땅을 일구고 있었다. 집 안에 우물이 없었던 정 씨는 멀리 떨어진 곳에서 물을 길어다 말과 나귀에 실어 옮기는 수밖에 없었다. 그래서 늘 밭까지 물을 날아올 사람을 써야 했는데, 야외에 만든 오두막에 상주하며 하루 종일 물을 긷고 옮기고 밭에 주는 일을 도맡아 했다. 정 씨 집에서 일하던 사람들은 시간이 흐르면 하나같이 그 일을 힘들고 지겹게 여겼다.

결국 정 씨는 가족들과 상의한 끝에 우물을 파기로 했다. 우물 하나만 파면 여러 해 동안 애먹어온 문제를 단번에 해결할 수 있기 때문이다. 그는 직경이 1미터에 못 미치는 구멍을 10여 미터 파 내려갔다. 흙을 파낸 다음 내벽을 단단히 고정시키는 일은 쉬운 작업이 아니었다. 정 씨는 가족들과 함께 아침부터 해가 질 때까지 꼬박 스무 날을 고생한 끝에 우물을 완성했다. 우물에서 처음으로 물을 퍼 올리던 날, 정 씨 집안은 축제 분위기였다. 온 집안 사람들이 너무나 기쁜 나머지 좀처럼 입을 다물지 못할 정도였다. 그때부터 정 씨 집안은 굳이 사람을 보내 물을 길어 오지 않아도 되었고, 추운 날 오두막에서 지낼 필요도 없게 되었다. 신이 난 정 씨는 길에서 만나는 사람들에게 이렇게 말했다. "우리 집에서 우물을 하나 팠는데 사람 하나를 얻었지 뭐요!"

정 씨의 말을 들은 마을 사람들은 더러는 축하의 말을 건네기도 했고 일부는 무관심으로 일관했다. 그런데 누군가가 정 씨의 우물 이야기를 약간 바꿔 퍼뜨리기 시작했다. "정 씨네가 우물을 팠는데 거기서 사람이 나왔다더군!"

송나라는 작은 나라였다. 이 놀라운 소문은 순식간에 전국으로 퍼져 왕의 귀에까지 들어가게 되었다. 소문을 들은 송나라 왕은 깜짝 놀랐다. '정말로 땅 밑에서 산 사람이 나왔다면 신선 아니면 귀신일 것이다. 제대로 알아봐야겠다.' 사건의 진상을 알아내기 위해 왕이 파견한 특별 조사관이

정 씨 집에 도착했다. 정 씨는 사정을 설명했다. "새로 판 우물 덕분에 농사가 아주 편해졌습니다. 예전에는 먼 데까지 물을 길어다 옮기는 사람이 있었는데 지금은 그럴 필요가 없어졌지요. 그래서 저희 집에 일손이 하나 늘었을 뿐, 우물에서 사람이 나온 것은 아닙니다."

가장 못 믿을 것이 전해들은 이야기다. 그러므로 소문을 들으면 그 사실이 합리적인지 냉정히 생각하고 판단해야 하며, 함부로 말을 옮기지 말아야 한다. 자신에게도 타인에게도 이로울 것이 하나도 없다.

중국에서는 오랫동안 후베이성 선눙자(神農架)에 살고 있다는 야인('숲속의 야인'이라는 뜻으로 직립 보행하지만 인간보다 덩치가 큰 전설 속의 유인원. 사스콰치, 설인, 빅풋 등으로도 불린다 — 옮긴이)에 대한 불가사의한 전설이 전해지고 있다. 그러나 야인을 정말로 본 사람은 없는 것 같다. 어떻게 생겼는지 자세한 생김새를 본 사람은 없고, 봤다는 사람도 그저 키가 크고 온몸이 긴 털로 덮여 있었다는 식으로 말할 뿐 정확히 묘사하지는 못했다. '야인'은 이렇게 해서 실존하는 것처럼 사람들의 입에서 입으로 전해지고 있다.

중국 고대 문헌에 기록된 '야인'에 대한 전설은 최고 천 년을 거슬러 올라간다. 《산해경(山海經)》에는 '괴물'에 대한 묘사가 나오는데 "사람의 얼굴에 입술이 길게 늘어졌고 몸에는 검고 털이 나 있으며 발뒤꿈치가 뒤집어졌다"고 한다. 선눙자 야인의 특징과 매우 흡사하다. 선눙자 야인은 오래전부터 널리 알려졌지만 실제 모습은 오늘날까지 단 한 번도 공개된 적이 없으며, 사람들은 아직까지 그 실체를 찾아다니고 있다. 많은 전문가들이 선눙자 야인은 전설에 불과하며 실존하지 않는다는 증거들이 있어 연구할 가치는 없다고 본다.

이렇게 전설뿐인 야인이지만 아직도 수많은 학자들과 호기심 많은 사람들이 일생을 바쳐 야인을 찾아다닌다. 오직 전설만을 근거로 모든 대가를 기꺼이 감수하고 연구에 매진하는 이 같은 심리는 확실히 연구할 가치가 있다.

전해지는 이야기는 일단 의심해보는 것도 나쁘지 않다. 자연과 상식을 무시한 채 덮어놓고 철석 같이 믿어버리는 태도는 매우 어리석다. 전설은 사건의 진위 여부를 따져볼 때 참고할 만한 정보일 뿐, 어떤 사실의 직접적인 근거가 될 수는 없다.

전문가는 항상 옳을까?

말을 하거나 글을 쓸 때, 우리는 위인들의 명언을 인용해 관점의 정당성을 증명한다. 때로는 그저 어느 전문가가 이렇게 말했으니 옳다는 식으로 주장의 논리성은 고려하지 않은 채 전문가의 말에만 의존하기도 한다. 이렇게 생각한다면 당신은 스스로를 속이고 있는 것이다.

'권위'의 사전적 의미는 '남을 지휘하거나 통솔하여 따르게 하는 힘' 그리고 '일정한 분야에서 사회적으로 인정을 받고 영향력을 끼칠 수 있는 위신' 두 가지로 나뉜다. 영어의 '권위(authority)'는 라틴어 '아욱토리타스(auctoritas)'에서 유래됐는데 두 가지 속뜻이 더 있다. 첫째는 '관점 또는 행위를 지지하는 사람 또는 사물'이고, 둘째는 '권위적 진술을 한 사람 혹은 널리 존경받는 사람 또는 이러한 작가가 쓴 작품'이다. 다시 말해 '권위'란 '권위자'로도 풀이된다. 기본적으로는 특정 분야에서 어떤 결론을 내거나 증명해낸 사람 또는 단체를 뜻하는 것으로 '학술적' 권위와 '정치적' 권위 등이 있다.

권위자가 되려면 반드시 해당 분야에 종사해야 하고 풍부한 경험과 해박한 식견, 신중한 태도를 갖춰야 한다. 그러므로 대중의 눈에는 권위자의 의견이 가장 믿을 만하고 참고할 만하다. 바로 이 점 때문에 권위를 숭배하거나 남용하는 오류를 많이 볼 수 있다. 권위로 사실과 논리를 대신하고 권위자의 말을 절대시하는, 권위에 호소하는 오류다. 자주 나타나는 오류로는 권위 남용, 권위 숭배, 잘못된 권위에 호소하기, 전통과 기원에 호소하기, 권위에 대한 맹목적인 믿음이 있다. 권위는 상대적이고 다원적이며 변화하기도 한다. 게다가 시기에 따라 권위가 생기기도 사라지기도 하기 때문에 잘못된 권위에 호소할 경우 황당한 비웃음을 살 수도 있다.

명나라의 철학자이자 사상가 왕양명(王陽明)은 "도는 하늘 아래 만인의 도요, 학문은 하늘 아래 만인의 학문이다. 주자와 공자 같은 대학자만의 것이 아니다"라고 했다. 우리 모두는 각자 깨달음을 얻고 배움을 추구할 권리가 있다. 중국 고대 국가는 유교사회로 유가의 학설이 봉건사회에서 가장 중요한 위치를 차지하고 있었는데, 특히 송나라와 명나라 시대 주희(朱熹)가 제창한 성리학이 정통 학문으로 권위적 지위에 있었다. 이 같은 학문 질서에 아무도 이의를 제기하지 못하는 상황 속에서 왕양명은 이단아 같은 사람이었다. 그는 '도'는 '하늘 아래 만인의 도(天下之公道)'이고, '학문'은 '하늘 아래 만인의 학문(天下之公學)'이라고 했다.

그는 모두가 본인의 '양심과 지혜'에 따른다면 공자나 주자, 유교 경전의 권위를 맹신할 필요는 없다고 주장했다. 왕양명은 이런 관점에서 출발해 제자들에게 '양지동(良知同)'의 원칙을 전제로 최대한 창조적으로 사고하고 자유롭게 사상의 문을 열 것을 독려했다. 이렇듯 권위를 맹신하거나 두려워하지 않았기 때문에 왕양명은 권위의 울타리에서 빠져나올 수 있었고, 주자학에서 벗어나 자신만의 학문인 양명학을 창시할 수 있었다.

21세기인 오늘날에도 권위에 호소하는 오류를 많이 볼 수 있다. 그중에서 권위의 남용이 가장 심각하다. 광고만 봐도 그렇다. 텔레비전 화면이나 길가에 설치된 광고들을 보면 하나같이 화려한 모습의 연예인이 제품과 함께 등장한다. 대중에게 인기 연예인이나 유명인사는 특정 방면에서 일정한 권위가 있는 인물이다. 때문에 대중은 이들 광고모델을 신뢰하기 쉽고, 그들이 광고하는 제품까지 좋은 제품이라는 권위성을 띠게 된다. 그러나 실제로는 그렇지 않다. 인기 연예인이 광고하는 제품 중에도 성능이 과장되거나 품질이 떨어지는 경우가 적지 않다. 연예인은 연예계와 방송계에서나 권위자일 뿐, 그들이 광고하는 제품에 대한 지식은 대중과 별 차이가 없다. 그 방면의 전문가가 아니기 때문이다. 이에 대해 중국 정부는 인기 연예인을 광고모델로 세우는 것을 규제하고, 소비자들이 그런 제품의 품질이 우수할 거라 쉽게 믿지 않도록 홍보하고 있다. 그러나 소비자들은 여전히 잘못된 권위에 호소하는 오류에 빠지고 있다.

김용(金庸)의 소설 《소오강호(笑傲江湖)》에 등장하는 주인공 영호충은 평범하기 그지없는 강호의 검객이다. 진가락처럼 문무를 겸비한 귀공자의 풍모도 없고 곽정처럼 나라와 민중을 생각하는 위엄도 없다. 소봉 같은 풍운아도 아니고 위소보처럼 세상물정을 훤히 알지도 못한다. 그는 어느 하나 눈에 띄지 않는 인물이고, 무공으로 천하제일이 되는 일에는 처음부터 끝까지 관심이 없다. 그러나 영호충에게는 남들이 갖지 못한 훌륭한 면이 하나 있는데, 바로 권위에 도전하는 투쟁정신과 용기다. 권위를 맹신하지 않은 덕에 냉정한 강호에서 살아남을 수 있었고, 나중에는 강호를 떠나 유유자적한 삶을 보낸다.

작가 김용은 뚜렷한 의도로 영호충이란 인물을 창조했다. 비극적인 인물들을 수도 없이 창조해낸 작가는 영호충의 인생을 통해 언제나 권위를 경계하라는 메시지를 던졌다. 권위를 맹목적으로 좇는다면 자신과 타인을 해쳐 권위의 희생양이 될 수밖에 없으리라는 것이다. 소설은 언제나 현실 세계를 반영하지 않는가.

권위는 해당 분야에만 국한된다는 사실도 반드시 기억해야 한다. 고고학자는 유물의 연대를 측정할 수는 있지만 식량 생산은 늘릴 수 없고, 생물학자는 생물의 구조는 알아도 강을 가로질러 다리를 놓지는 못한다. 무엇이든 전문 분야가 있으니 권위를 혼동하지 말고, 특정 분야에서 권위를 쌓은 전문가의 의견을 모든 분야로 확대하지도 말아야 한다. 일상생활 속에서도 진짜 권위와 가짜 권위를 구분할 줄 알아야 한다. 그래야 손해를 줄이고 권위에 호소하는 오류도 피할 수 있다.

동정심은 증거가
될 수 없다

드라마나 소설을 보면 이런 장면이 자주 등장한다. "제가 죽으면 팔십 먹은 노모와 세 살배기 어린놈은 어쩝니까? 의지할 데 없는 노모와 어린 자식을 봐서라도 제발 이 한 목숨 살려주십시오!" 바닥에 엎드려 이렇게 말한다면 당신은 그 사람을 살려주겠는가?

관객 입장에서 이런 장면은 아주 상투적으로 보인다. 동정심을 유발하기 위해 연극을 펼쳐 목숨을 건지는 일은 급이 낮은 수법으로 동정심에 호소하는 오류의 전형이다. 사기꾼들은 다양한 방법으로 사람들의 동정심을 자극해 상대가 원래 갖고 있던 정확한 논점을 흐려 자신의 주장을 받아들이게 만든다.

동정심에 호소하는 오류의 논증 형식은 무척 흥미롭다. 'A는 동정할 만하다. 그러므로 A의 명제 P는 참이다.' 이런 논증은 전제와 결론 사이에 필연적인 관계가 성립하지 않으므로 논리적이지 않다. 결론이 참이거나 거짓인 것과 누군가의 불행한 상황과는 아무런 연관이 없으며, 인간의 동정심도 합리적 판단의 논리적 근거가 될 수 없다.

역전 광장에서 한 청년이 상체를 드러낸 채 차디찬 흙바닥 위를 기어가고 있었다. 그의 왼쪽 바지자락은 절반쯤 비어 있었다. 날씨가 유별나게 추웠다. 오른쪽 얼굴을 바닥에 댄 채 머리 앞에 놓인 종이 상자를 조금씩 밀며 기어가는 청년의 모습은 무척이나 불쌍해보였다. 길을 지나던 많은 사람들이 종이 상자 안에 1마오, 1위안씩 던져주었고, 5위안이나 20위안 짜리 지폐를 주기도 했다. 그렇게 광장을 몇 바퀴 돌고 난 뒤 '다리 없는'

청년은 갑자기 벌떡 일어나더니 사람들이 오가는 광장에서 옷을 입기 시작했다. '잘려나간' 왼쪽 다리도 다시 나타났다. 그는 재빨리 옷을 입고 몸과 얼굴에 묻은 먼지를 툭툭 털더니, 놀라는 사람들의 시선은 아랑곳하지 않고 종이 상자를 챙겨들고 으스대며 사라졌다.

위의 예시는 한 신문기자가 목격한 실제 상황이다. 이와 비슷한 장면을 본 사람도 많을 것이다. 모두가 불쌍하게 생각했던 장애인 거지가 사실은 사지가 멀쩡한 사람이고, 그저 '장애'를 이용해 사람들의 동정을 사 돈을 얻어냈다. 이 장면을 실제로 목격한 사람들은 깜짝 놀라 눈이 튀어나올 지경이었을 것이다. 기자가 청년을 뒤쫓아 가서 자초지종을 물었더니 이런 대답이 돌아왔다. "취직을 해봤자 보수는 적고 일도 너무 힘들어서요."

그는 매일 이렇게 한 시간 조금 넘도록 '연기'를 해서 50~60위안은 족히 벌고 있다며 무척 자랑스러워했다. 남는 시간은 잠을 자거나, PC방에 가고, 수다를 떨거나, 영화를 보는 등 다른 일을 하며 지낼 수 있다는 것이다. 게다가 이렇게 돈을 벌어서 고향에 돌아가 결혼도 할 생각이라고 했다. 이 거지 청년은 동정심에 호소하는 방법으로 사람들의 연민을 이끌어내, 불쌍한 장애인 청년을 도와줘야겠다는 잘못된 인지를 유도했다. 실제로 구걸하는 사람들 중 상당수가 이런 방법으로 행인들로부터 돈을 얻어내고 있다.

두 가지 중 어느 쪽을 믿을지 선택해야 하는 상황에서 우리는 상대의 눈물을 동정하곤 한다. 바로 그 눈물 때문에 이성적인 판단이 흐려지고 감정이 이성을 대신해 결정을 내린다.

아이를 데리고 장을 보던 어머니가 시장에서 아이를 빼앗긴 사건이 벌어졌다. 모두를 놀라게 한, 매우 치밀하게 계획된 사건이었다.

피해 여성이 장을 보고 있을 때였다. 갑자기 어떤 나이든 여자가 나타나 울며 소리를 치기 시작했다. "이 정신머리 없는 것아, 여기 있었네. 이 독한 것!" 뒤이어 말끔한 행색의 젊은 남자가 뒤따라오더니 아이 어머니의 고개가 획 돌아가도록 세게 뺨을 때렸다. 남자는 그녀를 밀치며 말했다. "아픈 애를 데리고 나와서 대체 뭐하는 거야?"

뒷걸음질 치던 아이 어머니는 계단에 걸려 넘어졌다. 나이 든 여자는 유모차의 벨트를 풀고 아이를 안아 올리며 계속해서 쏟아붙였다. "애가 이렇게 아픈데 데리고 나오다니, 세상에 무슨 이런 어미가 다 있어!" 남자는 더욱 화를 내며 아이 어머니를 때렸고, 아이는 심하게 울어댔다. 남자가 나이 든 여자를 향해 말했다. "애부터 빨리 병원으로 데려가야겠어요." 그렇게 두 사람은 아이를 데리고 오토바이에 올라 쏜살같이 사라져 버렸다. 아이 어머니는 바닥에 주저앉은 채 울며 소리쳤다. "난 저 사람들이 누군지도 몰라요!" 주위에 모여들어 구경하던 사람들은 아마도 집안 문제려니 생각했다.

그러나 두 사람이 사라지고 아이 어머니가 울다 지쳐 쓰러지자, 그제야 사람들은 아이가 유괴당했다는 사실을 알게 되었다. 사건이 발생하는 동안 현장에 있던 그 누구도 이상하다고 생각하지 못했다. 모든 사람이 그저 가족 간의 문제라고 여겼던 것이다.

사건 속 유괴범들은 구경하던 사람들의 동정심을 아주 교활하게 이용했다. 나이 든 여자는 마치 아이의 할머니처럼 아픈 아이를 데리고 나왔다며 소리를 지름으로써 지켜보던 사람들의 동정을 손쉽게 샀다. 사람들은 아이 어머니가 모질고 철이 없다고 생각했고 아픈 아이를 걱정했다. 할머니가 아이를 병원으로 데려가는 일이 조금도 잘못되지 않았다고 여긴 것이다. 남자까지 나타나 아이 어머니를 때리고 놀란 아이가 울기 시작하자 구경꾼들은 불쌍한 아이를 더욱 동정했다. 게다가 구경꾼들은 그들이 아이의 가족이라고 믿었고 집안 문제라 생각해 섣불리 나서 자초지종을 묻지도 않았다. 유괴범들은 아이에 대한 구경꾼들의 동정심을 이용해 감쪽같이 아이를 데리고 달아날 수 있었다.

이 사건은 우리에게 한 가지 사실을 알려준다. 문제를 대할 때는 반드시 이성적으로 판별해야 한다는 점을 말이다. 그래야만 저런 사기꾼들에게 틈을 내주지 않을 수 있다. 어쩌면 동정심이 터무니없고 잘못된 것이란 오해가 생길 수도 있다. 그러나 동정심은 인간에게 없어서는 안 될 고귀한 가치다. 다만 논증이나 판단의 근거로 쓰일 경우 논리적 오류를 빚을 수 있음을 기억하자.

감정과
이성

개인적인 애증 또는 일시적인 감정에 따라 충동적으로 일을 처리할 때가 있다. 이렇게 논증 과정에서 감정에 따라, 혹은 감정을 근거로 논제를 증명하려는 행위는 '감정에 호소하는' 논리적 오류의 일종이다.

광고 제작자에게 '감정에 호소하기'는 비교적 손쉬운 광고 기술이다.

특히 감정적인 일부 고객들을 겨냥해 감정에 호소하는 광고를 만들면 노력에 비해 큰 효과를 거둘 수 있다. 이성적인 소비자는 상품을 구매할 때 지불하는 돈의 액수와 상품의 품질이 등가인지부터 고려한다. 상품 자체의 품질을 먼저 따져보는 것이다. 이때 광고 제작자는 상품의 품질을 분석하고 철저한 논리적 추론을 거쳐, 소비자가 상품의 품질이 좋다는 사실을 이성적인 각도에서 인정하고 선택할 수 있도록 만들어야 한다.

성공적인 광고는 이처럼 이성이 작동하는 가운데 소비자의 감정을 자극하면서 친근하게 다가가야 한다. 먼저 소비자의 흥미를 감정적으로 유도하고, 통찰력을 발휘해 독창적인 분석을 이성적으로 제시한 다음, 마지막으로 다시 소비자의 감정을 이끌어내 구매심리를 굳힌다. 이런 광고는 많은 사람들을 대상으로 비교적 균형 있는 효과를 거둘 수 있다.

예를 들면 이런 식이다. "처음으로 부모가 되면 좋은 건 뭐든 아이에게 주고 싶죠." 아이에 대한 어머니의 감정을 통해 소비자와의 거리를 좁힌다. "XX 분유, 가장 풍부한 영양으로 엄마의 사랑까지 담았습니다." 이런 광고는 셀 수도 없이 많다. 하나같이 소비자의 감정을 자극해 '감정에 호소하는' 방법으로 제품 판매 확대를 노린다. 안타까운 일이지만 일단 감정적 요소가 앞서면 이성은 자신도 모르는 사이 보이지 않는 곳으로 숨어버린다. 감정적인 광고가 우리의 돈을 낭비시킨다면, 적에 대한 감정적인 태도는 우리의 목숨을 앗아갈 수도 있다. 다음은 널리 알려진 초나라와 한나라의 이야기다.

초나라 패왕 항우(項羽)는 홍문에서 베푼 연회에서 유방(劉邦)을 죽이라는 책사 범증(范增)의 말을 듣지 않고 그를 잘 대해야 한다는 항백(項伯)

의 말에 따랐다가 거의 손에 넣은 유방을 놓아주고 말았다. 유방은 당시 천하를 도모하던 항우에게 가장 큰 적이었으며, 그가 살아 있는 한 천하 통일은 불가능했다. 이 사실을 꿰뚫어본 범증이 계략을 써서 유방을 죽이려 했건만 항우는 감정적으로 일을 처리했고 대사를 그르치고 말았다.

초나라와 한나라의 전쟁이 막바지로 치달았을 때도 항우는 감정적 판단으로 모든 것을 잃고 두 번 다시 재기할 수 없게 되었다. 전쟁에서 패한 항우는 해하(垓下)전투에서 패하고 스스로 목숨을 끊었다. 애첩 우미인(虞美人)과의 애틋한 사랑을 그린 〈패왕별희(覇王別姬)〉도 여기서 나왔다. 우미인과 함께 술을 마신 항우는 슬픔에 겨워 시를 한 수 읊는다. "힘은 산도 뽑을 만했고 기개는 세상을 휩쓸고도 남았지. 형세 불리하니 오추마조차 나아가질 않네. 오추마 같은 것이야 어찌해본다지만, 우미인아 우미인아, 너를 어이하리."

수많은 전쟁을 겪은 영웅이 실패를 앞둔 상황이다. 그러나 항우는 성공 직전에 모든 것을 잃게 된 자신의 처지를 슬퍼하지 않았고, 어떻게 위기를 헤쳐 다시 일어설까 궁리하지도 않았다. 이런 상황에서 생각한 것은 자신의 애첩과 애마에 대한 걱정이었다. 강동으로 탈출할 기회가 생겼을 때도 또 다시 감정이 앞서 이런 말을 한다. "강동에 계신 아버님과 형님을 무슨 면목으로 뵙는단 말이오."

정말이지 한숨 나오는 사람이다. 유방은, 이렇게 자존심이 세고 감정적인 항우의 단점을 이용하려 군사들이 사방에서 초나라의 노래를 부르도록 했다. 항우의 자괴감을 자극해 감정의 늪에 빠져들어 이성적으로 사고할 수 없게 만들어버린 것이다.

항우와 달리 유방은 지극히 이성적인 사람이었다. 항우가 유방을 투항하게 만들기 위해 그의 아버지를 사로잡아 삶아 죽이겠다고 협박했을 때도 유방은 이렇게 말한다. "나와 그대는 회왕의 명을 받고 형제가 되기로 약속하였으니, 나의 아버지가 바로 그대의 아버지요. 그대의 아비를 삶아 죽이겠다면 삶아 죽이고 나에게도 그 국 한 그릇 나누어주시구려."

잔혹한 전쟁을 치를 때는 감정적인 판단을 가장 경계해야 한다. 항우의 이야기를 통해 우리는 감정에 호소하는 오류가 때에 따라선 치명적인 위험을 초래할 수도 있다는 사실을 알 수 있다. 이성으로 감정을 누른 예는 냉정한 유방 외에도 제갈량(諸葛亮)을 빼놓을 수 없다.

포부가 남다르고 군사작전을 짜는 데 재주가 있었던 장수 마속(馬謖)은 승상 제갈량의 깊은 신임을 받았다. 촉한의 황제였던 유비(劉備)는 죽기 전 제갈량에게 이런 말을 했다. "마속은 말이 행동을 앞서 크게 중용할 수 없습니다. 공명은 마속을 잘 살펴보시기 바랍니다." 그러나 제갈량은 마속을 참군(參軍)으로 삼고 자주 불러 함께 군사작전을 논했는데, 아침이 밝을 때까지 이야기를 나누기도 했다.

제갈량이 남쪽을 정벌할 때, 마속은 남방 사람들의 마음을 굴복시키는 방법을 제안했다. 제갈량은 그의 계책을 받아들여 맹획을 일곱 번 놓아주고 일곱 번 사로잡은 칠종칠금(七縱七擒) 계책으로 남방을 복종시켰다. 그 때문에 제갈량이 세상을 떠날 때까지 남쪽은 두 번 다시 반란을 일으키지 않았다.

이 일로 마속을 더욱 굳게 신임하게 된 제갈량은 북벌의 중대한 전투였던 가정(街亭)전투에도 그를 보냈다. 그 당시 경험이 풍부한 장수로 위연(魏延), 오일(吳壹) 등이 있었고, 참모진들은 모두 이들을 선봉으로 삼아야 한다고 주장했지만 제갈량은 마속을 발탁해 대군을 통솔하게 했다. 그런데 가정으로 간 마속은 제갈량의 지시와 다르게 물을 유념하지 않고 산으로 올라가 진을 쳤다. 기동조차 번거로웠기에 왕평(王平)이 거듭 말렸으나 무시했다. 이에 위나라 장수 장합(張郃)이 물을 길어 나르는 길을 끊고 공격하자 마속은 크게 패해 달아났다. 그나마 왕평이 1,000명의 병력으로 북을 치며 대오를 유지했고, 장합이 매복을 염려하여 접근하지 않았다. 이 틈에 왕평이 여기저기 흩어진 군사를 모아 퇴각했다.

대패한 제갈량은 한중으로 물러날 수밖에 없었다. 그는 간신히 살아 돌아온 마속을 옥에 가두고 군법대로 처리하도록 했다. 마속의 재능을 무척 아끼던 제갈량이었지만 그는 이성적으로 판단했다. 군대의 사기를 진작시키고 북벌에 성공해 한나라 왕실을 부흥시키려면 군령이 바로 서야 했다. 결국 제갈량은 눈물을 흘리며 마속의 목을 베도록 명했다. 마속이 참수당한 뒤 제갈량은 그를 위해 직접 제사를 지내며 슬피 울었고, 마속이 남긴 자녀들을 잘 보살피도록 명을 내렸다.

마속을 처형하던 날, 장완(蔣琬)이 제갈량을 찾아와 이렇게 말했다. "옛날 진나라와 초나라가 전쟁을 할 때, 초나라가 뛰어난 장수 현신(賢臣)을 죽이자 진문공(晉文公)이 내심 매우 다행스러워했습니다. 천하가 이렇게 어지러운 때 마속처럼 유능한 장수를 잃는다면 승상께서 견딜 수 있겠습니까?"

그러자 제갈량이 눈물을 흘리며 대답했다. "손무(孫武, 손자병법의 저자―옮긴이)가 백전백승할 수 있었던 중요한 원인은 군법을 엄격히 따랐기 때문이오. 진도공(晉悼公)의 동생 양간(揚幹)이 군령을 어기자 위강

(魏降)은 그의 마부를 죽였소. 지금 천하는 사분오열되었고 막 전쟁을 시작했소. 군법을 엄격히 집행하지 않으면 기강이 허물어질 터인데, 그러면 어찌 적을 맞아 승리할 수 있겠소?"

이때 제갈량이 촉나라 전체의 안위를 생각하지 않고 감정에 휩쓸렸다면 군사들의 사기는 크게 동요했을 것이고, 상상할 수 없는 결과를 낳았을 수도 있다.

제3장

질문의 기술,
진실은 논리 뒤에
숨어 있다

대체 무엇을 알고 싶은지 상대방이 정확히 이해하도록 질문해야 한다. 말 속에 '중의적'인 개념을 집어넣거나 문제의 핵심을 명확하게 말하지 않으면 듣는 사람은 질문자가 무엇을 알고 싶은지 헷갈리고, 다른 뜻으로 이해하기도 한다.

오해하기 쉬운
복잡한 질문

복잡한 질문은 어째서 잘 이해되지 않는 걸까? 많은 사람들이 궁금하게 생각하지만 사실 답은 매우 간단하다. 하나의 문제 안에 너무 많은 논리가 담겨 있기 때문이다. 이 책을 읽고 있는 당신도 평소 말을 할 때 많은 말을 한꺼번에 하는 바람에 상대가 당신의 말뜻을 잘 이해하지 못한 경우가 있을 것이다. 당신의 '멋진 연설'을 왜 다른 사람들은 알아듣지 못할까? 이제 그 이유를 살펴보자. 대화할 때 종종 이런 상황이 벌어지진 않는가?

상황 1 "그러니까 샤오우랑 샤오쥔이 싸웠는데 샤오강이 잘못 맞았단 말이지? 나중에는 샤오우가 울었고, 샤오쥔은 도망가버렸고? 야, 너무 복잡해서 무슨 말인지 모르겠어."

상황2 "방금 말씀하신 내용이 좀 어렵네요. 다시 한 번 요약해주시겠어요?"

상황3 "미안하지만, 지금 네가 한 말이 좀 복잡한데 좀 단순하게 말해줄래?"

잔뜩 신이 나서 말하고 있는데 상대방이 제대로 알아듣지 못한다면 당신은 흥이 깨지는 데다 약간은 곤혹스럽기도 할 것이다. 내가 정말 제대로 설명하지 못했기 때문일까? 자, 이제 당신의 말 속에 어떤 문제가 있는지 한번 생각해보자.

평소 말을 할 때 '왜냐하면' '때문에' '그래서' '그러나'와 같은 연결사를 많이 사용하지 않는가? '인과' '점진' '병렬' '역접' 등의 논리적 관계가 너무 많이 생길 경우 말의 구조가 복잡해지는데 이때 문제의 주범은 연결사다. 실제로 일상 대화 속에서 이러한 예를 많이 볼 수 있다.

책이나 신문을 읽을 때 잠깐 집중력을 놓쳐 단락을 제대로 이해하지 못했다면 다시 돌아가 읽을 수 있다. 누구나 그런 경험이 있을 것이다. 그러나 말은 다르다. 잠깐 한눈을 팔았다간 말하는 사람이 전달하려는 바가 무엇인지 이해할 수 없게 된다. 복잡한 문제에 대해 이야기하고 있었다면 더더욱 말할 것도 없다.

언어학자들은 사람의 단기 기억력이 7초에 불과하다고 말한다. 한 문장이 지나치게 길거나 너무 많은 논리 관계를 포함하고 있다면, 그래서 문장마다 '왜냐하면' '그래서'가 나온다면 듣는 사람은 '왜냐하면……그래서……'의 인과 논리를 생각하느라 문장의 내용을 정확히 이해하지 못한다. 그러므로 대화할 때는 너무 많은 논리 관계를 언급하지 않아야 한다. 복잡한 문제는 오해받기 쉽다. 언어논리의 고수들은 그런 잘못을 저지르지 않는다.

질문할 때도 마찬가지다. 대체 무엇을 알고 싶은지 상대방이 정확히 이해하도록 질문해야 한다. 말 속에 '중의적'인 개념을 집어넣거나 문제의 핵심을 명확하게 말하지 않으면 듣는 사람은 질문자가 무엇을 알고 싶은지 헷갈리고, 다른 뜻으로 이해하기도 한다. 다음의 예를 보자.

"매니저님이 방금 나한테 '어떻게 먹었니?'라고 물었는데 오늘 내가 뭘 먹었냐는 뜻일까, 아니면 누구랑 먹었냐는 뜻일까?"

"사장님은 나한테 그 말이 무슨 뜻이었는지 묻고 싶었던 걸까, 아니면 회의에서 그런 말을 해도 되냐는 뜻이었을까?"

이처럼 중요한 사람이 복잡한 질문을 던진다면 당신은 머뭇거리며 대답을 망설일 것이다. 상대가 알고 싶은 것이 무엇인지 모르는 상황이라면 어떻게 대답해야 할지 알 수 없으니 상대의 의도를 추측하는 수밖에 없고, 그러다 보면 동문서답하는 경우가 발생하기 쉽다. 그렇다면 질문자가 이렇게 복잡한 질문을 던지는 까닭이 궁금할 것이다. 가장 일반적인 이유는 다음과 같이 크게 두 가지로 나눌 수 있다.

첫째, 질문자 본인도 무슨 말을 하는지 제대로 알지 못하는 경우다. 당신도 질문을 던질 때 자신조차 무엇을 묻고 싶은지 확실히 알지 못할 때가 있지 않은가? 성격 급한 당신은 그 많은 질문을 단번에 물어보려고 하지 않는가? 어쩌면 묻고 싶은 몇 가지에 대한 답변을 빨리 알고 싶어 단숨에 모두 뱉어낸 바람에 질문이 너무 길고 복잡해졌을지도 모른다. 지나치게 짧은 시간 동안에는 대뇌가 제대로 사고할 겨를도 없이 말부터 나온다. 때로는 말을 할 때 반응할 시간이 부족해 대뇌가 곰곰이 생각할 틈이 없고, 문제가 연달아 나오면서 '단문공포증' 환자처럼 횡설수설한다. 한때 일본에서 크게 유행한 '단문공포증'은 스스로 말을 제어하지 못하고 문장 몇 개를 하나의 문장으로 길게 이어 붙여 말하는 심리적 현상으로, 듣는 사람이 이해할 수 없도록 중언부언하는 것이 특징이다. 아마 많은 사람들이 이런 문제들을 겪어봤을 것이다. 그러므로 질문을 하기 전에는 먼저 자신이 무엇을 알고 싶은지 차분히 생각하자. 그리고 하고 싶은 말을 머릿속으로 한번 여과시켜 언어를 잘 다듬어 명확하게 말해야 한다.

둘째, 질문자가 주요 쟁점을 포착하지 못해서 결론이 점점 엉뚱한 방향으로 흐르는 경우다. 회식 자리에서 갑 업체 대표가 을 업체 대표에게 말했다. "그 회사 제품이 아주 좋아요. 이번에 우리랑 아주 크게 한 건 계약했는데 아직 그 제품 안 써봤죠? 제가 샘플 하나 드릴까요?"

당신이 을 업체 대표라면 갑 업체 대표의 말을 어떻게 이해하겠는가? 아마도 세 가지 경우로 이해할 것이다.

첫째, 나를 위해 샘플을 주고 싶어 한다. 둘째, 우리 회사가 그 제품을 샀는지 알고 싶어 한다. 셋째, 그 회사의 제품이 아주 좋으니, 우리 회사가 아직 사지 않았다면 샘플을 주고 거래를 중개하고 싶어 한다.

이렇게 명확하지 않은 질문은 듣는 사람을 헷갈리게 만든다. 제품을 샀는지 묻고 싶은지, 아니면 본인이 가서 샘플을 구해주겠다는 건지, 그것도 아니라면 또 다른 의도가 있는지 애매하다. 이 짧은 말이 여러 가지 의미를 내포하는 이유는 질문자가 핵심을 제대로 표현하지 못했기 때문이다. 이런 질문은 대답하는 사람을 망설이게 만든다. 만약 상대방이 제품을 사길 원한다면 이렇게 말해야 한다. "이 회사 제품 괜찮아요. 아직 안 샀으면 한번 사서 써보세요."

만약 거래를 도와주고 중개료를 받길 원한다면 이렇게 말할 수 있다. "이 제품 사셨어요? 아직 안 사셨으면 제가 업체와 연결해 드릴게요." 샘플을 구해주고 싶다면 이렇게 말하는 게 좋다. "이 제품 안 사셨어요? 물건 괜찮은데 아직 안 사셨으면 제가 샘플 좀 드릴까요?" 그러면 복잡한 질문이 단순해지면서 오해의 여지도 크게 줄어든다.

대화할 때 핵심을 정확히 짚어 질문하지 않으면 대화는 점점 엉뚱한 방향으로 흐르고 복잡해진다. 복잡한 질문은 오해를 낳기 쉬우니 피해야 한다. 그렇다면 복잡한 문제를 논리적으로 바꿀 수 있는 방법에 대해 알아보자.

첫째, 핵심을 짚어주고 주요 부분과 부차적인 부분을 확실히 한다. 상대가 오늘 저녁에 무엇을 먹었는지 궁금하다면 날씨나 뉴스 따위의 다른 문제는 이야기하지 않는다. 알고 싶은 대답을 모두 듣고 난 다음에 다른 화제로 넘어가자.

둘째, 연결사를 줄이고 긴 문장은 짧게 끊어서 말한다. 연결사가 너무 많으면 듣는 사람을 혼란스럽게 만들기 쉽다. 문장이 너무 길면 이해하기 어렵고 답변하기도 어렵다.

질문자의 관점에서 분석하기

상대의 질문을 이해하지 못해 상대가 원하는 대답을 하지 못하는 경우가 종종 있다. 이렇게 원만하게 소통이 되지 않으면 서로 묻고 답하기를 반복한 뒤에야 비로소 상대가 원하는 답변이 무엇인지 깨닫는다. 이런 식의 대화는 시간이 심하게 낭비된다. 다음은 일상 대화에서 자주 등장하는 상황이다.

샤오류가 샤오자오에게 물었다.

"곧 퇴근인데 저녁에 뭐 먹을까?"

"훠궈는 너무 덥고 일본 음식은 속이 냉해질 것 같아. 미국식 패스트푸드는 영양가가 없을 것 같고, 중국 음식은 시간이 너무 오래 걸려."

"그러니까 저녁으로 뭘 먹을 거냐고!"

"대답했잖아."

"넌 내 질문에 대답하지 않았어. 잔뜩 나열만 했지, 아무 말도 안 한 거랑 똑같잖아. 다시 물을게. 저녁 먹으러 어디로 갈래?"

"KFC는 너무 멀고 차오장난 식당은 너무 비싸. 샤취 분식은 에어컨이 없어서 너무 덥고, 치샹 가든은 요새 너무 자주 갔잖아."

"다 됐고, 그래서 우리 어디로 가냐고!"

샤오자오는 조금 짜증스럽게 대답했다. "여태 내가 말하지 않았니?"

샤오류는 화를 내며 말했다. "됐어. 너랑 저녁 안 먹을래."

별것 아닌 대화 때문에 두 사람은 기분이 상하고 말았다. 문제는 아주 단순하다. 샤오자오는 샤오류의 질문을 정확히 이해하지 못했다. 샤오류가 "저녁에 뭐 먹을까?"라고 물은 것은 구체적으로 어떤 음식을 먹겠냐는 의미가 아니라 샤오자오가 메뉴를 정하라는 뜻이다. 그런데 샤오자오는 어떤 음식을 먹을 수 있는지 나열해보라는 뜻으로 받아들였고, 두 사람은 결국 얼굴마저 붉히고 말았다.

두 사람의 대화를 들여다보면 샤오류와 샤오자오 두 사람이 서로의 질문을 제대로 분석하지 못한 점이 오해의 가장 큰 원인임을 알 수 있다. 첫째로 샤오류는 샤오자오에게 명료하게 질문하지 않았다. 둘째로 만약 샤오자오가 하나의 큰 질문을 작은 질문 여러 개로 분석해 하나하나 대답할 줄 알았다면 두 사람이 서로 불쾌할 일도 없었을 것이다. 그러므로 의사소통에 문제가 생긴 가장 핵심적인 이유는 샤오류와 샤오자오가 서로의 질문을 분석할 줄 몰랐고, 질문의 우선순위도 알지 못했기 때문이다.

생각해보자. 만약 샤오류와 샤오자오가 두 회사의 대표로 만나 협상을 했고, 그 과정에서 이런 문제가 발생했다면 얼마나 큰 손실이 생겼겠는가. 언어논리의 고수가 되고 싶다면 평소 질문을 분석하는 법을 반드시 익혀야 한다. 여기에는 타인의 질문뿐만 아니라 본인이 던진 질문도 해당된다. 타인의 질문을 잘 분석하면 동문서답하는 상황을 피할 수 있고, 자신의 질문을 분석할 줄 알면 상대방이 더욱 쉽게 핵심을 파악할 수 있도록 질문할 수 있다. 이처럼 질문 분석은 우리의 의사소통을 한층 원활하게 해준다는 점에서 매우 중요하다.

이제부터 질문자의 관점에서 질문을 분석하는 법을 알아보자. 핵심은 이것이다. 답변하는 사람이 우리가 무엇을 묻고 싶은지 더욱 쉽게 이해할 수 있게 하려면 어떻게 질문해야 할까? 다음의 세 가지 방면에서 시작해보자.

첫째, 질문의 방향을 정하라. 가장 간단한 의문문은 단연 5W+1H, 즉 '언제(When)' '어디서(Where)' '누가(Who)' '무엇을(What)' '왜(Why)' '어떻게(How)'라고 할 수 있다. 이 의문사들은 질문의 방향을 알려주고 우리가 어떤 방면의 내용을 묻고 있는지 명확하게 짚어낸다. 예를 들어 "주말에 어디 갔었니?"는 '어디서'에 대한 질문이고, "어제 저녁에 누구랑 있었어?"는 '누가'에 대한 질문이다. "왜 집으로 돌아가지 않니?"는 '왜'에 대한 질문이다. '그것이 무엇인지' 알고 싶다면 '무엇을'을 써야 하며 다른 의문사를 골라서는 안 된다. '매일 어떻게 등교하는지' 궁금하다면 다른 의문사가 아닌 '어떻게'로 질문을 만든다. 이렇게 알고 싶은 내용에 따라 적합한 의문사를 사용해야 한다.

여기서 우리는 질문의 과정을 알 수 있다. 질문을 분석하기에 앞서 자신의 질문이 어떤 내용을 포함하고 있는지 이해한다. 그 내용이 어떤 방향을 가리키는지 확인하고, 마지막으로 올바른 의문사를 써서 질문한다. '누구'에 대해 묻는다면 'what' 'where' 또는 상관 없는 다른 의문사를 써서는 안 되며, 곧장 'who'를 써서 질문한다. 같은 이치로 다른 의문사도 관련 있는 질문에만 사용해야 한다.

둘째, 질문의 목적을 명확히 한 다음 중요한 부분을 강조한다. 앞서 설명한 내용을 통해 우리는 질문 속에는 의문사가 포함된다는 사실을 알았다. 또한 질문의 종류에 따라 다른 의문사를 써야 하며, 질문의 방향을 고려해 적합한 의문사를 써야 원하는 답변을 얻을 수 있다는 사실도 배웠다. 예를 들어 시간을 알고 싶다면 질문의 중심은 '언제'에 놓아야 한다. 누구인지 궁금하다면 핵심은 '누가'가 될 것이다. 어디인지 장소가 알고 싶다면 질문의 중점은 '어디서'가 된다. 다시 말해 자신이 알고 싶은 부분을 강조해야 한다. 다른 부수적인 것들은 생략하자. 그러면 질문의 목적성이 한층 강해지면서 답변이 핵심을 벗어나는 상황도 피할 수 있다. 질문할 때는 목적성이 있어야 하며 아무렇게나 묻는 것은 삼가야 한다. 질문에 명확한 목적성이 있어야 대답하는 사람도 질문자가 무엇을 알고 싶은지 알 수 있고, 양측의 소통도 원활하게 이루어진다.

셋째, 하나의 문장 속에 의문사는 3개 이하가 좋다. 질문 속에 너무 많은 의문사가 들어가면 답변하는 사람은 우리가 알고 싶은 것이 무엇인지 가늠하기가 어렵다. 하나의 질문에는 한 개의 의문 요소만 들어가는 것이 가장 좋다. 하나의 질문이 단일한 방향을 가리켜야 듣는 사람이 질문의 의도를 잘 이해하고 대답하기도 쉽다. 예를 들어 팀장이 샤오한에게 "어제 출근 안 하고 뭐 했어요?"라고 물었다면 샤오한은 질문을 통해 팀장이 자신이 어제 무엇을 했는지 알고 싶어 한다는 정보를 받아들인다. 그래서 샤오한은 이렇게 대답한다. "죄송해요, 팀장님. 어제 아파서 병원에 가느라 출근을 못했어요." 그런데 팀장이 이렇게 물었다고 해보자. "어제 출근 안하고 누구랑, 어디 가서, 뭐 했어요?" 짧은 질문 하나 속에 의문 요소가 세 개나 들어 있다. 질문을 받은 샤오한은 팀장이 대체 무엇을 묻고 있는지 얼른 파악하기가 어려울 것이다. '누구? 어디서? 뭘 했냐고?' 이렇게 샤오한은 어떤 방향으로 답변해야 할지 알 수 없어진다.

하나의 질문에 너무 많은 의문사가 들어가면 듣는 사람은 대뇌의 정보 수집 기능에 문제가 생긴다. 일반적으로 사람의 대뇌는 동시에 여러 개의 정보를 분석하고 답변하기 어렵다. 그러니 질문할 때는 한 번에 의문사 1개 또는 최대 2개까지만 쓰자. 3개 이상이 한 문장 안에 들어가면 대답하는 사람의 사고회로를 혼란스럽게 만들 수 있다.

이분법적 사고와
질문

        중요한 문제는 간단히 '예' 또는 단호한 '아니오'로만 대답할 수 없는 경우가 많다. '맞지 않으면 틀리다'는 식의 흑백논리에 익숙한 사람은 '이것' 또는 '저것'으로만 결론을 내리는데 이를 이분법적 사고(dichotomous thinking)라 한다. 이런 사고방식은 수많은 답변이 존재할 수 있는 질문에 대해 딱 두 가지 답변만 있다고 가정한다. 이렇게 한 가지 질문을 두 가지 방면으로만 바라보는 습관은 마치 세상 모든 문제에 오직 두 개의 면만 있다고 여기는 것과 같으며, 우리의 사고회로를 치명적으로 망가뜨릴 수 있다. 우리가 고려할 수 있는 결론을 두 가지 이내로 제한해버릴 경우, 곰곰이 추론하면 생겨날 수많은 다른 가능성들은 사라져버린다.

    이렇듯 이분법적 사고는 우리의 시야를 과도하게 제한하기 때문에 논리 과정에 심각한 문제를 가져온다. 대부분의 사람들은 두 가지 선택지 가운데 하나만 선택하면 모든 것이 해결된다고 생각한다. 그렇게 되면 여러 가지 다른 선택지들을 인식하지 못하고, 다른 선택이 가져올 수 있는 좋은 결과도 놓쳐버리고 만다.

    문제를 이분법적으로 사고하는 사람은 대부분 융통성이 없고 이의를 용납하지 못한다. 그것은 이들이 언어의 뉘앙스와 문맥이 특정 결론에 매우 중요한 영향을 미친다는 사실을 모르기 때문이다.

    당신의 대학원 후배가 생물학에 대한 논문을 구상 중이라고 가정하자. 후배는 논문에서 '과학자들이 줄기세포 연구를 계속해야 할 것인가?'라는 문제를 다룰 예정이다. 후배는 논문을 쓰기에 앞서 일단 '연구를 계속해야 하는지', 아니면 '하지 말아야 하는지'에 대한 입장부터 정한 다음 논증해 나가야 한다고 생각한다. 우리는 이러한 이분법적 사고방식이 결론의 조건을 제한해, 다양한 결론이 도출될 가능성을 막는다는 사실을 알고 있다. 그렇다면 다음의 세 가지 질문을 떠올려보자.

첫째, 결론은 언제 나와야 정확한가? 둘째, 결론은 어떤 지점에서 나와야 정확한가? 셋째, 결론은 왜, 어떤 목적이 있어야 정확한가?

이 과정을 논문 작성에 응용해본다. 당신이 특정 시간과 환경 속에서 이익 혹은 목표를 극대화해야 한다는 전제하에 줄기세포 연구를 허용할지를 묻자 후배는 점점 풀이 죽어간다. 그는 '해야 한다' 또는 '하지 말아야 한다' 가운데 하나만 생각할 계획이었는데 당신이 '……를 고려하면'이라는 복잡한 사고방식을 제안했기 때문이다.

고집스러운 이분법적 사고방식은 우리의 결정과 선택의 범위를 제한한다. 더 심각한 문제는 이런 사고방식이 복잡한 상황을 간략하게 만들어버린다는 점이다. 그렇기 때문에 이분법적으로 사고하는 사람은 상황을 입체적으로 파악하지 못한다. 한층 수준 있고 가치 있는 답변을 이끌어내려면 이분법적 사고방식에 매여서는 안 된다.

조건
제한하기

잠재적인 결론이 여러 개인 경우, 논증에 앞서 그 문제에 대해 충분히 논쟁을 거치고 다양한 결론을 이끌어내야 한다. 다음의 두 가지 문제를 보자.

◆ 미국은 다른 국가의 평화 유지에 관여해야 하는가?

◆ 셰익스피어는 역사상 가장 위대한 극작가라고 불릴 수 있는가?

이 두 가지를 포함해 이 세상에 존재하는 다양한 문제들은 표면적으로 보면 '예' 또는 '아니오'로 대답할 수 있을 것처럼 보인다. 물론 가장 훌륭한 대답은 '예' 또는 '아니오'로 명확하게 결론을 내는 것이다. 하지만 논리의 고수는 문제에 답할 때 '아마도' 또는 '……한 경우'라는 말을 많이 쓴다. 이렇게 조건을 제한해주면 당신이 완벽한 대답을 할 만큼 모든 사실을 알고 있지는 못하다는 사실을 인정하는 셈이 된다. 바로 이 점이 조건 제한의 장점이다. 그러나 이때 당신은 확실한 답변을 피하면서도 불확실한 결정이나 관점을 내려놓고 좀 더 많은 시간과 노력을 들여 그것을 증명해내야 한다. 당신의 관점을 뒷받침할 수 있는 더 많은 정보를 반드시 찾아내야 한다. 물론 완전히 의문이 사라지지 않았다 하더라도 적당한 선에서 검증을 멈추고 결론을 내려야 한다.

이제 위에서 제시한 두 가지 문제를 다시 분석해보자. 어떤 결론을 내려야 가능한 한 온전한 답변이 될 수 있을지 스스로에게 물어보자. 단순히 '예' 또는 '아니오' 역시 결론이 될 수는 있지만 정확하지 않은 답변 같다. 다른 가능성은 없는 걸까? 물론 아주 많은 가능성이 있다! 첫 번째 문제의 답변이 될 수 있는 몇 가지 경우를 살펴보자.

◆ 미국은 다른 국가의 평화 유지에 관여해야 하는가?

그렇다.

◆ 미국과 매우 복잡한 관계를 맺고 있는 사우디아라비아 같은 국가라

면 그렇다.

- ◆ 미국이 스스로를 세계 유일의 초강대국으로 인식한다면 세계 평화를 유지할 책임이 있다.
- ◆ 미국이 전쟁에 휩쓸리거나 유발하지 않고 평화를 유지하는 역할만 맡는다면 그렇다.
- ◆ 우리가 해외에서 경제적 이익을 거두는 데 지장이 있는 상황이라면 그렇다.

그렇지 않다.

- ◆ 미국 내에도 시급히 해결해야 할 문제가 쌓여 있는 상황에서 다른 국가의 일에 시간을 낭비해선 안 된다.

답변하는 사람이 다섯 가지 답변 모두에 필요조건을 달았다는 점을 눈여겨보자. 이렇게 하면 결론을 증명하기가 훨씬 수월해진다. 구체적인 수치나 정의가 제공되지 않았다면 위의 다섯 가지 결론은 모두 합리적이다. 다섯 가지 결론은 문제가 이끌어낼 수 있는 수많은 결론 중 극히 일부에 불과하다. 이 점을 이해했다면 당신도 앞으로 질문을 할 때 제한조건을 달게 될 것이다. 이렇게 구체적으로 질문하면 답변하는 사람이 질문의 핵심을 피할 수 없게 되고, 당신은 한층 더 정확한 답변을 얻을 수 있다.

서술적 논제와
규범적 논제

문제를 제기할 때 가장 흔히 볼 수 있는 두 가지 관점이 있다. 바로 '……은 무엇인가'와 '……는 해야 하는가'이다. 이 두 가지 관점을 구분할 수 있다면 논리적으로 질문하는 데 도움이 된다. 다음의 몇 가지 질문을 보자.

- 음악 학습은 수학 능력을 기르는데 도움이 **되는가?**
- 가정 폭력의 가장 흔한 원인은 **무엇인가?**
- 팍실(Paxil)을 복용하면 우울증을 치료**할 수 있는가?**
- 미국은 2016년 건강보험에 **얼마나 많은** 비용을 지출했을까?
- 일리노이대학의 심리학 대학원의 수준은 **어떤가?**

위의 질문들에는 한 가지 공통점이 있다. 하나같이 사물 혹은 사건이 과거와 현재, 미래에 어떻게 존재할지 서술하고 있다는 점이다. 예를 들어 처음 두 질문에 대한 답변은 이런 식일 것이다. "일반적으로 음악을 배운 아이들은 그렇지 않은 아이들에 비해 수학을 수월하게 익히는 경향이 있다." "관련 자료에 따르면 장기적인 알코올의존증이 가정 폭력을 일으키는 가장 흔한 원인 중 하나다."

이런 논제를 가리켜 서술적 논제(descriptive issue)라고 한다. 서술적 논제란 과거와 현재, 미래에 대한 서술이 정확한지에 대한 여부를 다룬다. 주로 세상만물의 형식과 질서에 대한 인간의 호기심을 반영하며, 교재나 잡지, 인터넷, 텔레비전 프로그램 등에서 자주 볼 수 있다. 위에서 언급한 질문들에서 굵은 글씨로 표시한 곳을 보자. 저런 식의 질문은 서술적 논제일 가능성이 매우 크다. 그럼 이어서 두 번째 유형의 논제에 대해 알아보자.

- 공립학교 커리큘럼에 코딩 과정을 넣어야 하는가?
- 의료보험 사기에는 어떤 조치를 취해야 하는가?
- SUV 차량 사용을 법으로 금지해야 하는가, 아니면 천식 발병률이 수직 상승하는 현상을 받아들여야 하는가?

위의 세 가지 질문에 대한 답은 사물 또는 현상이 마땅히 변화해야 할 방향이 될 것이다. 예를 들어 앞의 두 가지 질문의 답은 이런 식이다. "공립학교 커리큘럼에 코딩 과목을 넣어야 한다." "의료보험 사기는 더욱 엄격히 처벌해야 한다."

이러한 논제들은 모두 윤리 혹은 도덕적 규범에 속하는 것으로 어떤 것이 옳고 그른지, 해야 할지 말아야 할지, 좋은 점은 무엇이고 나쁜 점은 무엇인지 등을 논한다. 이들 질문에는 규범적인 답변이 필요하므로 이러한 논제를 일컬어 규범적 논제(prescriptive issue)라고 한다. 일반적으로 사회적 논증은 모두 규범적 논제의 범위에 속한다.

이러한 구분법은 언뜻 지나치게 단순하거나 막연하게 보일 수도 있다. 우리가 토론하는 논제가 어떤 유형인지 판단하는 것은 쉽지 않을 때가 많기 때문이다. 그러나 이 두 가지 유형의 논제를 기억하고 있으면 큰 도움이 된다. 최종 답변이 어떻게 될지는 당초 제시된 문제에 따라 달라지기 때문이다. 논제의 종류가 다르면 대답하는 사람도 자연히 다른 대답을 내놓기 마련이다.

사건에 대한
매우 다양한 해석

2010년에 아이슬란드의 화산이 폭발한 원인은 무엇일까? 마이크로블로그(microblog)는 어떻게 해서 이렇게 크게 유행하게 되었을까? 오바마가 2012년 대통령 선거에서 연임에 성공한 이유는 무엇일까?

포트후드 총기 난사 사건(2009년 미국 텍사스 주의 포트후드 미군 기지에서 일어난 총기 난사 사건. 40명이 넘는 사상자가 발생했다―옮긴이)에 대한 의문처럼, 위의 질문들은 모두 어떤 역사적 사건에 대한 해석을 요구한다. 첫째로 포트후드 사건 당시에 그랬듯 한 가지 사건은 여러 가지 다른 버전의 이야기로 연역할 수 있는데, 이때 다양한 버전의 이야기들은 하나같이 나름의 일리가 있다. 둘째로 사람이 사건을 해석할 때는 사회적, 정치적 영향을 받을 뿐 아니라 신념 같은 개인의 심리적 요소의 영향에서도 자유로울 수 없다. 간단한 예를 들어보자. 남자가 생각하는 약물 남용의 원인은 여자와 다르다. 민주당이 생각하는 빈곤의 원인은 공화당의 견해와 다르고, 우울증을 일으키는 요인에 대한 생물학자의 견해는 심리학자나 사회학자의 의견과 큰 차이가 있다.

기본적 귀인 오류(fundamental attribution error)는 비교적 자주 나타나는 일종의 편견이다. 타인의 행위를 해석할 때 개인적인 성향을 과대평가하고, 환경 요인의 영향은 무시하는 오류가 여기에 해당한다. 간단히 말해 다른 사람의 행위의 동기를 환경의 영향 같은 외부 요인이 아닌, 성격의 특성처럼 그 사람의 내부 요인 탓으로 돌리는 것이다. 예를 들면 어떤 사람이 절도 행위를 저질렀을 때 우리는 그저 수치심이나 양심이 없는 사람이기 때문에 그랬으리라고 단순하게 생각해버린다. 그러나 그 사람의 행위를 해석할 때는 가정환경 같은 외부 요인의 영향도 마땅히 고려해야 한다.

또 한 가지 비교적 자주 발생하는 오류 중에 이런 것이 있다. 처음부터 소수의 몇 가지 가능한 원인만을 정해놓고 나중에 다른 정보(별 관련이 없는 정보라 하더라도)를 이용해 미리 정해둔 가설을 증명하려는 심리다. 이때는 새로 얻은 정보를 꼼꼼히 분석해 새로운, 어쩌면 더 복잡할 수 있는 가설을 세워야 한다. 우리는 모두 세상을 단순화하려고 한다. 그러나 사건을 해석하는 일은 누에고치에서 비단실을 뽑는 과정과 같다. 말 몇 마디로 끝낼 수 있는 일도 아니고, 요즘 유행하는 텔레비전 토크쇼처럼 가벼운 성질의 것도 아니다.

이미 발생한 사건의 여러 가지 원인을 추정할 때 또 한 가지 중요한 문제가 있다. 수많은 증거들을 사람들의 기억력에 의존한다는 점이다. 여러 연구에 의하면 인간의 기억은 심각하게 왜곡되는 경우가 대부분이다.

그렇다면 우리는 어떤 사건이나 사물에 대해 합리적으로 해석할 수 없는 것일까? 물론 백 퍼센트 완벽하기란 불가능하지만 핵심 문제들을 통해 더 합리적인 답을 얻는 것은 가능하다. 이때 반드시 주의해야 할 점 한 가지. 당신이 접한 사건에 대해 최초로 내놓은 해석을 함부로 받아들이지 말아야 한다. 다른 원인들을 적극적으로 찾아보고 비교해봐야 한다. 다른 시각에서 고려하고, 사건을 통해 이득을 얻는 사람들도 좀 더 입체적으로 바라보자. 한 가지 사건에 대한 다양한 경우의 해석을 이해하면 견해의 범위를 넓히는 데 도움이 된다. 많은 사건들이 한 가지 방법으로만 해석되지 않는다. 우리는 이 점을 수시로 자각해야 한다.

여러 개의 결론을
허락하자

논증을 하다 보면 이런 상황이 생긴다. 하나의 논증이 여러 개의 결론으로 향하고, 그렇게 나온 결론이 모두 근거와 논리적 관계가 성립하는 경우가 그것이다. 여기서 이런 상황을 소개하는 이유는 당신이 비슷한 상황에 처했을 때 참고할 만한 예시를 제시하기 위해서다. 다음은 사형제도에 대한 논증 과정과 도출 가능한 예비 결론들이다. 첫 번째 결론부터 읽으려고 하지 말고, 제시된 근거들을 충분히 생각해본 다음 최대한 다양한 결론을 생각해보자.

결론: 미국은 형사처벌법으로서의 사형을 계속 유지해야 한다.
근거: ◆ 사형을 폐지하면 일부 범죄자들을 처벌할 방법이 없어진다.
이를테면 이미 종신형을 선고받고 복역 중인 수감자가 감옥에서 교도관이나 다른 수감자에게 위해를 가한 경우가 그렇다.
◆ 타인의 생명을 고의로 빼앗은 사람은 죽음으로 죄를 갚아야 공평하다.

일단 위의 근거들이 타당하다고 가정한 뒤 토론을 시작하자. 이 근거들을 어떻게 바라봐야 할까? 우리는 결론을 통해 이미 답을 알고 있다. 사형은 계속 유지되어야 한다는 주장이다. 그러나 이 두 가지 근거가 모두 타당하다고 인정한 상태에서 또 다른 결론을 도출해낼 수도 있다. 게다가 이들 근거와 다른 결론과도 논리적 관계가 성립될 수 있다. 예를 들어 첫 번째 근거를 통해 이런 식의 추론도 가능하다. 미국은 사형을 유지하되, 이미 종신형을 선고받고 복역 중인 수감자가 감옥에서 교도관이나 다른 수감자에게 위해를 가한 경우 등에만 국한해야 한다. 또는 수감자가 감옥에서 교도관이나 다른 수감자에게 위해를 가한 경우 유효한 처벌을 할 수 있도록 미국이 사형을 유지해야 한다는 논리로도 이끌어 낼 수 있다. 이러한 예비 결론들은 위의 근거들을 이용해 논리적으로 증명될 수 있을 뿐 아니라, 원래 결론과는 전혀 관련이 없는 새로운 결론을 도출해내기도 한다.

질문에 대한 결론은 한 가지가 아닐 가능성도 많다. 모든 근거들을 충분히 생각해 최대한 다양한 결론을 내보자.

결론을 더욱 합리적으로 만드는 조건구절

당신은 이미 이런 의문을 품었을 수도 있다. 예비 결론들은 모두 논리적으로 성립될 가능성이 있는 걸까? 만약 정말로 그렇다면 문제를 제기하기가 너무 복잡해질 것이다. 우리가 가장 합리적인 결론을 찾아내지 못하는 이유는 그와 관련된 정보와 정의, 가설 혹은 근거들을 분석한 사람의 준거틀(frame of reference, 개인이 자기 행동의 옳고 그름 또는 규범이나 가치를 판단하는 데 표준으로 삼는 기준—옮긴이)에 문제가 있기 때문이다. 이때는 조건구절(if-clause)을 신중하게 활용해 결론을 더욱 정확하게 만들 수 있다.

우리는 문제를 제기할 때 가정한 조건을 덧붙이는 경우가 많다. 질문에 조건을 달면 특정한 결론을 얻는 데 도움이 되기 때문이다. 조건구절의 장점은 특정 논쟁에 휩쓸려 자신이 모르는 일을 아는 척하는 상황을 피할 수 있다는 점이다. 가령 어떤 사람이 결론 앞에 조건구절을 붙였다면 본인도 확신하지 못하는 특정 가설을 바탕으로 결론을 내렸다는 뜻이다. 좀 더 쉽게 이해할 수 있도록 다음의 몇 가지 명제를 보자. 명제 속에 포함된 조건구절은 결론을 더욱 합리적으로 만들어준다.

- 세금 감면 정책이 저소득층을 대상으로 한다면……
- 주동인물이 한눈에 드러나고, 매우 전형적인 반동인물이 등장하며, 흥미진진한 이야기 구조를 갖춘 소설이라면……
- 자동차 업체가 연비가 더 높은 차량을 개발할 수 있다면……

음악이나 예술, 연설문을 대상으로 한 평가형 논증 과정에서 한층 합리적인 결론을 내기 위해서는 조건구절을 활용하는 것이 매우 적합하다. 왜냐하면 평가형 논증 과정에서는 어떤 기준으로 평가를 진행했는지 명확히 해야 하기 때문이다.

조건구절은 다양한 결론이 가능하다. 하나의 관점을 평가할 때는 반드시 그 결론을 자세히 살펴봐야 한다. 나도 모르는 사이 결론의 범위가 넓어질 수 있으니, 더욱 확실한 입장과 견해를 위해 구체적인 조건을 명확히 해야 한다.

감정적인 단어를
조심하라

다음의 질문을 읽고 당신의 감정에 변화를 일으키는 단어를 찾아보자.

- ◆ 지구온난화와 기후 변화 가운데 어느 쪽이 사회에 더 많은 위협을 미칠까?
- ◆ 세금 감면과 세금 삭감 중 어느 쪽에 투표하겠는가?
- ◆ 사망세 축소와 상속세 축소 중에서 어느 쪽을 지지하겠는가?

연구에 의하면 위에 등장한 '지구온난화'와 '기후 변화', '세금 감면'과 '세금 삭감', '사망세'와 '상속세' 등의 어휘에 대한 사람들의 감정적 반응은 모두 다른 것으로 나타났다. 세 쌍 모두 기본적으로는 같은 의미인데 말이다. 미국인들은 세금 삭감보다 세금 감면을 더 지지한다고 응답했고, 상속세 삭감보다는 사망세 삭감에 좀 더 긍정적인 반응을 보였다. 대부분의 사람들은 특정 용어나 단어에 따라 감정의 반응 정도가 달라지며, 이것이 논증에 대한 평가에도 영향을 미친다.

용어와 단어에는 외연적 의미와 내포적 의미가 모두 있다. 외연적 의미란 단어가 사회 관습적으로 묘사하는 지시 대상을 가리킨다. 내포적 의미는 단어 고유의 감정적 연상을 의미한다. 예를 들어 '증세'라는 단어의 외연적 의미는 어떤 경우에도 바뀌지 않지만, 표현하는 방식에 따라 그 단어가 이끌어내는 감정적 반응은 크게 달라질 수 있다. 이렇게 강렬한 감정적 반응을 불러일으키는 용어를 감정개재적 용어(loaded terms)라고 한다. 이런 단어들은 단어 자체가 품고 있는 서술적 의미보다 훨씬 큰 힘을 발휘해 우리의 감정을 자극한다. 감정개재적 용어는 인간의 사고에 대단히 큰 방해가 된다. 사고회로에 감정적인 요소를 끼워 넣어 우리의 생각을 조종하기 때문이다.

같은 문제를 서로 달리 해석하는 것은 우연이 아니다. 우리를 설득하려는 사람들은 하나의 단어에 여러 뜻이 있다는 사실을 너무나 잘 알고 있다. 그들은 또한 어떤 의미가 강렬한 감정적 색채를 띠는지, 사람들에게 얼마만큼의 영향력을 발휘하는지도 안다. 예를 들어 '희생'과 '공평'이라는 단어는 여러 의미를 내포하고 있고, 그중 일부는 우리의 마음에 특정한 감정을 불러일으켜 논증에 감정의 색채를 불어넣는다.

언어로 감정을 자극하는 사람은 우리의 마음속에 숨어 있는 감정을 이용한다. 이런 사람들은 목적을 달성하기 위해 언어로 긍정적인 정서를 자극하기도 하고, 반대로 부정적인 정서는 억제하기도 한다. 예를 들어 아프가니스탄과 관타나모에 위치한 미군수용소(쿠바 관타나모에 위치한 미군 해군기지 내 수용소. 9·11테러 이후 알카에다와 아프가니스탄의 전 탈레반 정권에 연루된 외국인들을 구체적 증거 없이 이곳에 구금하고 있으며, 고문 등 각종 인권 침해로 논란이 되고 있다— 옮긴이) 측은 수감자의 높은 자살률로 생긴 나쁜 이미지를 쇄신해야 했다. 하지만 자살률 통계는 바꿀 수 없는 사실이기에 미군 측은 '스스로 일으킨 위험한 사고에 대한 처벌'이라는 새로운 사망 원인을 고안해냈다. 이런 방식으로 사망자 통계를 조작하지 않으면서 자살이라는 꼬리표도 피할 수 있게 되었다. '스스로 일으킨 위험한 사고에 대한 처벌'이라는 단어들의 조합은 절대 우연히 이루어지지 않았다. 사람들이 단어들에서 느끼는 감정적 반응이 최대한 약화되도록 철저한 연구

138 ·

끝에 고안된 용어다.

정치언어는 감정적 색채가 덧입혀지는 경우가 많고 그 뜻도 애매하다. 예를 들어 '복지 혜택'이라는 단어는 특정 집단이, 좋아하지 않는 사람들에게 제공되는 정부의 지원을 가리킬 때 많이 쓰인다. 반대로 이 특정 집단은, 동정하는 사람들에게 제공되는 정부의 혜택은 '저소득층 지원'이라는 단어로 표현한다.

감정적 색채를 덧씌운 단어는 감정적 연상작용을 불러일으킨다. 언어논리의 고수가 되려면 문제를 제기하는 과정에서 특정 단어가 특정한 감정적 반응을 일으킨다는 사실을 항상 예민하게 고려해야 한다. 또한 때로는 감정을 자극하기 위해 특정 단어가 다소 모호하게, 고의적으로 사용되기도 한다는 점을 알아야 한다. 해당 용어를 접했을 때 어떤 감정을 느끼는지 항상 인식하고 경계하는 것이 매우 중요하다. 그래야만 감정에 휩쓸려 용어들의 중요한 특징을 놓쳐버리지 않을 수 있다. 단어의 외연적 의미를 정확히 파악하고, 그것을 대체할 수 있는 다른 단어를 두가지 정도 떠올려보자. 그래야 감정적으로 논증하거나 완전하지 않은 논리에 고개를 끄덕이는 상황을 피할 수 있다. 예를 들어 '개혁'이라는 단어는 가장 위험한 수준의 정치 변화를 의미하지만 어느 정도 수준만 돼도 '개혁'이라는 용어를 사용할 수 있다.

미국의 언론비평가이자 시민운동가인 노먼 솔로몬(Norman Solomon)은 저서 《횡설수설의 위력(The Power of Babble)》에서 굉장히 흥미로운 장면을 제시했다. 노련한 정치인이 어떻게 애매모호한 언어로 타인을 설득하는지 잘 나타나 있다. 설득력을 높이기 위해 단어들을 어떤 순서로 조합했는지를 특히 눈여겨보자.

"미국의 승리는 (두 개의 당이 공존하면서) 각자가 치열한 경쟁과 외교 교섭, 고효율의 국가 운영, 권한 이양, 전후 극복 및 환경보호주의의 압박을 최선을 다해 견뎌낸 덕분이다. 아울러 나라를 세운 선열들과 자유의 신의 비호를 믿었고, 자유시장체제와 민족의 자유를 믿었으며, 무엇보다도 우리의 하느님을 믿었기 때문에 이룬 승리다.

우리의 가장 위대한 유산은 다음과 같은 가치들과 밀접한 관계를 맺어왔다. 인권, 개인, 공정, 자녀, 자유, 충성, 주류 가치관, 시장, 신중한 반응, 민족 다양성, 중산층, 군사 개혁, 현대화, 도덕, 국가 안보와 성조기. 우리의 기회는 낙관주의와 애국주의, 실력이 가져온 평화, 미국 시민, 다원주의 그리고 점점이 반짝이는 희망의 빛에서 비롯되었다. 실용주의와 기도의 힘으로 행위의 기준을 세웠고, 사경제(私經濟)를 통해 공공의 이익을 확보했다. 우리는 자원의 순환 활용과 자율 및 저항 정신을 지향하는 현실주의를 통해 사회적 안정과 전략적 이익을 극대화했으며 고효율의 세수를 거둘 수 있었다. 엉클 샘(Uncle Sam, 미국을 의인화한 표현으로 미국, 미국 정부, 전형적인 미국인을 뜻한다—옮긴이)부터 독립전쟁 시기의 포지 계곡(Valley Forge, 펜실베이니아 포지 계곡에 군대를 주둔시킨 조지 워싱턴이 추위와 전염병, 굶주림에 시달리며 영국군을 상대로 승리를 이끌어낸 전투. '미군은 포지 계곡에서 탄생했다'는 말이 있을 정도로 강인한 의지를 상징한다—옮긴이) 그리고 오늘날에 이르기까지 우리의 노병들은 경각심과 투지, 꿈, 자발성과 서구식 가치관을 품고 용감히 전진해왔다."

사실적 주장의
근거

        문제를 제기하는 과정에서 대부분의 논증은 다음과 같은 세 가지 내용을 포함한다. 이 세계가 과거에 어땠고 지금은 어떠하며 미래에는 어떻게 될 것인가. 형식은 다를 수 있다. 결론일 수도 있고 근거나 가설일 수도 있지만 발화자의 목적은 같다. 우리가 그의 견해를 '사실'로 받아들이도록 만드는 것이다. 논리학에서는 이러한 견해를 사실적 주장(factual claims)이라고 한다.

  사실적 주장을 접했을 때 우리는 가장 먼저 이런 질문을 던진다. "내가 왜 그 주장을 믿어야 하지?" 이어서 나올 질문은 이렇다. "그 주장을 뒷받침하는 증거는 있나?" 증거가 필요하지만 제시되지 않은 경우, 그 주장은 어떤 방식으로도 증명되지 못한 단순한 주장(mere assertion)에 속한다. 단순한 주장일 경우에는 물론 그 신빙성을 꼼꼼히 따져보고, 상대방에게 증거 제시를 요구해야 한다.

  제시된 증거가 있다면 세 번째 질문을 해야 한다. "이 증거에 얼마만큼의 효력이 있나?" 논증 과정을 객관적으로 평가하기 위해서는 좀 더 믿을 만해 보이는 다른 사실적 주장과 반드시 비교해봐야 한다. 예를 들어 '대부분의 미국 상원의원들은 남성이다'라는 주장은 사실이다. 당신도 근거가 있다고 생각할 것이다. 반면 '요가 수련은 암에 걸릴 위험을 낮춰줄 수 있다'는 주장 또한 사실이지만 근거는 부족하다. 어떤 주장이 절대적인 진리나 오류라고 증명하는 것은 완전히 불가능하지는 않아도 매우 어렵다.

  그 주장이 진실인지를 묻기보다 해당 주장에 근거가 있는지를 질문해야 한다. 이렇게도 물을 수 있다. "우리가 이런 견해를 믿어도 될까?" 일반적으로 주장을 뒷받침할 증거가 많고 질이 높을수록 그 주장에 대한 우리의 믿음도 커지며, 그 주장이 '사실'이라고 받아들이기도 쉬워진다. 예를 들어 조지 워싱턴이 미국의 초대 대통령이라는 사실을 증명하는 증거는 매우 많다. 그래서 우리는 이 주장을 사실이라고 인정한다. 그러나 '시판 생수가 수돗물보다 음용수로 더 안전하다'는 견해는 서로 상충되는 증거들이 많으므로 사실이라고 볼 수 없다. 어떤 주장이 견해인지 사실인지를 가르는 결정적인 요인은 증거의 양이다. 견해를 뒷받침하는 증거가 많을수록 그 견해의 '사실성'도 상대적으로 높아진다. 토론회 등을 보고 판단하기에 앞서, 우리는 먼저 어떤 사실적 주장이 가장 믿을 만한지 따져봐야 한다. 그렇다면 주장의 신빙성을 어떻게 확신할 수 있을까? 다음과 같은 질문을 던져보면 된다.

- 당신은 무엇을 증명합니까?
- 그것이 사실임을 어떻게 압니까?
- 증거는 어디에 있습니까?
- 어째서 그렇다고 믿나요?
- 그것이 사실이라고 확신합니까?
- 증명할 수 있습니까?

이런 질문을 자주 던지는 습관을 기르면 당신도 곧 최고의 질문자가 될 날이 머지 않았다고 할 수 있다. 이 같은 질문은 주장을 펼친 논증자에게 논증의 바탕을 좀 더 자세히 설명해달라고 요구함으로써 그 주장의 정확성을 확인하는 과정이다. 자신의 논증을 성실히 준비한 사람이라면 조금도 망설이지 않고 대답할 것이다. 그들은 사실적인 증거를 통해 자신의 주장을 증명할 수 있다고 생각하기 때문에, 당신도 자신이 제시한 증거들을 좀 더 깊이 이해해 결론을 조금씩 인정할 수 있기를 바랄 것이다. 논증자가 만약 증거를 제시하라는 간단한 요구에 화를 내거나 숨어버린다면 문제가 있다. 증거를 내놓기가 불편하다는 의미인데, 스스로도 증거가 부족하다는 사실을 알고 있다면 그 주장을 계속 이어갈 수 없다.

이런 질문들을 자주 던지다 보면 어떤 주장이 백 퍼센트 사실이라고 증명하거나, 또는 아예 사실이 아니라고 반박하는 경우 모두 충분한 증거를 확보하기가 매우 어렵다는 사실을 알게 될 것이다. 예를 들어 '아스피린을 매일 한 알씩 복용하면 심장병 발병률이 낮아진다'는 주장은 많은 증거로 증명되고 있지만, 이 주장을 반박하는 증거들도 존재한다. 이런 상황에서 우리는 증거의 개수나 출처 등을 비교해 어떤 주장이 더 믿을만한지 판단해야 한다.

정확한 판단을 내리고 싶다면 대화할 때 '증거의 효력은 어떠한가?'를 물어야 한다. 상대의 답변을 통해 그가 자신의 사실적 주장에 대한 근거를 얼마나 제시할 수 있는지 살펴보자. 사실적 주장의 신빙성이 높아질수록 대화의 설득력도 더 커진다.

통계 수치도
늘 객관적이진 않다

우리는 불완전한 통계에 자주 속는다. 그러므로 수치를 통해 추론하는 과정에서 부족한 점이 있다면 이런 질문을 던진다. "수치의 영향력을 판단하기에 앞서 어떤 정보가 더 필요한가?" 다음의 예시들을 보면 왜 이런 질문이 필요한지 알 수 있다.

- 현대적인 사무용 빌딩 때문에 도심의 전원 분위기가 완전히 사라졌다. 시내 사무용 빌딩 숫자는 작년에만 75퍼센트 늘어났다.
- 다들 스카이다이빙이 위험하다고 생각하지만 사실은 자동차 운전보다도 훨씬 안전하다. 한 달 동안 로스앤젤레스에서 176명이 자동차 사고로 죽었는데, 스카이다이빙 사고로 사망한 사람은 3명뿐이다.
- 에이즈 예방 프로그램에 더 많은 예산을 투입해야 한다. 2009년에만 미국 전역에서 총 5만 4,000명의 사람들이 에이즈로 고통받고 있는 실정이다.

첫 번째 예문에서 75퍼센트라는 수치는 언뜻 굉장해 보이지만 백분율만 제시됐을 뿐 절대수치가 빠져 있다. 4개에서 7개로 늘어난 것인지, 아니면 12개였다가 21개가 된 것인지를 정확히 알면, 우리는 75퍼센트 증가라는 정보를 접했을 때처럼 크게 놀라지 않을 것이다. 두 번째 예문에서는 명확한 수치가 나와 있지만 비율이 없다. 어느 쪽이 더 안전한지 판단하려면 그 활동에 참여한 사람 수가 몇 명이고 사고율이 몇 퍼센트인지 알아야 한다. 스카이다이빙을 하는 사람이 자동차를 운전하는 사람보다는 훨씬 적을 테니 사고로 사망하는 사람도 적은 것이 당연하다. 마지막으로 세 번째 예문에서는 미국 내 에이즈 환자의 숫자를 제시해 사회적인 문제로 관심을 이끌어내려 하고 있다. 물론 에이즈는 반드시 해결해야 할 문제지만, 미국의 3억 인구 가운데 5만 4,000명이라면 발병률은 2퍼센트에 불과하다.

놀라운 수치나 백분율을 들었다면 반드시 주의하라! 그 숫자들이 정말로 놀라운 수치인지 판단하려면 당신은 좀 더 많은 정보를 알아야 한다. 절대수치만 제시된 상황에서는 백분율이 얼마인지 묻자. 더 좋은 판단을 내리는 데 도움이 될 것이다. 반대로 백분율만 나와 있다면 절대수치가 얼마인지 물어야 수치의 의미를 더 잘 알 수 있다. 이 밖에도 또 한 가지 유형의 정보가 누락되었을 수 있다. 바로 상대적 비교(relevant comparisons)다. 그렇다면 당신은 이렇게 물을 수 있다. "이건 무엇과 비교한 수치죠?" 다음의 명제들을 보자. 비교가 통계를 정확히 읽는 데 어떻게 도움이 되는지 알 수 있을 것이다.

- 로레알 샴푸, 50퍼센트 더해진 효과.
- 위험천만한 SUV 차량이 도로를 달리게 해선 안 된다. 2006년 SUV를 구입한 차주 가운데 4,650명이 사고로 목숨을 잃었다. 정부는 즉각 관련 조치를 취해야 한다.
- 최근 수년간 영화제작비 규모는 실로 놀라운 수준에 이르렀다. 〈해리포터와 불의 잔(Harry Potter and The Goblet of Fire)〉의 제작비는 무려 1억 5000만 달러에 달한다.
- 미국문화의 수준이 갈수록 낮아지고 있다는 사실은 많은 증거들이

증명한다. 며칠 전《뉴욕타임스(The New York Times)》에 따르면 설문에 참여한 청년 가운데 남북전쟁이 일어난 연도를 알고 있는 비율은 50퍼센트에도 채 미치지 못했다.

먼저 첫 번째 예문을 보면 우리는 이렇게 물을 수밖에 없다. "뭐에 비해서 50퍼센트 좋아졌다는 거야?" 효과가 없는 다른 샴푸에 비해서 그렇단 말인가? 아니면 로레알사에서 출시한 기존 샴푸보다 좋아졌단 말인가? 두 번째 예문을 보면 SUV와 관련이 없는 사망자는 얼마나 되는지 궁금하지 않은가? SUV 외의 다른 자동차 운전자들의 사망사고율은 얼마나 되는지, 교통사고로 사망한 운전자의 전체 숫자 가운데 SUV 운전자의 비율은 얼마나 되는지, 사고로 사망한 SUV 운전자 숫자에 비해 그들의 평균 주행거리는 얼마나 되는지 등 많은 의문이 생길 수 있다. 세 번째 예문에서는 특정 영화의 제작비와 다른 영화들의 제작비 사이에 어떤 관계가 있는지가 문제다. 제시된 영화가 특별한 경우인가, 아니면 영화산업 전체의 공통적인 현상을 대표하는가? 네 번째 예시에서는 남북전쟁 연도에 대한 지식수준을 조사한 결과가 20년 전부터 오늘날까지 어떻게 변해왔는지 비교해봐야 한다.

불완전한 통계 수치가 제시됐을 때는 가장 먼저 이런 의문을 갖자. "내가 속고 있는 걸까, 아니면 관련된 다른 정보가 빠져 있는 걸까?"

생략된
정보 찾기

생략된 정보는 어떻게 찾을 수 있을까? 고의로 생략된 정보를 찾아내려면 특정 주장이나 관점을 뒷받침하는 근거가 아무리 매력적이라도 반드시 꼼꼼히 분석해야 한다. 그렇다면 어떤 증거를 어떻게 찾아야 할까? 먼저 판단에 도움이 되는 질문을 통해 어떤 정보가 더 필요한지 알아내야 한다. 그리고 준비한 질문들을 제기해 생략된 정보가 드러나도록 만들면 된다.

문제를 제기할 때 우리는 서로 다른 질문을 이용해 생략된 정보를 식별해낼 수 있다. 물론 완전하다는 것은 상대적인 개념이므로 중심 화제에 가려 생략된 정보는 언제나 존재한다. 그 밖에 질문을 하는 방식 또한 매우 중요한데, 잘못된 방식으로는 우리가 원하는 생략된 정보를 찾아낼 수 없다. 다음은 생략되기 쉬운 것들 가운데 비교적 중요한 정보를 정리한 것이다. 아울러 올바른 질문 방법의 예도 함께 제시해 독자들이 참고할 수 있도록 했다.

첫째, 논증을 반박하는 정보가 생략된 경우
문제 제기 1 반대하는 사람들의 근거는 무엇인가?
문제 제기 2 해당 연구와 상충되는 연구 결과는 없나?
문제 제기 3 그 분야의 권위자가 제공한 예시와 증언, 주장 중에 반대
　　　　　　 의견을 뒷받침하는 정보가 생략된 것은 없나?

둘째, 정의 정보가 생략된 경우

문제 제기 1 핵심 용어가 다른 방식으로 정의된다면 논증에는 어떤
변화가 발생할 수 있는가?

셋째, 편향된 가치관 또는 시각이 생략된 경우
문제 제기 1 가치관이 다를 경우, 이 논제에 접근하는 방식이 다를 수
있지 않을까?
문제 제기 2 발화자 혹은 저자의 가치관이 달랐다면 논증은 어떻게
전개되었을까?

넷째, 논증에서 제시한 '사실'의 출처가 생략된 경우
문제 제기 1 이 '사실'들의 출처는 어디인가?
문제 제기 2 사실적 주장이 권위 있는 연구 혹은 믿을 만한 출처에서
비롯된 것인가?

다섯째, 사실을 확보하는 세부 과정이 생략된 경우
문제 제기 1 이 설문조사에 참여한 사람은 몇 명인가?
문제 제기 2 조사 주제는 어떻게 고른 것인가?
문제 제기 3 조사 대상에게 설문지가 제시한 것 이외의 답변을 할 기
회가 주어졌는가?

여섯째, 증거를 수집하고 조합한 다른 방식이 생략된 경우
문제 제기 1 직접 인터뷰를 통해 얻은 결론과 설문지 조사로 얻은 결
론의 차이점은 무엇인가?

문제 제기 2 실험을 했다면 더욱 믿을 만하고 풍부한 결론이 나오지
　　　　않았을까?

일곱째, 숫자와 그래프, 차트 또는 수치에 누락된 부분이 있거나 불완
　　　전한 경우
문제 제기 1 더 이른 시기와 나중의 수치 자료가 증거로 포함됐다면
　　　　결론은 달라지지 않았을까?
문제 제기 2 고의로 숫자를 '늘려' 차이가 더 커 보이도록 하지는 않았
　　　　는가?

여덟째, 긍정적 또는 부정적 결과, 단기적 또는 장기적 결과, 장려했을
　　　때 또는 억제했을 때 나올 수 있는 모든 결과가 생략된 경우
문제 제기 1 이 주장대로 추진했을 때 발생할 수 있는 긍정적 또는 부
　　　　정적 결과가 논증에서 생략되지 않았나? 어떤 대가를 치
　　　　를 수 있으며 좋은 점은 무엇인가?
문제 제기 2 이 주장대로 추진했을 때 정치적, 경제적, 사회적, 생물
　　　　학적, 정신적, 육체적 혹은 환경적으로 어떤 영향을 미칠
　　　　수 있나?

아홉째, 특수한 예측력을 주장의 근거로 삼을 때 예측의 실패와 오류가
　　　생략된 경우
문제 제기 1 '용한 무속인' 또는 '직관주의자' 등의 수식어로 특별한
　　　　능력을 강조한다면 그들의 예측이 틀렸다고 증명된 확률

은 어느 정도인지 반드시 물어야 한다.

문제 제기 2 경제학자와 애널리스트, 스포츠도박 전문가, 정치적 권위
자 등의 예측을 판단하려면 성공률과 함께 실패율도 반드
시 알아야 한다. 그래야 그들이 정말로 특수한 능력을 지
녔는지 알 수 있다.

이렇게 구체적인 유형들을 알아두면 생략된 정보를 찾는 데 매우 큰
도움이 된다. 이렇게 많은 정보들이 생략돼 있다는 사실을 알았다면 상
식적으로 이러한 의문이 생길 것이다. "상대방이 또 어떤 정보를 빠뜨렸
는지 내가 다 알고 판단해야 한단 말이야?" 어떤 논증이든 생략된 정보
를 완전히 제시할 것을 요구해야 잘못된 결론을 최대한 피할 수 있다. 다
음의 어느 클렌징크림 광고 속 주장을 보고 어떤 정보가 생략되었는지
분석해보자.

지트아웃(Zitout) 클렌징크림. 피부 속 노폐물과 피지를 95퍼센트 제거
해 보기 싫은 잡티를 없애줍니다.

이 광고를 본 우리도 남들처럼 당장 가게로 달려가 지트아웃 클렌징
크림을 사야 할까? 서두르지 말자! 사실 이 광고에는 아주 많은 정보들
이 생략되어 있다. 당신도 이미 알아차렸는가?

◆ 다른 브랜드의 클렌징크림도 피부 속 노폐물과 피지를 효과적으로
  제거할 수 있을까? 99퍼센트까지 제거할 수도 있다.

150 ·

- 비누만 사용해도 노폐물과 피지를 효과적으로 제거할 수 있지 않을까? 어쩌면 평소에 쓰는 비누만으로도 매우 깨끗하게 세안할 수 있을 것이다.
- 이 특수 제품을 사용하면 부작용은 없을까? 특정 성분이 피부를 건조하게 만들거나 발암 등의 위험이 있을 수 있다.
- 노폐물이나 피지가 5퍼센트만 남아 있어도 잡티를 유발할 수 있을지 모른다.
- 잡티의 주요 원인이 피부 속 노폐물이나 피지가 아닐 수 있다. 우리가 깨끗이 세안하는 가장 큰 이유가 잡티 제거를 위해서는 아니다.
- 이 클렌징크림의 장점과 단점에는 또 어떤 것이 있을까? 이를테면 향이나 보습력, 가격, 사용기간 등.

광고주는 다양한 이유로 아주 많은 핵심 수치를 생략해버린다. 당신이 지금보다 더 현명하게 소비하고 싶다면 이 생략된 수치들을 찾아내야 한다.

논리를 위한 최고의 전략, 대화를 이어가라

문제 제기의 욕구는 누구에게나 있다. 우리는 처음 말을 배울 때부터 '왜?'라고 질문하기 시작하는데 이것은 무척 보편적인 사회활동이다. 타인의 견해와 결론에 끊임없이 의문을 제기하는 것은 그들이 어떻게 생각하고 반응하는지 알고 싶다는 뜻이다. 만약 양측의 가치관이 일치한다면 상대는 질문을 환영할 것이다. 같은 문제를 대면하고 있으니 최상의 해결책도 함께 모색할 수 있기 때문이다. 그러나 모든 사회활동이 이처럼 더불어 성장할 수 있는 훌륭한 기회는 아니며, 문제 제기 역시 만만한 과정은 아니다.

어떤 사람들은 타인이 자신의 사고 과정에 대해 꼬치꼬치 묻는 것을 좋아하지 않는다. 이런 사람들은 누군가가 질문을 하면 괜한 트집을 잡는다고 생각해 일부러 거리를 둔다. 심지어는 이렇게 생각하기도 한다. '왜 저렇게 대답하기 곤란한 질문을 많이 하는 거지? 어째서 내 주장을 받아들이지 않는 거야?' 만약 당신이 질문을 멈추지 않으면 그들은 "대체 왜 이러는 거야?"라고 반문할 것이다. 그렇게 끝없는 언쟁이 이어지더라도 놀라지 말자. 많은 사람들이 누군가 자신의 관점에 대해 속속들이 알고 싶어 하는 일에 익숙하지 않으며, 자신의 생각을 낱낱이 알게 되는 상황은 더더욱 원하지 않는다.

논증 과정에서 타당하게 주장을 제기하고 상대의 질문에 답변하면 결과는 크게 달라질 수 있다. 우리는 논증을 하나의 메커니즘으로 인식하기 때문이다. 거기에 따라 결론을 더욱 충실히 만들고 복잡한 문제를 풀어 이해하기 쉽게 만든다. 그렇기 때문에 우리가 사용하는 '논증'이라는 개념은 다양한 의미로 해석할 수 있다. 논증은 서로 다른 형식의 명제들을 결합하는 과정이다. 이때 명제는 결론과 그 결론을 뒷받침하는 근거다. 결론과 근거가 긴밀히 결합해야 논증이 완전해진다.

우리가 논증을 제기하는 이유는 다른 사람은 어떤 방식으로 살아가고 무엇을 믿고 있는지에 대해 관심이 있기 때문이다. 또한 우리가 계속해서 발전할 수 있는 것도 다른 사람들이 우리에게 충분한 관심을 갖고, 이런저런 논증을 제기하고, 우리의 논증에 객관적인 평가를 내리기 때문이다. 이런 과정을 겪으며 우리는 조금씩 사고하는 사람으로 성장해나간다.

가장 중요한 점은 문제를 제기할 때 당신이 상대의 생각을 좀 더 깊이 알고 싶어 한다는 사실을 상대방에게 반드시 전달해야 한다는 점이다. 또한 당신에게 좋은 의도가 있음을 상대가 믿도록 해야 하며, 설령 의견이 심각하게 충돌하더라도 언쟁으로 끝내선 안 된다.

다음은 실제 상황에서 응용할 수 있는 대화 전략이다. 이 전략을 참고하면 당신은 상대방과 대화를 계속 이어갈 수 있으며, 대화가 중단되는 상황을 피할 수도 있을 것이다.

◆ 상대의 말을 이해하고 있음을 최대한 표현한다. 문제 제기에 앞서 "이렇게 말씀하신 것 같은데요"라고 말문을 열 수 있다.
◆ 당신의 관점을 바꿀 만한 증거를 갖고 있는지 상대에게 묻는다.
◆ 잠시 논증을 멈추고 자신의 결론을 뒷받침할 만한 효과적인 증거를 양측 모두 각자 찾아본다.
◆ 당신이 제시한 결론의 증거들이 어째서 설득력이 부족하다고 느끼는지 상대에게 물어본다.
◆ 의견 충돌은 최대한 자제한다. 의견이 충돌한다면, 상대가 제시한 가장 합당한 근거를 받아들여 당신의 가장 적절한 근거와 함께 놓아본다. 양측 모두가 수용할 수 있는 새로운 결론을 발견할 수 있을지도 모른다.

◆ 공통된 가치관 또는 양측이 동의하는 결론이 있음을 확인하고, 그것을 바탕으로 의견이 충돌한 원인을 찾아본다.

◆ 아무리 궁금해도 차분하고 사려 깊은 태도를 보여야 한다. 토론의 어조가 높아지면 '나는 겸손한 마음으로 배우러 왔고, 설전을 벌여 봐야 내게 좋을 것이 없다'고 끊임없이 스스로에게 말한다.

◆ 얼굴 표정이나 몸짓 모두 공손하게 유지하며, 나는 모든 것을 알고 있다는 식의 태도는 보이지 않는다.

양측의 의견이 서로 맞지 않아 일촉즉발의 상황에 처했다면 토론과 문제 제기를 반기는 분위기를 만드는 것도 방법이다. 주장을 펼치는 사람이 체면을 잃지 않으면서 마음 놓고 자신의 의견을 말할 수 있도록 해야 한다. 이런 분위기는 물론 장려할 만하지만 실제로 대화를 하다 보면 어쩔 수 없는 이유로 말투가 변하기도 하고, 심지어는 말로 전쟁을 치를 때도 생기기 마련이다. 이때는 스스로 냉정하게 다시 한 번 생각해보기 바란다.

'왜'냐고 묻는 사람의 경우, 본인의 말투에 주의를 기울이지 않으면 비싼 대가를 치를 수 있다. 특히 당장이라도 불이 붙을 것처럼 공격적으로 말하는 방식은 우리와 상대를 돌이킬 수 없는 상태로 갈라놓으며 대화의 통로도 완전히 닫아버린다. 이런 방식은 보통 사람들의 일반적인 가치관과도 상충한다. 우리는 호기심과 공손한 태도, 조리 있는 설득력을 지향한다.

누구나 자신의 입장을 힘껏 변호할 수 있다. 그러나 인정사정없는 말투는 자신도 모르는 사이 이성적인 사고의 가장 중요한 문을 닫아버릴

수 있다. 여기서 '가장 중요한 문'이란 '내가 틀렸을 수도 있지 않을까?'
라는 의문이다. 태도가 바르지 못하면, 사람들은 설령 같은 편에 서 있더
라도 당신과 이야기를 나누거나 의견을 교환하려고 하지 않을 것이다.

DEVIL LOGIC

제**4**장
설득의 논리,
논리는 사고방식을
바꿔놓는다

어떤 일에 대해 이야기할 때는 다른 사람들도 이미 그 문제에 대해 수백 번 말한 적이 있다는 점을 기억하자. 당신은 그 이야기를 처음으로 하는 사람이 아니다. 그러므로 당신은 남들과 다른 면을 보여야 하며, '핵심적' 차이를 드러내야 한다.

딱 한마디로
설득하는 방법

모든 종류의 설득은 쌍방의 이익을 극대화한다는 목적을 가진다. 설득할 때 이 점만 표현할 수 있다면 이미 절반은 성공한 것이다. 때로는 말의 순서를 바꾸는 것만으로 대화가 통하기도 하고 끊어지기도 한다. 당신이 아무리 정제된 언어를 사용한다 해도 다음과 같은 중요한 전제를 잊어서는 안 된다. 진지하게 듣는 동시에 상대방의 생각을 존중해야 한다는 점이 바로 그것이다. 이렇게 하면 상대방으로부터 이해와 공감을 얻는 데 매우 큰 도움이 된다.

짤막한 말 한마디가 상황을 완전히 뒤바꿀 수 있다고 말하면 당신은 고개를 갸웃할 수도 있다. 하지만 실제로 그렇다. 상대를 설득하기 위한 기본 요소만 확보하고 적절히 활용한다면 당신 역시 단 한마디로 목적을 달성할 수 있다. 다음은 상대방을 설득하는 7가지 기본 요소다.

- 핵심적이고 사리에 맞는 요구
- 적절한 거절
- 숨길 수 없는 비판
- 꼭 필요한 사과
- 긍정적인 정보 표현
- 부정적인 정보 표현
- 당신의 '자아' 표현

　적극적인 설득을 위한 이 기본 요소들이 '쓰레기를 보물'로 만드는 데 도움이 된다. 예를 들어 당신이 마지막 요소를 절묘하게 활용한다면 반드시 큰 효과를 거둘 것이다.

　보통 가장 먼저 등장한 정보가 가장 설득력이 있다. 다음의 규칙을 기억하자. 사람들은 가장 먼저 나타난 사물에 특별히 주목하고, 과거 사건에 대한 기억과 비교했을 때는 현재의 기억이 더 인상 깊다고 느낀다. 첫인상이 특히 중요하듯 인생의 '첫 신념'도 그렇다. 신념은 한 번 형성되면 바뀌기가 매우 어렵기 때문이다. 부서 전체가 회의실에 둘러앉아 어떤 문제에 대해 토론한다면 가장 먼저 일어나 발언한 사람의 견해가 언제나 옳아 보이기 쉽다. 왜냐하면 그 사람의 정보가 가장 먼저 등장해 듣는 사람들의 머릿속에서 이미 중요한 위치를 선점해버렸기 때문이다. 그 뒤에 이어지는 비슷한 견해들은 대부분 쉽게 여과되거나 생략돼버려 이렇다 할 인상도 남지 않는다.

　논증은 내용보다 방식과 방법이 더 중요하다. 다시 말해 '어떻게 말하느냐'가 '무엇을 말하느냐'보다 중요하다. 같은 화제라도 완전히 다른 반응을 일으킬 때가 있는데 이것은 발화자의 표현 방식과 직접적인 관계가 있다.

　두 시간짜리 강의에 초청받아 강단에 섰을 때의 일이다. 강의가 끝나고 난 뒤 한 식품회사 대표와 인사를 나누었다. 악수를 하고 나서 그는 강의에 대한 자신의 소감을 말하기 시작했다.

　"선생님, 제가 두 달 전에 다른 강사의 강의를 들었습니다. 두 분이 강의하신 내용이 거의 같았는데 느낌은 천양지차군요."

　나는 흥미가 일어서 물었다.

　"아, 그렇습니까? 어떻게 다른지 말씀해보세요."

　"다른 강사 선생님의 강의는 끝나자마자 다 이해한 것 같은 기분이 들었습니다. 이미 다 아는 내용 같고 다시 들을 필요가 없을 것 같았어요. 그런데 신기하게도 선생님의 강의는 똑같은 내용인데도 끝나고 나니 제가 아직 모르는 것들이 너무 많은 것 같은 기분이 드는군요."

　그 말을 듣자마자 그가 무슨 말을 하려는지 알았다. 나는 문제에 대한 설명을 마친 다음, 늘 그 문제를 좀 더 깊이 생각해볼 수 있도록 한마디를 덧붙였다. 그 한마디로 수강생들의 머릿속에 매우 중요한 사고의 씨앗을 심어줄 수 있는 것이다.

　이 같은 사고의 씨앗은 두 개의 싹을 틔운다. 하나는 '흥미', 또 다른 하나는 '납득'이다. 가장 훌륭한 설득의 효과는 바로 이것이다. 당신의 목표를 달성함과 동시에 청중의 사고가 심화, 연장되도록 만들어 향후 계속해서 교류할 수 있는 길을 닦는 것이다.

　어떤 일에 대해 이야기할 때는 다른 사람들도 이미 그 문제에 대해 수백 번 말한 적이 있다는 점을 기억하자. 당신은 그 이야기를 처음으로 하는 사람이 아니다. 그러므로 당신은 남들과 다른 면을 보여야 하며, '핵심적' 차이를 드러내야 한다. 이것이 바로 똑같은 제품을 어떤 판매원은 비싸게 팔고 다른 판매원은 그러지 못하는 이유 가운데 하나다.

효과적인 설득 방법

사람들은 자신이 믿지 않는 내용을 누군가 설득하려 하는 것을 달가워하지 않는다. 그러니 설득력을 갖추고 싶다면 먼저 상대가, 원치 않는 내용을 주입 또는 세뇌하려 한다고 여기지 않도록 해야 한다. 설득은 목소리로 시작해 행동으로 끝난다. 중간 과정은 논거로 채워지는데, 어떤 동기가 있는 상태에서 상대가 사고할 수 있는 능력을 갖췄다면 이 방법이 가장 많이 쓰인다. 가령 당신이 채택한 논거가 설득력이 있어 상대를 납득시켰다면 설득에 성공할 확률이 높다. 효과적인 설득을 위해 논점은 간단한 몇 가지로 제한하고, 듣는 사람의 무의식에 파고들 수 있도록 계속 제시해, 상대가 당신의 뜻을 이해할 때까지 상대의 생각과 관점을 바꿔나가야 한다.

과정 1 | 강력하고도 쓸모 있는 논거를 제시한다.

가장 직접적이고도 훌륭한 설득 방법이다. 좋은 논거를 제시하면 상대도 그 논거에 대해 생각해볼 마음이 커진다. 광고주와 전도사, 교사의 최종 목표는 사람들의 주목을 끄는 것이 아니라 각 대상의 행동을 변화시키는 것이다. 그러기 위해 가장 효과적인 과정을 택하는데 그것이 바로 강력하고도 납득할 만한 논거를 제시하는 것이다. 좋은 논거는 대상이 어떤 기대를 품고 사고하도록 유도함으로써 지속적인 행위의 변화를 이끌어낼 수 있다.

과정 2 | 통속적인 표현을 빌려 쉽게 설명한다.

집중력이나 동기가 부족한 상태에서 깊이 사고해야 할 때, 사람들은 참신한 표현보다 통속적이고 알기 쉬운 표현이 더 설득력 있다고 느낀다. 예를 들어 집중력이 부족한 사람은 '단일한 리스크에 모든 투자 여력을 집중하지 말라'는 표현보다 '달걀을 한 바구니에 담지 말라'는 표현에 더 큰 영향을 받는다. 후자는 전 세계 모든 투자자들이 너무나도 자주 듣고 있는 금언이고, 전자는 전문적인 재무분석보고서에나 나올 법한 표현이다.

과정 3 | 정보는 선택적으로 구성한다.

정보를 선택적으로 구성해 당신이 표현하고 싶은 관점을 부각시키고 주장에 대치되거나 쓸모없는 정보는 제외한다. 중요한 점은 이렇게 정보를 재편집함으로써 당신이 만들어놓은 길을 상대가 따라오도록 암시하고 유도해야 한다는 점이다. 이는 쉽게 할 수 있는 일은 아니며, 보통은 당신의 주장에 권위와 힘을 실어줄 도움이 필요하다. 다음은 의사와 심리학자가 공동으로 진행한 유명한 실험 중 하나다.

헌혈에 자원한 사람들 가운데 건장한 남자 두 명을 선정했다. 채혈하기 전 심리학자가 두 사람의 눈을 가렸고, 의사는 그들의 팔에 알코올을 문지르고 바늘을 꽂아 피를 뽑기 시작했다. 그리고 채혈이 끝난 뒤 두 사람에게 각각 '400밀리리터를 뽑았다'고 알렸다. 사실 의사는 두 사람 중 한 사람의 피만 뽑았다. 다른 한 사람은 채혈하는 척 바늘만 꽂았을 뿐 실제로는 피를 뽑지 않았다. 다만 두 사람 모두 눈을 가렸기 때문에 피를 뽑지 않은 남성도 400밀리미터의 혈액을 헌혈했다고 생각했다. 시간이 흐르자 피를 뽑은 남성에게 생리적 반응이 나타나기 시작했다. 몸에서 일정량의 피가 빠져나간 뒤 일어나는 변화들이 나타나기 시작한 것이다. 그런데 신기하게도 피를 뽑지 않은 남성에게도 똑같은 변화가 일어났고, 검사 결과 여러 신체 지표의 하락 폭이 피를 뽑은 남성과 거의 같은 수준으로 나타났다. 어떻게 이런 결과가 나왔을까?

원인은 어렵지 않게 유추할 수 있다. 피를 뽑지 않은 사람이 실제 상황을 모른 채 본인도 피를 뽑았다고 생각했기 때문이다. 바로 이 점이 엄청난 결과를 불러왔다. 그는 선택적인 정보의 암시 때문에 피를 뽑은 뒤의 현상을 스스로 만들어낸 것이다. 다시 말해 그의 생리적 반응은 신체적인 출혈이 아니라 심리적인 출혈에서 비롯된 셈이다.

정보를 선택적으로 구성해 제공하는 것은 상대방에게 신뢰를 심어준다는 점에서 매우 의미가 크다. 대부분의 사람들은 자신의 이익에 반하는 말이나 행동이 진실이라고 생각하는 경향이 있다. 예를 들어 연설자가 모두의 예상과 다른 입장을 택했을 때 사람들은 그의 논점이 객관적인 사실에 기인했다고 여기고, 그의 주장이 설득력 있다고 받아들인다. 이런 예는 아주 많다. 지독하게 인색한 인물이 사고에 대한 책임으로 거액의 보상금을 내겠다고 한다면 그 말에는 대단한 설득력이 생기고, 그 인물에 대한 사람들의 이미지도 단박에 바뀐다. 반대로 평소 호탕하던 사람이 보상금에 대해서는 인색하게 굴어도 마찬가지의 효과가 나타난다. 그 사람에 대한 이미지는 크게 추락하고 말 것이다.

이것이 바로 선택적인 정보 구성이 작용하는 방식이다. 어느 한 방면의 인지를 강화시켜 사고의 공식을 깨뜨리고, 화자가 원하는 방향으로 상황을 유도할 수 있다.

과정 4 | 매력과 선호도에 주목한다.

설득할 때 상대가 선호하는 것들을 제시하면 당신이 원하는 반응을 더욱 빠르고 쉽게 얻을 수 있다. 다시 말해 상대가 좋아하는 것에 주목한다면 아주 짧은 대화만으로도 상대로부터 더욱 강한 반응을 얻어낼 수 있다.

이것은 전형적인 인간의 약점에 대한 이야기다. 사람들은 개인적인 선호도 때문에 특정 견해를 쉽게 받아들이고 긍정적인 방향으로 연상한다. 누구나 자신과 비슷한 사람을 더 좋아하고 믿는 경향이 있다. 사람들은 국가나 민족, 고향 등 자신이 속한 집단에 더 긍정적인 반응을 보인다. 흑인과 흑인 사이의 특수한 감정 또한 마찬가지다.

이렇듯 유사성이 주는 매력은 대단히 신기하다. 사실 자체의 신뢰도가 낮아도 문제없고, 주관적이고 편향적인 오류가 발생할 위험도 무릅쓴다. 사람들은 자신과 비슷한 당신이 하는 말이라면 모두 사실이라고 믿고 싶어 할 것이다. 개인적인 가치관과 취향, 생활방식과 관련 있는 견해라면 본인과 비슷한 사람이 펼치는 주장에 훨씬 더 강력한 영향을 받는다.

과정 5 | 아무 근거나 제시한다.

정보의 진실성이나 논거의 납득 가능성을 고려하지 않은 채, 깊이 생각하지 않아도 되는 외부 변수를 제공하는 방법은 최악의 설득 전략이다.

오늘날의 세계에서는 이미 거의 통하지 않게 되어버렸지만, 분별력이 매우 떨어지는 집단을 대상으로 한다면 이 방법으로도 제법 괜찮은 효과를 거둘 수 있다.

과정6 | 시각 과정을 제시한다.

시각 이미지는 가장 대표적인 외부 변수다. 예를 들어 텔레비전 광고는 시각 효과를 불러일으키도록 편집함으로써 시청자가 이성적인 논리가 아닌 충동적인 감정으로 제품을 대하도록 유도한다.

한마디로 정리하자면, 우리는 우리가 설득하려는 대상이 기꺼이 생각하고 판단하도록 만들어야 한다. 사고를 자극할 수 있는 전략들로 상대가 최대한 빨리 판단을 내리도록 한다. 말에 막힘이 없고 매력이 넘치며 훌륭한 동기와 적당한 논거가 있는 사람이라면 우리는 그를 믿을 수밖에 없을 테고, 결국 그는 믿을 만한 사람이 되는 것이다.

논리적으로
설득하는 비법

어떻게 하면 타인의 머릿속으로 들어가 그들의 생각을 바꿀 수 있을까? 어떻게 하면 타인의 마음속으로 들어가 당신의 생각을 주입할 수 있을까? 이런 일들을 해내고 싶다면 논리적이고도 신속하게 그들을 설득할 줄 알아야 한다. 다음의 세 가지 비법 속에 그 비밀이 숨어 있다.

비법 1 | 타인의 필요를 채워주고 안심시킨다.

설득의 중요한 전제 중 하나는 사람들의 필요를 만족시켜 안심하게 만드는 것이다. 이 전제를 깔지 못하면 그 어떤 것으로도 당신의 주장과 행동에 동의하도록 상대를 설득할 수 없다. 다음의 예를 보자.

한 소년은 상점에 갈 때마다 자신이 좋아하는 점원에게만 사탕을 사려 했다. 다른 점원들은 처음에 사탕을 한 움큼 크게 집어 담은 다음 하나둘씩 빼냈지만 그 점원은 처음에 사탕을 조금 집어 담은 다음 하나둘씩 더 넣어주었기 때문이다.

대다수의 사람들은 자신을 점점 더 많이 칭찬하는 사람을 좋아하고 반대의 경우에는 반감을 느낀다. 이것이 바로 심리학에서 말하는 아론슨(Aronson) 효과로 인간관계에서 매우 중요한 작용을 한다.

한걸음 더 나아가보자. 설득의 과정은 개인의 필요와 안심이 지속적으로 충족되어가는 과정이어야 한다. 상대에게 먹을 것을 잔뜩 건네 단숨에 뚱보로 만들 필요는 없다. 처음부터 최대한 안심시킬 필요도 없다. 그럴 경우 당신이 아무리 많은 진심을 주었더라도 그에 걸맞은 수준의 존중이 돌아오지 않을 것이다.

같은 양의 노력이라도 어떤 방법을 사용하느냐에 따라 효과가 달라진다. 최종 목적지는 같더라도 사람의 심리는 그렇지 않다. 보수를 점차로 올려야 직원을 오래 잡아둘 수 있고, 이성에게는 당신의 매력을 처음부터 한꺼번에 보여주지 말아야 한다. 당신의 멋진 면을 조금씩 지속적으로 보여줘야 상대가 당신을 점점 더 사랑하게 될 것이다.

비법 2 | 기분의 효과를 활용한다.

당신이 가진 정보가 상대의 좋은 기분과 합쳐지면 더 쉽게 설득할 수 있다. 이 비법은 무척 이해하기 쉬운데 아마도 모두가 한 번쯤 그런 경험을 해봤을 것이다. 좋은 기분 상태는 어떤 문제에 대해 긍정적으로 사고하게 만든다. 그 기분이 정보와 결합한다면 상대는 당신의 요구나 조건을 받아들여 협력하는 방향으로 생각하게 된다.

기분이 좋으면 이 세상이 '그리 끔찍하진 않다'고 여기고, 그래서 원래 귀찮았을 일도 '아무것도 아닌 일'이 되어버린다. 그렇기 때문에 즐거움도 배가되어 상대방의 부탁도 그리 나쁘게 생각하지 않는다. 기분이 좋은 상태에서는 더욱 빠르게 결정을 내리며, 평소보다 충동적이기 때문에 외부 변수에 더욱 의존한다.

반대로 기분이 나쁜 사람은 중요한 결정을 내리기 전 아주 오랫동안 반복적으로 생각한다. 평소라면 쉽게 동의했을 일도 기분이 조금 나쁘다는 이유만으로 굉장히 어렵게 만들기도 하고, 누가 보아도 과하지 않은 요구를 거절하기도 한다.

비법 3 | 공포를 환기한다.

'안전하지 않다'는 공포를 불러일으키는 것 또한 상대를 효과적으로 설득할 수 있는 비법 가운데 하나다. 사람은 공포를 느낄수록 정보에 더 민감하게 반응하기 때문이다. 예를 들어 흡연자에게 흡연의 무서운 결과를 보여주면 더욱 설득력이 커지고, 금연으로 이어지는 행동의 변화를 촉진할 수 있다.

'공포를 이용한 설득법'을 활용하려면 먼저 위협의 가능성과 심각성을 인식시킨 다음, 상대가 적극적인 행위에 나서기를 기다렸다가 해결 방법을 찾도록 돕는다. 그러면 자연스럽게 설득에 성공할 수 있다.

반드시 둘 중 하나 선택하기

제3장에서 이분법적 사고방식의 오류와 제약에 대해 언급했다. 하지만 설득이라면 이야기가 달라진다. 논리학에서 이분법적 사고의 오류 혹은 '흑백논리'의 오류란 논증 과정에서 두 가지의 가능성만 제시하는 것을 일컫는다. 실제로 다양한 선택지가 있음에도 '이것 아니면 저것'이라는 상황을 만들어낸다. '우리를 지지하지 않으면 반대하는 겁니다'라는 식의 사고가 그것이다.

사람들은 당신의 의견 중에 일부는 옳다고 생각할 수 있다. 또 특정 사건에 대한 견해는 지지하지만 다른 사건에 대해서는 반대할 수도 있다. 그런가 하면 당신이 어떤 의견을 내는지 전혀 관심이 없을 수도 있다. 현실에서 선택지는 상황에 따라 달라진다. 뚜렷한 선택지가 있는 경우도 있고 그렇지 않은 경우도 있다. 또 어떤 상황에서는 남자와 여자처럼 뚜렷하게 구분할 수 없는, 흑도 백도 아닌 회색의 중간 지대도 있다. 다음의 예를 보자.

"세상에는 두 종류의 사람이 있어. 돈 있는 사람과 쓸모없는 사람이지. 너는 돈 있는 사람이 될 거니, 아니면 계속해서 쓸모없는 사람으로 남을 거니?"

돈 있는 것도 쓸모가 없는 것도 종류가 다양하다. 어떤 사람에 비하면 부자지만 또 다른 사람에 비하면 중산층에 불과할 수 있다. 쓸모없는 사람도 마찬가지다. 무척 복잡한 문제라 쉽게 비교할 수 없다. 이 논증이 설득력 없는 이유는 출현 가능한 다른 선택지를 부정하기 때문이다. 이분법의 오류는 선택의 범위를 좁히고 결과에 영향을 미칠 수 있는 토론의 여지들을 배제해버린다.

이분법은 선택지를 제한할 때 주로 쓰인다. 예를 들어 선거에서 다수당은 소수당의 유효한 선택지를 부정함으로써 소수당의 정치적 입지를 최대한도로 좁혀버린다. 열혈 당원은 이분법을 이용해 지지와 반대 둘 중 하나를 선택하도록 선거에 별 관심 없는 대중들을 선동한다. 이상주의자들은 다양한 개인의 의견을 부정하고 이분법으로 대중을 범주화해 분류한다.

이분법의 오류는 자극적이기에 통계 과정에서 자주 쓰인다. 시장연구조사원은 사람들을 몇 개의 집단으로 크게 분류하곤 하는데 '예' 혹은 '아니오'로 대답하는 단답형 문항을 통해 정보를 수집한다. 각각의 개인들에게 이 두 가지 대답 모두가 정확하지 않더라도 말이다. 가상 상황을 설정해놓고 질문을 통해 성격을 파악하는 방식도 사람들의 창의성을 평가절하하곤 한다.

이러지도 저러지도 못하는 상황에서도 이분법은 자주 등장한다. 상황 자체는 건전한 논증에 속하지만 설득력을 더하기 위해 이분법을 끌어들이는 경우다.

"우리가 물건을 수입한다면 우리의 일자리를 다른 나라에 주는 것과 같습니다. 물건을 수출하는 것은 우리의 재화를 다른 나라에 보내는 것과 같습니다. 수입과 수출 가운데 반드시 하나를 선택해야 한다면, 우리는 일자리와 재화 중 하나를 포기해야 합니다."

이것은 양자택일의 문제가 아니다. 어떤 물건은 수입하고 또 어떤 물건은 수출할 수도 있기 때문이다. 19세기 최강의 영국 해군을 창건한 넬슨(Horation Nelson) 제독의 유명한 구호 가운데 이런 말이 있다. "웨스트민스터 사원에 묻히느냐 승리해 돌아오느냐 둘 중 하나다!"

이 말에서 넬슨 제독은 두 가지 모두 얻을 수 있는 가능성을 배제했다. 실은 세인트 폴 대성당도 선택지 중 하나가 될 수 있었다. 그가 실제로 그곳에 묻힌 것처럼 말이다.

설득을 위해 이분법을 활용할 때 가장 확실한 방법은 다음과 같다. 상대에게 두 가지 선택지를 주되, 하나는 매우 불쾌한 상황을 제시하고 또 하나는 쉽게 받아들일 수 있는 상황을 준다. 당신이 제시한 방법을 따르지 않으면 매우 불쾌한 상황에 처하게 될 거라고 설득하는 것이다. 예를 들면 이런 식이다.

"문을 초록색으로 칠하지 않으면 이웃들이 비웃을 거야. 온 동네 사람들이 우리 집 취향에 대해 한마디씩 하면서 가십거리로 삼을 거라고. 아, 이건 그냥 내 의견일 뿐이야. 당신 결정에 반대하는 건 절대 아냐."

만약 누군가를 설득하지 못해 골머리를 앓고 있다면, 당신은 상대방을 유일한 길로 이끄는 법을 반드시 배워야 한다. 이를테면 이렇게 말이다.

"좋아요, 아름다운 부인. 제가 봤을 땐 가능한 길이 두 가지 있는데……."

그건
예외죠

예외는 규칙의 오류를 증명하는 데 쓰인다. 그러나 많은 사람들이 여기에 반박하고, 심지어는 "예외가 규칙을 증명한다(The exception proves the rule)"고 주장하기도 한다. 규칙 속 예외의 오류는 논증에 대한 유효한 반대를 반박하기 위해 쓰인다. 다음의 대화를 보자.

"런던을 제외하고 다른 지역에서는 영국 전통 발라드를 찾을 수 없습니다."

"〈스카버러 페어(Scarborough Fair)〉는요?"

"그건 예외죠."

물론 그렇지 않다. 리버풀과 더럼(이 두 지역도 영국에 속하며 관련 발라드가 있다)도 빠졌기 때문이다.

'증명'이라는 단어는 명확한 사물을 '검증'한다는 뜻이다. 여기서 매우 중요한 사실을 한 가지 알 수 있는데, 사물은 '증명'을 통해 그 사실성을 확립할 수 있다는 점이다. 이때 유효한 예외를 제시하면 해당 규칙에 반박할 수 있다. 다음의 예를 보자.

허구의 인물 가운데 전 세계적인 슈퍼스타가 되어 수많은 팬들을 거느린 경우는 없다. 물론 셜록 홈스는 해냈지만, 그는 이 규칙의 예외에 불과하다.

매우 명백한 오류가 아닌가. 위의 말은 무척 모호한 방식으로 예외를 규칙의 근거로 만들고 있다. 만약 누가 봐도 인정할 만한 예외가 발견돼 사실이라고 증명되면 그 규칙은 더 이상 평소처럼 적용될 수 없다. 그런데 각도를 조금 달리 한다면 예외는 또 다른 증명을 이끌어낼 수 있다.

의학의 발전은 연구를 통해 얻어낸 것이지 우연히 이뤄지지 않았다. 우리가 알고 있듯 페니실린은 예외지만, 그런 기회는 백만 분의 일 확률이란 사실을 알아야 한다.

진위 여부에 상관없이 이것은 설득력 있는 논증이다. 화자는 규칙을 제시했으나 이 규칙이 보편성을 갖추고 있다고는 말하지 않았다. 페니실린 발견이 특별한 예외라는 사실은 누구나 알고 있다. 화자는 이러한 인지를 바탕으로 예외를 통해 규칙을 반대로 증명해낸 것이다. 다시 말해 페니실린 발견이라는 유명한 사건은 예외이니, 나머지는 규칙이 적용된다는 뜻으로 풀이할 수 있다.

중세 사람들은 당시 통용되던 수많은 규칙들을 굳게 믿었다. 이를테면 태양은 매일 고정된 시각에 뜨고 진다든가, 세상에 검은 백조는 존재하지 않는다는 등이 진리로 통했다. 한밤중에도 해가 뜨는 극지방의 백야 현상을 보거나 오스트레일리아의 검은 백조를 봤다 하더라도 중세인들은 받아들이지 못했을 것이다. 모든 것이 확실하고 뚜렷한 진리들로 가득한 세상에 살 수 있다면 대부분의 사람들에게는 매우 멋진 일일 것이다. 그러나 '예외'는 인간의 이런 흡족함을 곱게 두고 보지 않는다. 마치 몸을 숨긴 늑대처럼 완벽하게 짜인 세상을 향해 울부짖는다. '예외'는 불확실성과 의심을 가져오지만 우리는 예외의 오류를 통해 거기에서 벗어날 수 있으며, 계속해서 안정감 있는 삶을 이어간다.

자신의 논점을 강조하려는 사람들은 규칙 속 예외의 오류를 굉장히 애용한다. 그들은 세상을 몇 개의 범주로 간단히 나누고 자신의 세계관을 방해하는 그 어떤 반박도 용납하지 않는다. 그들의 완벽한 세상에서는 모든 연예인이 천박하고, 모든 페미니스트는 동성애자이며, 모든 청년들은 이해할 수 없는 생명체다. 이러한 규칙에 적용되지 않는 경우들은 모두 '예외'로 반박해, 자신의 완벽한 규칙을 계속 유지해가는 것이다.

"500위안만 빌려줘. 늘 약속한 날짜보다 일찍 갚았잖아."

"저번 달엔 늦었잖아?"

"뭐든 예외는 있는 법이잖아. 전체적으로 멀리 보라고. 난 늦어지더라도 꼬박꼬박 갚았어."

어쩌면 마라톤 선수만큼이나 멀리 봐야 할지도 모르겠다. 이 특수한 오류가 대단한 이유는 당신의 주장에 반하는 사실이 있더라도 오히려 설득력이 강해진다는 점이다. 설령 당신의 논리가 완전히 틀렸다는 결정적인 증거가 있어도 '그건 예외'라고 눙쳐버리면 그만이니 말이다.

모두 마거릿 대처 때문이다

정수리 부분을 둥글고 높게 만든 검정색 모자가 처음 등장했을 때, 사람들은 그 모자를 보울러(bowler)라고 불렀다. 모양이 그릇(bowl)처럼 생기기도 했고 볼러(Bowler) 형제가 처음으로 만들었기 때문이기도 했다. '대처의 잘못'이라는 말도 두 가지 이유에서 유래했다. 첫째로 마거릿 대처에게 일어난 일이기 때문이고, 둘째는 그와 비슷한 현상들을 아울러 지칭할 수 있기 때문이다. 지붕 기술자 한 사람이 모든 건물에 지붕을 올릴 수 있는 것과 같은 이치다.

대처는 영국 총리에 취임하기 몇 년 전부터 줄곧 영국의 빈곤과 실업 문제 때문에 갖은 비난을 받았다. 이런 상황 속에서 당시 부를 뽐내던 여피족(도시를 기반으로 전문직에 종사하며 고소득을 올리는 젊은층—옮긴이)의 행태가 사회적으로 비판을 받았는데 대중은 이 둘 모두를 대처의 잘못이라고 생각했다.

인과관계의 유무에 상관없이 비난은 쌓여만 갔다. '대처의 잘못' 오류도 이때부터 등장했다. '대처의 잘못' 오류란 어떤 행동에 대한 결과가 나오기 전에 이미 유죄임을 확정하는 오류다. '대처의 잘못' 오류에서는 증거도 별다른 힘이 없다. 어떤 결과가 나오든지 모두 그의 잘못이기 때문이다. 예를 들어 새 정책을 스코틀랜드에서 먼저 시행하면 사람들은 '스코틀랜드 사람을 실험용 쥐 취급한다'고 비난한다. 그런데 정책을 스코틀랜드에서 마지막으로 시행하면 '스코틀랜드를 또 찬밥 취급한다'는 비난이 돌아온다. 잉글랜드와 스코틀랜드 두 곳에서 동시에 시행하면 어떨까? '잉글랜드와 스코틀랜드의 차이를 무시한다'고 할 것이다. 이것은 절대 이길 수 없는 동전 던지기와 같다. 앞면이 나와도 지고, 뒷면이 나와도 지며, 동전이 땅에 떨어져도 당신은 언제나 지기 때문이다.

이러한 오류는 국회에서도 자주 볼 수 있다. 반대당은 늘 반대를 위한 반대를 하니 말이다. '대처의 잘못' 오류는 결과에 상관없이 정부의 모든 정책에 반대할 명분을 제공한다. 일이 빨리 진행되면 '졸속 시행'이라고 몰아붙이고, 너무 많은 시간이 투입되면 '국력 낭비, 더는 참을 수 없다'고 비난한다.

'대처의 잘못' 오류는 모든 결과를 부정적으로 판단하면서도 '결과에 입각한 판단'인 척한다. 타블로이드지에서도 자주 볼 수 있는데, 유명인사가 한 번 오명을 뒤집어쓰면 어떤 행동을 해도 비난을 받는다. 그들 행동의 도덕 혹은 가치에 대한 정확한 판단은 더 이상 필요 없다. 다음의 예를 보자.

"사람들은 아이에게 세례를 주라고 하지만 저는 그들이 제 아이에게 아주 이상한 이름을 지어주리라 확신해요. 우습고도 평범한 이름 때문에 아이는 놀림을 받을 테고 몹시 창피해할 테죠."

이러한 오류의 원리는 단순하다. 남들에 대해 좋은 말보다는 나쁜 말을 듣는 쪽을 선호하는 게 인간의 본성이기 때문이다. 더욱 효과적으로 '대처의 잘못' 오류를 활용하려면 상대의 행동이나 제안을 극도로 멸시한 다음 나쁜 결과를 예측하라. 그다음 '설령 그렇게 한다 해도……' 류의 말로 나쁜 결과를 제시하면 된다. 이렇게 하면 나쁜 결과를 더 많이 예측할 수 있고, 듣는 사람들도 당신의 논리 속 오류에 신경 쓰지 않을 것이다.

'대처의 잘못' 오류는 모든 상황에서 응용할 수 있다. 너무 티가 날 것 같다면 곰곰이 생각해보자. 100여 년 전 마르크스주의자들이 예측한 자본주의의 미래 재난이 오늘날 모두 적중하지 않았는가.

조삼모사,
그 말이 그 말

'조삼모사(朝三暮四)'라는 고사성어는 오늘날 중국에서 변덕이 심한 사람을 가리킬 때 주로 쓰인다. 그러나 원래 이 말의 유래는 잔꾀로 남을 농락하는 것을 의미한다. 《장자(莊子)》의 〈제물론(齊物論)〉에 등장하는 이야기를 보자. 원숭이를 좋아하는 저공(狙公)이란 사람이 자신이 기르던 원숭이들에게 이렇게 말했다. "아침에는 도토리 세 개를 주고 저녁에는 네 개를 주마." 그러자 모든 원숭이들이 화를 냈다. 저공이 다시 이렇게 말했다. "그럼 아침에 네 개를 주고 저녁에 세 개를 주지." 그 말을 들은 원숭이들은 좋아했다. 말하는 방식을 바꾸었을 뿐 본질은 같은데도 원숭이들은 기쁘게 받아들였다. 그렇다면 이런 기술을 인간에게도 적용할 수 있을까?

조삼모사는 논리적 오류의 일종이다. 환영받지 못하거나 타인이 받아들이지 않을 주장을 받아들이도록 만들기 위해 같은 주장을 듣기 좋은 말로 바꿔 제시하는 방법을 가리킨다. 비형식적 오류의 일종이지만 실제 대화에서는 효과적인 무기가 되곤 한다. 황제의 꿈을 풀이한 아판의 이야기를 보자.

황제는 누군가 그의 이를 몽땅 뽑아버리는 꿈을 꾸었다. 깜짝 놀란 황제는 잠에서 깨어난 뒤 다시 잠들지 못했다. 다음 날 황제는 대신들에게 꿈 이야기를 들려준 뒤 꿈 풀이를 할 사람이 없느냐고 물었다. 승상이 말했다. "폐하의 가족 모두가 폐하보다 먼저 죽게 될 것입니다." 그 말을 들은 황제는 크게 화를 내며 승상에게 큰 벌을 내렸다. 이때 아판이 궁에 들어왔다. 황제는 그에게 꿈 이야기를 해주고는 길흉을 풀어보라고 했다. 아판은 이렇게 대답했다. "폐하는 폐하의 가족들 가운데 가장 장수하실 것입니다." 황제는 매우 기뻐하며 아판에게 비단옷 한 벌을 내렸다.

'죽음'은 사람들이 금기시하는 단어이고 '장수'는 기분을 좋게 만드는 말이다. 물론 아판의 말은 황제가 수명보다 더 오래 산다는 뜻이 아니었다. 승상의 해몽과 아판의 해몽은 모두 관계 판단에 속하는 것으로 의미는 동일하다. 까마귀가 공작의 깃털을 꽂아도 까마귀는 까마귀일 뿐이다. 이런 종류의 이야기는 이 밖에도 많다. 영국에는 자린고비에 대한 우스갯소리가 있다.

조지에게는 돈을 목숨처럼 아끼는 친구가 하나 있었다. 한번 손에 넣은 물건은 절대 다시 내주지 않았고 작은 것 하나도 남에게 주는 법이 없었다. 하루는 조지와 친구들이 함께 강가를 거닐고 있을 때였다. 인색한 친구가 발을 헛디뎌 강에 빠졌고, 친구들은 모두 그를 구하러 달려갔다. 한 친구가 바닥에 엎드려 손을 뻗으며 외쳤다. "네 손을 이쪽으로 줘. 내가 끌어올릴 테니까." 그런데 깊은 물에 빠져 허우적대면서도 인색한 친구는 손을 뻗지 않았다. 이때 조지가 다가가 외쳤다. "여기 내 손을 잡아. 내가 끌어올릴게." 인색한 친구는 그 말을 듣자마자 얼른 팔을 뻗어 조지의 손을 잡았고, 조지와 친구들은 그를 물 밖으로 끌어올릴 수 있었다. "너희는 아직 이 친구를 잘 모르는구나." 조지가 말했다. "제 손을 '달라'고 하면 움직이지 않지만, 내 손을 '잡아'라고 하면 금세 낚아채거든."

표면적으로는 '달라'와 '잡아'가 달라 보이지만 실제로는 같은 뜻이다. 이렇게 제 손도 주기 싫어 목숨을 걸 정도의 자린고비는 몹시 드물 것이다. 나폴레옹과 관련된 이야기도 있다.

1797년 나폴레옹(Napoléon I)은 아내 조제핀(Joséphine)과 함께 룩셈부르크공국의 제1공립초등학교를 방문했다. 환대에 감격한 나폴레옹은 학교를 떠나면서 교장에게 3루이도르(프랑스에서 쓰인 금화—옮긴이)짜리 장미꽃을 선물하며 약속했다. "위대한 프랑스가 존재하는 한, 귀교의 환대에 감사하는 표시로 매일 오늘과 똑같은 액수의 장미꽃을 선물하겠소. 프랑스와 룩셈부르크의 우정의 상징으로 말이오." 그러나 시간이 흘러 나폴레옹은 전쟁과 정치적 혼란에 휩싸였고, 결국 대서양 세인트헬레나 섬으로 쫓겨나 유배당했다. 젊은 시절에 했던 '룩셈부르크 약속'은 이미 잊어버린 뒤였다. 그러나 프랑스의 작은 우방국 룩셈부르크는 약속을 잊지 않고 '유럽의 거인이 룩셈부르크의 아이들을 찾아와 다정한 한때를 보냈다'는 사실을 역사책에 기록해놓았다.

그러던 1984년 말, 200여 년 전에 있었던 일이 프랑스의 새로운 골칫거리로 떠올랐다. 룩셈부르크 정부가 '장미꽃 약속'을 지키라며 배상금을 요구해온 것이다. 1797년부터 3루이도르로 계산해 지금까지 보내지 않은 장미꽃을 돈으로 돌려주든지, 아니면 위인 나폴레옹이 신의를 저버린 사람이란 사실을 프랑스의 주요 신문들을 통해 인정하든지 택일하라는 요구였다. 프랑스 정부는 처음엔 '위대한 업적을 세운 인물의 명예를 별것 아닌 일 때문에 손상시킬 수 없다'며 값을 치르자는 입장이었다. 그런데 배상금을 계산해본 재무부 관리들은 난처한 표정을 지었다. 원금과

이자를 합쳐 무려 137만 프랑에 달했기 때문이다. 영리한 프랑스인들은 고민 끝에 다음과 같은 말로 룩셈부르크인들의 이해를 구했다.

"앞으로 프랑스는 변함없이 룩셈부르크대공국의 초중등 교육 사업에 정신적, 물질적 지원을 이어갈 것입니다. 우리의 나폴레옹 장군이 했던 장미꽃의 굳은 약속을 실현하기 위해서 말입니다."

이렇듯 타인이 우리의 관점을 받아들이게 하려면 반드시 상대방이 듣기 좋게 표현해야 한다. 나에게 유리한 쪽으로 말할 수는 있지만 듣는 사람이 그 말을 꼭 기쁘게 수용할 필요는 없다. 위의 예시 속 프랑스처럼 말이다.

구애의 논리학

제목을 의아하게 생각하는 사람들도 있을 것이다. 낭만적인 사랑을 어떻게 논리와 결부시킬 수 있을까? 그러나 실제는 그렇지 않다. 논리는 강력한 힘이 있으며, 사람들에게 지혜를 가져다줄 뿐만 아니라 사랑도 쟁취할 수 있게 해준다. 특히 만약 당신이 지혜로운 이성에게 반했다면 어지간히 똑똑하지 않고서는 인연을 맺기 어려울 것이다.

미국 프린스턴 대학에 다니는 남학생이 한 여학생에게 반하고 말았다. 그러나 그는 거절당할 것이 두려워 자신의 마음을 고백할 용기를 내지 못했다. 그러던 어느 날, 여학생에게 말을 걸 좋은 방법을 생각해내곤 용기를 내어 책을 읽고 있는 여학생에게 다가갔다. 그는 정중하게 말을 걸었다. "안녕하세요. 제가 이 쪽지에 당신에 대한 내용을 적었는데, 만일 사실이라면 당신의 사진 한 장을 주실 수 있나요?"

그 말을 들은 여학생은 상대가 자신에게 구애하고 있다는 것을 눈치챘다. 이런 식으로 접근해오는 남자는 너무나 많았지만 그녀는 언제나 손쉽게 거절했고, 이번에도 그렇게 하겠다고 생각했다. 남학생이 뭐라고 쪽지에 썼든 사실이 아니라고 하면 될 테니 말이다. 그래서 그녀는 흔쾌히 고개를 끄덕였다.

"제가 쓴 내용이 사실이 아니라면 사진은 주지 않으셔도 됩니다."

"그야 물론이죠!"

남학생은 그제야 쪽지 한 장을 건넸다. 여학생은 자신 있게 쪽지를 펼쳤지만 곧 미간을 찡그렸다. 남자의 부탁을 거절할 방법을 생각해낼 수 없었던 그녀는 약속대로 자신의 사진 한 장을 그에게 주고 말았다. 남학생은 쪽지에 뭐라고 썼을까? 아주 간단했다.

"당신은 내게 키스해주지 않을 테고, 당신의 사진도 주고 싶지 않겠죠."

당시 프린스턴 대학원에 재학 중이던 이 똑똑한 남학생은 레이먼드 스멀리언(Raymond Smullyan)으로 훗날 미국의 저명한 논리학자가 되었고, 여학생은 그의 아내가 되었다. 이 낭만적인 사랑 이야기는 논리와 아주 밀접한 관계가 있다. 이처럼 논리에는 신비한 힘이 있어 지혜를 가져다주고 사랑도 얻게 해준다. 논리를 이용해 목숨을 건진 사람의 이야기도 있다.

고대 그리스의 어느 왕이 한 무리의 죄수를 사형시키기로 결정했다. 당시 사형 집행 방법으로는 참수형과 교수형 두 가지가 가장 널리 쓰였다. 둘 중 어떤 방법을 쓸지 생각하던 왕은 죄수들이 직접 선택하도록 하기로 했다. 단, 다음과 같은 규칙을 세웠다. 죄수는 아무 말이나 한마디 하되, 그 말의 진위 여부는 즉시 확인되어야 한다. 만약 죄수의 말이 진실이라면 교수형에 처하고 거짓이라면 참수형에 처한다. 그 결과 대부분의 죄수들이 진실을 말했다며 교수형에 처해지거나 거짓을 말했다며 참수형에 처해져 목숨을 잃었다. 말의 진위를 즉시 확인할 수 없는 경우는 거짓으로 간주해 참수했고, 죄수가 얼른 말을 해내지 못하는 경우는 진실로 간주해 목에 밧줄을 씌웠다. 그런데 죄수들 가운데 무척 똑똑한 사람이 하나 있었다. 그는 자신의 차례가 돌아오자 아주 절묘한 말을 했고, 그를 교수형에도 참수형에도 처할 수 없어진 왕은 그를 죽이지 않고 돌려보냈다.

자, 이제 똑똑한 죄수가 뭐라고 했을지 맞춰보자. 알고 보면 무척 간단하다. 죄수는 이렇게 말했다.

"저는 참수형에 처해질 것입니다."

완벽하지
않아서

반드시 기억하자. 어떤 행위에 대한 찬반을 논할 때 최종 결정은 주어진 선택지 중에서 골라야 한다. 모든 선택지는 완벽하지 않다는 이유로 반대자들에게 공격당할 수 있다. 실제로 우리 모두가 그러하듯 말이다. 그중에서 완벽한 선택지가 있다면 몰라도 그렇지 않은 경우라면 반대자들에게는 좋은 빌미가 된다. 만일 완벽하지 않다는 것을 반박의 이유로 삼는다면 당신은 완벽함의 오류를 범하고 있는 것이다. 왜냐하면 그 어떤 선택지도 완벽할 수 없기 때문이다.

"원자력 시대의 도래는 반드시 막아야 합니다. 왜냐하면 원자력의 위험성을 완전히 없애기란 불가능하기 때문입니다."

원자력과 화력발전, 수력발전 모두 잠재적인 위험을 안고 있다. 매년 이들 발전소에서 사고가 일어나고 있으니 위험성을 완전히 없애려면 모조리 운영을 중단해야 마땅하다. 이 논증의 핵심은 원자력발전이 다른 에너지원에 비해 더 좋은지, 아니면 더 나쁜지의 여부에 있다. 주어진 선택지 가운데 완벽한 것이 하나도 없다면(아무 행동도 하지 않는 것을 포함해), 완벽하지 않다는 것은 취사선택의 이유가 될 수 없다. 특정 선택지를 완벽하지 않다는 이유로 비판한다면 공평하지 않은 처사다. 완벽하지 않은 구석은 모든 선택지에 존재하기 때문이다.

"난 그 섬에 가는 건 반대야. 반드시 재미있으리란 보장이 없잖아."

반드시 재미있으리란 보장이 있는 곳을 알고 있다면 꼭 내게 알려주기 바란다. 완벽함의 오류는 현재 상태를 바꾸고 싶지 않을 때 자주 등장한다. 지금의 상태도 썩 완벽하지 않더라도 말이다.

"새로 개발된 심장병 약은 절대 출시해서는 안 됩니다. 그 약은 뇌신경 교란을 일으킬 가능성이 있기 때문입니다."

언뜻 무척 일리 있는 주장 같다. 그러나 매년 1만 5,000명의 심장병 환자들이 사망하고 있다면 개발된 신약이 그들을 도울 수도 있지 않을까? 현실에 완벽히 부합하는 기준이란 없다. 텔레비전 다큐멘터리나 정부 사업에서도 완벽함의 오류를 범한 예를 적잖이 볼 수 있다. 어떤 정부 또는 정치인들이 추진하는 새로운 계획안은 모든 면에서 완벽할 수 없다. 이를테면 홀로 된 여성이나 형편이 어려운 모자 가정이 정부의 새로운 정책 때문에 곤란을 겪고 있는 장면이 전파를 타면 시청자들은 정부가 너무 경솔했다는 느낌을 받는다. 하지만 엄밀히 말해 우리는 다른 분야의 상태는 어떤지도 똑같은 방법으로 지켜봐야 한다.

완벽함의 오류는 의회 위원회의 회의장에도 등장한다. 일반적으로 위원들은 일정한 임기가 있고, 국가가 무정부 추세에 휩쓸리는 사태를 막는 것을 필생의 임무로 삼고 있다. 또한 새로 발의된 모든 법안에서 완벽하지 않은 부분을 찾아내는 것을 자신의 사명이라고 생각한다.

"저는 공원 내 도로에 차량 통행을 금지하는 방안이 노인들에게 발생하는 사고를 없앨 수는 없다고 생각합니다. 공원에는 인라인스케이트나 자전거를 타는 아이들도 있고, 유모차나 쇼핑카트도 있으니까요."

이 논증의 핵심은 새로운 방안이 '완벽한지'가 아니라 사고율을 낮출 수 있는가에 있다. 지금처럼 사고 때문에 공원을 찾는 노인들이 점점 줄어들지 않도록 말이다.

완벽함의 오류의 기본 버전을 활용하면 당신이 동의하지 않는 방안을 공격해 없앨 수 있다. 이 기본 버전을 넘어서면 두 가지의 전문가 버전이 있는데 열심히 배워 활용하면 커다란 보상이 돌아올 것이다. 전문가 버전의 첫 번째는 특정 의견이 힘을 얻기 전에 앞질러 반대하는 것이다. 그 의견의 완벽하지 않은 부분을 짚어낸 다음 더욱 강력한 필요를 제시하면 원래 제시된 의견은 힘을 잃는다.

"저는 원칙적으로는 이 제안에 동의합니다. 많은 사람들에게 혜택이 돌아갈 수 있고, 그건 저 혼자서 결정할 일이 아니죠. 그러나 지원 방안과 영향들에 대해 아직 논의되지 않은 부분이 많습니다. 저는 이 분야 전체를 대상으로 더욱 폭넓은 조치를 취해야 한다고 생각합니다. 그래서 이 안건에 대해 다시 한 번 토론할 것을 제안합니다…….”

결국 어떻게 될까? 이 안건은 다시 언급되지 않을 것이다.

두 번째 전문가 버전은 정책 결정자의 능력을 훨씬 넘어서는 일을 나열해, 어떤 일을 할 수 없고 어떤 일은 할 수 있는지 깨닫게 하는 방법이다.

“교장 선생님, 커닝에 대한 처벌을 강화하자는 말씀은 무척 좋은 의견이지만 그것만으로는 커닝 문제를 뿌리 뽑을 수 없습니다. 우리가 학생들의 마음을 얻고 아이들을 감화해야…….”

원래 제시됐던 교장의 의견은 어떻게 되었을까? 아마도 회의장에 점점 퍼져나가는 감동 때문에 이미 묻혀버리고 말았을 것이다.

이익의 유혹

인간관계는 본질적으로 ‘이득’을 중심으로 형성된다. 당신의 직원이 당신에게 충성을 다하는 것은 당신의 완벽한 외모나 아름다운 영혼 때문이 아니고, 카리스마 넘치는 행동거지나 한결같은 인간적 매력 때문도 아니다. 진짜 이유는 당신이 충분한 ‘이득’을 제공하기 때문이다. 모든 인간관계가 그렇다. 친구 사이의 우정도 그 본질을 들여다보면 ‘이득’을 바탕으로 한다. 누군가 당신에게 돈을 빌려준다고 가정하자. 당신을 돕고 싶은 마음도 있겠지만 그는 이런 식으로 계산기를 두드려봤을 것이다. '혹시 나도 나중에 도움이 필요해지면 그도 기꺼이 날 도울 거야. 심지어 오늘 빌려준 것보다 열 배쯤 되는 돈을 더 빌려줘서 곤란한 상황을 면하게 해줄 수도 있어.'

반대로 친한 친구가 당신의 부탁에 대답하지 않거나 화제를 돌리거나 말을 얼버무리려 한다면 어떨까? 그것은 '빌려줄 돈이 없기 때문'이 결코 아니라, 당신에게 그 돈을 갚을 능력이 없다는 계산이 나왔기 때문이다. 이렇게 주판을 튕겼을 수도 있다. '오늘 내가 돈을 빌려주면 언제 갚을지 기약도 없는 데다, 그의 능력을 봐선 나중에 내가 도움을 받을 일도 거의 없다고 봐야지.' 이렇게 해서 그는 완곡하게 '돈을 빌려주지 않기로' 결정을 내린 것이다.

우리가 하는 어떤 행동은 언제나 '이득'에 따라 결정된다. 물론 절대적이진 않다. 남달리 훌륭한 인격을 지닌 사람은 예외일 수도 있지만 지구상에 사는 사람들 대부분의 속마음은 대개 그렇다. 거의 모든 판매 행위는 이 같은 인간의 본성을 이용하고 있으며, 이익을 좇는 사람들의 마음을 이용해 소비를 세뇌한다. 다음 이야기를 보자.

한 액세서리 판매점에서 여성 고객이 두 개의 똑같은 팔찌를 발견했다. 하나에는 550위안의 가격표가, 또 다른 쪽에는 250위안의 가격표가 붙어 있다는 것 외에는 똑같은 팔찌였다. 이 여성은 무척 기뻐하며 당장 250위안짜리 팔찌를 사서 득의양양하게 매장을 빠져나갔다. 그녀가 사라지고 난 뒤 얼마 지나지 않아, 가게에 있던 점원이 또 다른 점원에게 속삭였다. "저거 봐, 입증된 방법이라니까. 조금 전 그 손님, 자기가 정말로 엄청 싸게 산 줄 알잖아!"

이득의 원리를 알면 사람들의 탐욕에 대한 본성을 이끌어낼 수 있다. 사기 피해도 종종 여기서 시작된다. '이득'은 사람들의 판단을 흐려, 다른 사람이 잘 짜놓은 함정 속으로 거리낌 없이 발을 들이도록 만든다.

크게 중요하지 않은 사람을 움직이려고 할 때는 노골적인 방식이 사용된다. 이를테면 일용직이나 길에서 전단지를 배포하는 일, 영업직 또는 장거리 근무에 종사하는 사람을 구하려면 돈만 주면 된다. 신념이나 가치관에 대해 세뇌할 필요도 없고, 통하지도 않을 것이다. 그들은 자신의 신념, 즉 이익 추구라는 신념을 이미 지니고 있기 때문이다. 이익이 되는 일이면 하고, 그렇지 않으면 하지 않는다.

'이익 추구'와 '손실 회피'는 인간의 본성이다. 손실 회피 심리가 이익 추구보다 훨씬 앞선다는 것이 실험을 통해 증명되기도 했다. 그러나 손실을 피하는 것도 실은 가장 기본적인 이익 추구의 일종이다. 사람들은 일반적으로 '안전성 범위'의 심리가 있어서 이득을 얻지 못하더라도 자신에게 손실을 끼치는 일만은 절대적으로 피하려고 한다. 다음 이야기를 보자.

한 교사가 학교 이름과 휘장이 인쇄된 머그컵 한 상자를 교실에 가져왔다. 머그컵은 하나에 5달러씩이었다. 교사가 반 학생들에게 물었다. "5달러에 이 컵을 살 사람 있니?" 대부분의 학생들은 머그컵에 관심이 없었고 사려는 사람도 거의 없었다. 이어서 교사는 다른 교실로 들어갔다. 이번에는 들어가자마자 모든 학생들에게 머그컵을 하나씩 나눠준 다음 이렇게 말했다. "지금 나눠준 머그컵을 선생님이 7달러에 사려고 하는데 팔 사람 있니?" 물론 학생들은 팔거나 팔지 않을 권리가 있지만 가격은 무조건 7달러라는 조건이었다. 교사가 다시 물었다. "컵을 팔고 싶은 사람이 몇이나 되지?" 그런데 머그컵을 팔겠다는 사람도 몇 명 되지 않았다. 대부분의 학생들이 7달러에 컵을 팔려고 하지 않은 것이다.

　교사는 똑같은 머그컵을 비슷한 학생으로 구성된 두 개 반에 갖고 들어갔다. 첫 번째 교실의 학생들은 5달러에 컵을 사려 하지 않았다. 교사가 가져온 컵의 가치가 5달러보다 낮다고 생각했다는 뜻이다. 다시 말해 컵을 팔아도 5달러보다 더 많이 받기는 어렵다고 판단한 것이다. 학생들은 이 거래에서 얻을 이득은 없고 손해를 볼 위험만 있다고 판단했기 때문에 교사의 제안을 거절했다. 그런데 두 번째 교실에서는 가격을 7달러로 올렸는데도 컵을 팔겠다고 나선 학생이 없었다. 왜 그랬을까? 이런 현상을 가리켜 '소유 효과'라고 하는데 대상을 소유하고 난 뒤, 그 가치에 대해 그것을 갖기 전보다 훨씬 높게 평가하는 경향을 말한다.

　학생들은 이렇게 생각했을 것이다. '선생님은 손해를 볼 사람이 아니야. 수지가 맞지 않는데 7달러에 컵을 사겠다고 하실 리 없지!' 교사가 7달러에 컵을 사려 한다면 컵의 가치는 그보다 훨씬 높을 거라고 판단한 것이다. 지금 컵을 파는 것은 손해라고 여기고, 미래의 거래를 통해 이득을 얻을 수 있다는 생각에서 교사의 제안을 거절한 것이다. 아마도 일부 학생들은 하교 후 컵을 팔러 다니거나 집에 잘 보관해두었을 것이다.

　행동경제학에서는 소유 효과를 손실 회피 심리에 따른 것으로 분석한다. 물론 대부분의 사람들에게 나타나는 보편적인 심리 현상이다. 이 이론에 따르면 일정량의 손실이 가져오는 효용의 저하는 똑같은 이익이 가져오는 효용보다 더 크게 느껴진다. 그러므로 사람들은 결정하는 과정에서 이익과 손해를 저울질할 때 '손실 회피'를 '이익 추구'보다 훨씬 더 많이 고려한다. 상품을 팔 때 사람들은 자신이 손해를 볼까 우려해 지나치게 높은 가격을 부른다. 이런 심리 때문에 사는 쪽과 파는 쪽 양측이 원하는 가격 사이에 편차가 발생하기 쉽다. 이처럼 비이성적인 행위는 매우 보편적인데, 시장의 효율을 저하시키는 데다 개인의 거래 경험이 쌓인다고 해서 극복할 수 있는 것도 아니다.

그렇다면 이익의 유혹은 대체 얼마나 강력할까? 그간 이 문제를 해결하기 위해 수많은 조사와 연구가 있었다. 심지어는 글로벌기업의 최고 경영진이 마케팅 전략을 세울 때의 심리 변화에 대해서도 자세한 연구가 이루어졌지만 아직까지도 정확한 해답은 얻지 못했다. 이익의 유혹에 직면했을 때의 반응과 선택은 사람에 따라 매우 다른데, 개인의 특성 및 이익에 대한 필요 수준과 큰 관계가 있다. 그러나 논증적 사고로 이 문제를 바라본다면 모든 사람이 누구나 예외 없이 시시각각 각종 유혹에 넘어가지는 않는다. 의지가 강한 사람은 완강한 의지와 또렷한 사고를 통해 '이익의 함정'을 피할 수 있고, 반대로 의지가 박약한 사람은 이익의 유혹에 쉽게 휩쓸려 깊이 빠져든다.

수많은 개인으로 형성된 집단은 통상적으로 다음과 같은 특성을 띤다. 이익의 유혹에 직면했을 때는 우르르 몰려가고, 손해의 위험이 발생하면 이리저리 흩어진다는 점이 그것이다. 주식시장에서 주가의 일시적인 변화에 따라 투자자들이 몰리기도 하고 빠져나가기도 하는 현상이 이런 심리를 잘 증명한다. 누군가를 설득하려면 사람들의 이런 심리를 잘 파악해야 한다. 이는 심지어 설득의 승패를 가르는 직접적인 요인이 되기도 한다.

내 안의 답은
이미 정해져 있다

대부분의 사람들은 사실을 통해 자신의 원칙을 검증하려 한다. 사실을 알고 난 뒤 원칙을 보류하거나 수정한다. 그러나 처음부터(선험적으로) 자신의 원칙이 성립한다는 가설을 세우고 그것을 바탕으로 사실을 수용하거나 거절한다면 이는 본말이 전도된 행위다. 선험적 추론의 오류를 범하고 있는 것이다. 다음의 예시를 보자.

"우리는 당신의 망원경을 들여다볼 필요가 없습니다, 갈릴레이 씨. 행성이 일곱 개를 넘을 리 없다는 건 다들 알고 있으니까요."

그저 안목이 너무 없다는 말밖에는 할 수가 없다. 사실과 원칙 사이의 관계는 무척 복잡하다. 원칙이 없다면 사실을 판단할 잣대가 없으므로 어떤 원칙은 확실히 필요하다. 그러나 선험적 추론은 이 원칙에 지나친 지위를 부여해 절대로 바꿀 수 없게 만든다. 주장을 뒷받침할 증거가 빠진 상태에서 근거 없는 추정을 하게 되고, 실제 상황과 관련 있는 증거는 배제해버리는 것이다.

"의사들은 하나같이 자기 이익만 추구하잖아요. 당신이 정말로 아무런 보수도 받지 않고 그 일에 시간을 쏟는다면 분명 사람들이 모르는 이익 관계가 있을 거예요."

여기서 나타난 오류는 잘 숨겨지지 않는다. 선험적 추론은 사실과 관련 없는 믿음을 뒷받침하는 데 주로 활용되기 때문이다. 이 오류는 마치 빗자루처럼 여기저기 흩어진 사실들을 한데 쓸어 모아 선입견이라는 양탄자 밑으로 밀어 넣는 것과 같다. 진실의 세계에서 자신의 내면을 깨끗하게 지키고 싶은 사람에게 선험적 추론은 반드시 집에 들여놔야 할 필

수 가전 같은 존재다. 이들은 '난 이미 마음을 정했어. 사실로 나를 흔들지 마'라는 말을 마음속 깊이 새긴 채 스스로 오염되지 않으려고 애쓴다.

특허받은 약을 복용한 환자가 병이 나았다고 홍보하면서, 효과를 거두지 못한 환자는 충분히 복용하지 않았기 때문이라고 설명하는 경우를 보더라도 사람들은 이제 그다지 놀라지 않을 것이다. 이때 우리는 약의 효능이 약의 효과에 대한 실제 사실들로 뒷받침되어야 한다는 점을 놓치기 쉽다. 텔레비전에서 매일 나오는, 가난한 해외 국가를 도와달라는 모금 광고도 마찬가지다. 모금을 통해 그 나라들이 조금이라도 나아졌다면 원조 활동이 효과가 있다고 말한다. 그러나 아무런 진전도 없다면 우리가 더 많이 도와야 한다고 말한다. 이 방식은 논리적으로는 다르지만 아주 많은 사람들을 성공적으로 설득해내고 있다.

선험적 추론은 증거를 무시하는 선입견에 따른 판단에도 자주 활용된다. 가령 우리가 지지하는 정치인이 선거 과정에서 속임수를 썼거나 인턴 직원과 불미스런 일을 벌였다면, 그것은 더 성숙한 사람이 되기 위해 꼭 필요한 경험이 된다. 그는 이런 일들을 통해 단련되고 시험받으면서 공직에 더욱 적합한 사람이 되는 것이다. 물론 지지자가 아닌 다른 사람이었다면 해당 정치인은 당연히 공직자로서 자격을 박탈해야 할 인물이라고 생각할 것이다. 이런 예시는 어떤가.

티베트에는 고양이가 없다. 그러므로 고양이의 귀와 꼬리, 털을 지니고 고양이처럼 생긴 동물을 본다면, 그것은 티베트의 개들이 훌륭한 연기를 펼쳤기 때문이다.

그뿐만일까? 아마도 그 개들은 쥐도 잡고 접시 위에 담긴 우유도 핥아 먹을 것이다. 선험론으로 수습 불가능한 거짓을 없애려는 시도는 대부분 무익하다. 당신의 주장을 듣는 사람도 어쩌면 사실을 이미 확인했을 수 있다. 그러나 당신이 그 사실들을 재해석해서 보이는 것과 다르다는 점을 제시한다면, 청중도 당신의 모순된 주장에 고개를 끄덕일 수 있다.

"저는 제가 추천한 이 책이 그래도 인기가 많다고 생각합니다. 물론 이 책의 도서관 대출 건수가 좀 낮다는 점은 저도 부인하지 않아요. 하지만 바로 그 점이 이 책이 인기가 많다는 사실을 방증한다고 봅니다. 생각해 보세요. 정말 인기가 많은 책이라면 독자들은 그 책을 사거나 친구에게서 빌려보지, 도서관에 가서 대출하는 경우는 거의 없잖아요."

실제로 이런 오류는 인기도 많고 일부 사람들을 설득할 수도 있다.

줄을 바꿔 서는 법

의견이 좁혀지지 않을 때 사람들은 자기 방어적인 언어를 선택해 분위기를 먼저 누그러뜨리고, 그다음 천천히 상대의 생각 안으로 침입해 들어간다. 사람들이 자주 쓰는 자기방어는 보통 세 가지다. 첫째, 모호한 단어를 선택해 자신의 논점을 어물쩍 흐리는 법. 둘째, 말의 의미를 재정의해 다른 의도였다고 주장하는 법. 셋째, 여태껏 주장하던 논점을 완전히 바꾼 다음 그것과 이것이 결국은 다 같은 뜻이라고 우기는 법. 어느 방법을 쓰든 하나같이 자신이 한 말의 원뜻을 바꾸려는 의도로 입장 바꾸기의 오류를 범하고 있는 것이다. 다음의 예를 보자.

"저는 이 기획안이 마음에 든다고 말했고 실제로도 괜찮은 기획안이라고 생각합니다. 하지만 저도 여러분과 같은 반대 의견을 갖고 있고, 그래서 제가 지금까지 주장해온 의견이 더욱 뚜렷해졌습니다. 그러니까 이 기획안이 마음에 쏙 들 정도로 완벽하진 않다는 것이 제 입장입니다."

어떤 상황인지 쉽게 알 수 있다. 홀로 고립됐던 이 사람은 마치 무용수처럼 이쪽 끝에서 저쪽 끝으로 우아하게 점프해 옮겨갔다. 성공적으로 입장을 바꾼 다음에는 원래의 입장에 대해 효과적인 비판을 가할 것이고, 자신이 주장하던 본래의 생각은 별것 아닌 것이 되어버릴 것이다. 마찬가지로 모든 주장은 새로운 입장에서 다시 시작되어야 한다. 본래의 주장과 새로운 입장과는 아무런 관계도 없기 때문이다.

"전 이번 선거에서 반드시 좋은 결과가 있을 거라고 생각합니다. 예를 들면 많은 일들이 우리 정당에 더 큰 힘이 실리는 데 도움이 됐어요. 하지만 우리 모두가 알고 있듯이 당은 비판받는 과정에서도 힘을 기를 수 있습니다. 어제 있었던 여론조사를 보면 우리 당의 지지도가 9퍼센트나 떨어졌는데, 제 생각에는……."

매번 선거 때마다 패배한 후보 진영에서는 이런 논리가 등장한다. 실은 이렇게 말하는 것과 같다. "난 3 대 1 스코어에서 '1'점을 얻은 쪽이 진다고 보지 않아. 그건 그저 더 큰 도전이 다가온다는 것을 예고할 뿐이지……."

정권이 교체될 때면 입장 바꾸기의 오류가 꼭 등장하는 이유는 정치인이 자신의 견해를 바꿔서는 안 된다는 불문율 때문이다. 만약 동요한다면 그가 이전에 해왔던 모든 일들이 틀렸다는 의미가 되고, 지금 하고 있는 일까지 틀린 것이 되어버린다. 그래서 논점의 정확성을 반드시 유지해야 하는 것이다. 입장을 바꾸면 조금 불안해보일 수는 있어도 정책의 연속성은 확보할 수 있다.

입장 바꾸기의 주요 목적은 자기방어다. 새로운 입장을 취하자마자 상대를 설득할 수는 없지만 자신이 틀렸다는 사실을 들키지 않을 수는 있다. 서서히 신용이 쌓이기를 기다렸다가 다시 기회를 잡아 설득한다면 상대도 당신을 더욱 믿고 싶어 하는 경우가 많다.

"스미스 씨의 이야기를 듣고 나서 제가 하고 싶은 말은, 그가 제시한 수정안은 제 제안서에 '아니'라는 말을 추가한 것과 같지만, 그것이 바로 제가 전달하고자 했던 뜻이기도 하다는 점입니다. 따라서 저는 스미스 씨의 건의를 받아들여 제 제안서를 개선하겠습니다."

입장 바꾸기에 서툴더라도 괜찮다. 매일 거울 앞에서 근력운동을 하면서 거울을 증인이라고 생각하면 된다. 입장을 바꾸는 동안 당신의 두 다리는 덜덜 떨릴 수도 있지만, 아무에게도 들키지 않으면 된다.

제5장

신뢰할 만한 논리여야 싸움을 이어갈 수 있다

진정한 논증을 펼치려면 매우 중요한 요소가 하나 있다. 바로 진심이다. 진심은 정확한 추론을 위해 반드시 갖춰야 할, 충분조건이 아닌 필수조건이다. 열심히 떠들며 힘껏 변호한 주장이 알고 보니 믿을 만한 것이 아니라면 당신은 추론을 남용한 것이고 설득력도 크게 떨어진다.

논증은
언쟁이 아니다

논증은 이성적인 추론 과정이다. 협상 과정에서 아무리 궁지에 몰리더라도 논증과 언쟁을 혼동해선 안 된다. 이 둘은 목적부터가 다르다. 논증은 진실을 알아내는 것이 목적이지만 언쟁은 상대방을 쓰러뜨리기 위한 것이다. 당신과 언쟁하기 위해 시간을 쓰려는 사람은 많다. 그러나 그들에겐 논증을 벌일 마음이나 능력은 없다. 그런 사람들과 논쟁하는 것은 실질적인 의미도 없을 뿐 아니라 당신의 언어논리 수준까지 떨어뜨리니 시간과 힘을 낭비하지 말아야 한다.

진정한 논증을 펼치려면 매우 중요한 요소가 하나 있다. 바로 진심이다. 진심은 정확한 추론을 위해 반드시 갖춰야 할, 충분조건이 아닌 필수조건이다. 열심히 떠들며 힘껏 변호한 주장이 알고 보니 믿을 만한 것이 아니라면 당신은 추론을 남용한 것이고 설득력도 크게 떨어진다.

자신의 주장을 인정하지 않는 상대와의 변론을 달가워하는 사람은 아마 없을 것이다. 그보다 더 받아들일 수 없는 것은 이런 경우다. 당신이 굳게 믿는 어떤 일에 대해 상대와 장시간 격렬한 변론을 펼쳤다고 가정하자. 그런데 문득 상대가 자신의 주장을 견지하기 위해서가 아니라, 단지 변론 자체에 흥미가 있었을 뿐이라는 사실을 알게 되었다. 이때 당신은 어떤 기분이 들까? 그러나 진심만으로 논증이 가능하다고 생각한다면 그 또한 감상적인 오산이다. 절대적인 진심이 오류를 일으킨 사례는 수도 없다. 절대적인 진심은 절대적인 오류도 불러온다. 진심은 거짓을 참으로 만들어주지 않는다. 우리에게는 진심도 필요하지만 그보다 더 필요한 것은 정확성이다.

당신의 논증이 정확하고 합리적이며 논리에 부합한다면 이제 알아야 할 것은 상식이다. 논리는 상식에서 비롯되지만 상식보다 차원이 높다. 상식을 바탕으로 생각하면 논리적으로 사고하고, 비논리적인 생각도 피할 수 있다. 상식이란 일상생활 속 모든 사물에 대한 세심한 통찰이다. 상식은 믿을 만한 변별력을 바탕으로 언어를 통해 사물의 특징을 나타낸다. 과장하지 않고 있는 그대로를 표현하는 것이 중요하다. 속이지 않는 것이 상식의 원칙이다. 더 많은 상식을 알수록 당신의 논증 수준이 높아지고 한층 논리적인 사고도 가능할 것이다.

논증의 첫걸음,
전제는
참이어야 한다

논증을 하려면 누구에게나 매우 익숙한 두 가지 요소인 전제와 결론을 빼놓을 수 없다. 명제만 있다고 저절로 논증이 되지는 않는다. 명제에는 결론을 뒷받침해줄 전제가 반드시 필요하다. 자신이 얻어낼 관점(결론)이 무엇인지 정확히 알고 있다면 다음으로 해야 할 일이 바로 전제를 정하는 것이다.

스스로 다음의 두 가지 질문을 던져보자. 이들 전제가 내가 원하는 결론을 도출해낼 수 있도록 뒷받침할 수 있는가? 반드시 도출해낼 수 있는가, 아니면 그럴 가능성이 높을 뿐인가? 간단히 말해 전제가 갖춰야 할 조건은 진실성과 설득력 두 가지다.

전제는 반드시 참이어야 한다는 점은 굳이 말할 필요가 없을 것이다. 남을 속이려는 마음을 품은 사람은 거짓된 전제로 시야를 흐린다. 다만 주의해야 할 점은 상황에 따라 참과 거짓을 단숨에 가려낼 수 없다는 사실이다. 어떤 전제는 완전히 참이지만 논증에 적합하지 않기도 하다. 만약 논증에서 사용할 증거가 조금이라도 의심된다면 다시 한 번 확인하자. 사실관계의 진실을 알아내는 데 매우 중요한 의미가 있다. 하나의 명제가 포함하는 여러 개의 주장은 반드시 전부 참이어야 한다.

상원의원 후보 스티븐의 캠프 대표가 연설에서 이런 말을 했다. "스티븐은 베트남전쟁에 해군으로 참전해 훈장을 받았습니다." 그러나 운 나쁘게도 탐구정신이 남다른 기자 하나가 사실을 밝혀냈다. 스티븐이 베트남전쟁에 참전한 것은 맞지만 해군이 아니었고 훈장을 받은 적도 없었던 것이다. 결국 당연하게도 사람들은 연설 전체를 의심하기 시작했다.

당신이 사용한 특칭명제(particular proposition, 전통적 삼단논법에서 '어떤 S는 P이다' 또는 '일부 S는 P가 아니다'와 같이 주개념의 한 부분에서만 언급되는 경우의 명제를 뜻한다—옮긴이)가 완전히 참이라고 해도 표현 방식이 적절하지 않으면 청중이 쉽게 받아들이기 어렵다. 그러므로 정확하고 적절한 언어를 사용하는 것이 매우 중요하다. 예를 들어 나이 지긋한 사람에게 당신이 프리랜서란 사실을 알리려 이렇게 말했다고 하자. "저는 소호족이에요." 당신이 전달하려는 내용은 진실이지만 상대는 무슨 말을 하는지 이해하지 못할 가능성이 높다.

우리 모두 잘 알고 있듯이 전제가 참이라고 해서 반드시 결론이 증명되지는 않는다. 결론을 최대한 뒷받침하는 전제만이 관련 전제가 된다. 가령 여러 개의 전제가 동시에 하나의 결론을 뒷받침한다 해도 모두를 논증에 쓸 필요는 전혀 없다. 모든 전제가 결론을 뒷받침하는 정도는 다르므로 관련도가 비교적 낮은 전제는 제외시켜야 한다. 그렇지 않으면 관련도가 높은 전제에 대한 사람들의 관심이 분산될 수 있다.

몇 가지 전제의 관련도가 모두 높고 하나같이 결론을 효과적으로 뒷받침할 수 있다 해도 그들 모두를 동시에 사용하지 않는 것이 좋다. 전제의 개수를 제한하는 것은 현명한 선택이다. 정제된 전제는 논증의 핵심을 부각시키고 사람들에게도 더욱 깊은 인상을 남긴다. 또 한 가지 주의할 점은 같은 전제라도 청중의 특수성에 따라 다른 의미를 띨 수 있다는 사실이다. 그러므로 특수한 청중 앞에서는 적절한 전제를 골라야 한다.

마지막으로 기억해야 할 것은 당신의 청중을 이해해야 한다는 점이다. 이는 또한 수많은 언어논리 고수들의 한결같은 충고이기도 하다. 논리는 과학이지만 동시에 예술이란 사실을 반드시 기억하자. 논증에는 두 가지 목적이 있는데 첫째는 정확한 결론을 도출하는 것이고, 둘째는 청중이 받아들이도록 설득하는 것이다. 후자를 해내려면 논증할 때 반드시 청중의 특성을 바탕으로 적합한 방식을 선택해야 한다. 이것이 바로 논리학이 예술인 이유다.

가장 고전적인 논증, 삼단논법

이 책을 여기까지 읽은 우리는 가장 흔한 논증 또는 추론 형식이 삼단논법(syllogism)이라는 것을 알게 되었다. 고대 그리스 철학자 아리스토텔레스(Aristoteles)가 이론적 기초를 세운 삼단논법은 그리스어의 syn(종합)과 logizesthai(추론)의 합성어로 '종합적인 추론'이라는 뜻이다. 정언삼단논법(categorical syllogism)에는 세 개의 문장이 등장하고, 모든 문장은 네 개의 형식[전칭긍정(A), 전칭부정(E), 특칭긍정(I), 특칭부정(O)]으로 구성될 수 있으므로 총 64가지 삼단논법이 가능하다.

논리학자들은 정언삼단논법을 순수삼단논법과 혼합삼단논법으로 나눈다. 현대 논리학 이론 체계에서는 무척 기본적인 분류지만 이 책에서는 핵심이 아니다. 여기서는 형식논리가 아닌 실용논리를 통해 독자가 논리를 익히도록 돕는 것이 목적이기 때문이다. 다음의 논증을 보자.

(1) 모든 포유류는 정온동물이다.[대전제]

(2) 고래는 정온동물이다.[소전제]

(3) 그러므로 고래는 포유류다.[결론]

위의 삼단논법에서 결론은 참이지만 전제로부터 논리적으로 연역되지 않았다. 전제 (1)은 모든 정온동물이 포유류에 속한다고 설명하지 않았기 때문이다. 그런데 만약 전제 (1)에서 그렇게 설명했다면 그것은 거짓이다. 실제로 공룡이 정온동물(이들은 동물이다)이었다는 사실을 증명하는 증거가 많이 나타나고 있고, 조류도 정온동물(이들은 동물이다)이기 때문이다. 그러므로 전제 (1)과 전제 (2)는 논리적으로 결론 (3)을 도출해내지 못한다. 전제 (1)은 참이지만 어떤 정온동물은 포유류가 아니라는 사실을 포함하지 않기 때문이다. 자동차에 대한 다음의 예를 다시 보자.

(1) 모든 혼다 차는 자동차다.[대전제]

(2) 나는 자동차가 한 대 있다.[소전제]

(3) 그러므로 나는 혼다 차가 한 대 있다.[결론]

내게 실제로 혼다 차가 있으므로 결론은 참이지만 이 논증 또한 논리에 부합하지는 않는다. 전제 (1)은 모든 자동차가 혼다 차라는 내용은 설명하지 않았기 때문이다. 전제 (1)이 그렇게 설명했다면 분명 거짓이다. 세상에는 포드를 포함해 수많은 자동차 브랜드가 있기 때문이다.

고래와 자동차에 대한 삼단논법의 문제는 대전제와 소전제에 중개념이 출현했다는 데 있다. 이런 현상을 기술적으로는 중개념 부주연(不周延)

이라고 하는데, 전제가 정온동물 또는 자동차의 모든 구성원을 포함하지 않은 현상을 가리킨다. 그러므로 결론은 논리적으로 도출된 것이 아닌 날조된 개념이다.

다음은 무척 유명한 삼단논법이다. 논리를 또 다른 시각에서 생각하게 해주는 데 삼단논법이 얼마나 골치 아픈지 알 수 있다.

(1) 모든 사람은 죽는다.[대전제]
(2) 소크라테스는 사람이다.[소전제]
(3) 그러므로 소크라테스는 죽는다.[결론]

소크라테스는 독약을 마시고 죽었으므로 이 결론은 참이다. 그러나 이 삼단논법에서는 지금까지 관찰된 부분을 기준으로 할 때만 참이다. 미래에 죽지 않는 인류가 등장한다면 그들에게는 적용되지 않기 때문이다. 단 하나의 예외만 발생하면 이 삼단논법은 성립하지 않는다는 반박이 가능하다. 다음의 삼단논법을 보자. 논리의 오류를 찾을 수 있는가?

(1) 어떤 사람들은 죽는다.
(2) 나는 어떤 사람들이 아니다.
(3) 그러므로 나는 죽지 않는다.

삼단논법으로
속이는 방법

일상 속에는 논리적으로 엉망인 삼단논법이 많다. 이렇게 사람을 속이는 삼단논법은 '교량'에 대한 것일 때도 있고 강 건너 양쪽에 있는 '두 사람'에 대한 것일 때도 있다. 이것은 속이는 기술이 뛰어나기 때문일까, 아니면 듣는 사람이 요령이 없기 때문일까? 언어논리의 고수들은 상대를 속이는 삼단논법에서 특히 자주 등장하는 세 가지 방법을 발견했다.

첫째, 개념 바꾸기.

태극권은 중국인 특유의 무술이다.
다융은 중국인이다
그러므로 다융은 중국 무술을 할 줄 안다.

논증이 틀렸다는 것은 느낄 수 있지만 이론적으로 반박하려면 말문이 막히지 않는가? 하지만 알고 보면 그리 어렵지 않다. 첫 번째 문장 속의 '중국인'과 두 번째 문장의 '중국인'은 다르다. 전자는 무술을 할 줄 아는 중국인을 가리키고, 무술을 할 줄 모르는 중국인은 이미 배제한 상태다. 그런데 뒷문장의 '다융은 중국인이다'는 모든 중국인을 지칭한다. 이렇게 개념이 서로 바뀌면 듣는 사람은 쉽게 함정에 빠진다. 더군다나 중국어는 동의어나 유의어가 많고 같은 단어라도 상황과 문맥에 따라 다른 색채를 띤다. 그러므로 말을 할 때 위와 같이 슬쩍 개념을 바꾸면 상대를 속여 넘길 수 있다.

둘째, 임의로 개념 정하기. 평소 대화를 하다 보면 모호한 개념이 자주 등장한다. 이를테면 '비교적 많은' '~와 같이' '합리적인 편'과 같은 표현인데 이렇게 모호한 개념은 통상 주관적인 색채를 띤다. 다음의 이야기에서 모호한 개념을 찾아보자.

대신들에게 어려운 문제 내기를 좋아하는 황제가 있었다. 하루는 대신한 명이 큰 죄를 지어 사형에 처해졌다. 그러나 조정의 모든 신하들이 용서를 간청하자 황제는 별수 없이 그 대신에게 말했다. "내가 내는 문제를 맞히면 살려주겠다." 잠시 생각한 황제가 말을 이었다. "여기 단검 한 자루가 있다. 이 검을 자르거나 건드리지 말고, 숫돌로 갈지도 말고 짧아지게 해보라." 그러자 대신은 입구에 서 있던 근위병에게서 장검을 빌려와 단검 옆에 놓아두고 말했다. "폐하, 이제 검이 짧아졌사옵니다." 황제는 그 똑똑한 대신을 용서해줄 수밖에 없었다.

이것이 바로 임의로 정한 개념의 문제점이다. 길거나 짧은 것, 좋거나 나쁜 것은 원래 상대적인 개념으로 마치 영어의 '비교급'처럼 비교 대상이 있어야 장단을 판단할 수 있다. 이야기 속의 단검도 마찬가지다. 장검과 함께 놓아두면 자연히 상대적으로 짧아지니 말이다. 이렇게 임의로 정한 개념으로 사람을 속이는 경우는 실제로도 적지 않다.

사장은 직원들에게 회사를 자신의 집처럼 깨끗이 하라고 지시했다.
위하이는 회사의 직원이다.
그러므로 위하이는 회사를 자신의 집처럼 깨끗이 해야 한다.

위의 논리에서 사장은 위하이가 회사를 자신의 집처럼 청결하게 유지할 것을 원했지만, '~처럼'은 대체 어떤 기준이란 말인가? 삼단논법의 대명제에서 임의대로 기준을 정하면 이어지는 연역 과정을 거쳐 도출된 결론도 자연스레 자기 임의대로 될 수밖에 없다.

셋째, 논리의 부재. 서부개척시대 당시 미국의 각 주에서는 이런 구호를 내걸었다. "세계의 자원은 모든 인류가 함께 누려야 한다. 서부는 인류가 지닌 귀중한 자원 중 하나이므로 우리도 개발할 권리가 있다." 그야말로 강도 수준의 논리다. 미국인은 이러한 기치 아래 서부의 원주민을 몰아내고 역사적인 서진운동을 벌였다. 여기에는 정말로 논리가 존재할까? 실제로 우리는 당연히 논리가 성립한다고 여기는 것들이 있는데 예를 들면 다음과 같다.

- 중국은 인구가 너무 많아 자원을 평등하게 배분할 수 없다. 그러므로 어떤 사람은 사장, 어떤 사람은 직원이 되어야 한다.
- 산시성은 광산 자원이 너무 많아 현지 주민들의 힘만으로 개발할 수 없다. 그러므로 외지의 노동자들이 많이 유입돼 채광을 시작해야 한다.

이러한 논리들은 언뜻 촘촘해 보이지만 타당한 논리적 관계는 이끌어낼 수 없다. 언어의 고수처럼 논리적인 말솜씨를 배우고 싶다면 구조적인 논리성은 물론이고, 논리를 연결하는 합리성에 더욱 유의해야 한다. 강도의 논리를 자주 펼치는 사람의 말은 포악하고 무도한 데다 무엇보다 논리가 없는 것처럼 느껴져 소통하는 능력까지 막아버린다.

결론은 전제의
양을 반영한다

명제의 양(量)이란 전칭이냐 특칭이냐를 가리킨다. 일반적으로 명제의 양은 대개념이 결정하는데, 예를 들어 '모든 비둘기는 새다'는 전칭명제에 속하고, '일부 나무들은 매년 낙엽이 진다'는 특칭명제다. 삼단논법에서 전제에 특칭명제 하나가 포함돼 있다면 반드시 결론에 반영된다. 가령 전제 하나가 '일부'로 시작한다면 결론도 '일부'로 시작될 것이다. 명제의 양은 결론에서 절대적으로 나타난다. 주어든 술어든 결론에 나타난 명제의 양은 전제에 제시된 중개념의 양을 넘어설 수 없다. 바꿔 말해, 결론의 개념이 전칭이라면 전제의 개념도 반드시 전칭이어야 한다. 이해하기 쉽도록 다음의 예를 보자.

모든 물리학자는 과학자다.
모든 물리학자는 열심히 일한다.
그러므로 열심히 일하는 사람은 모두 과학자다.

앞의 두 가지 전제가 모두 참이라고 해도 결론에는 심각한 문제가 있다는 것을 직관적으로 느낄 수 있을 것이다. 그저 그 문제가 무엇인지 얼른 짚어내지 못할 뿐이다. 하지만 앞에서 배운 내용을 기억하면서 곰곰이 생각해보면 어디가 잘못됐는지 정확히 찾을 수 있다. 주목할 점은 결론이 '열심히 일하는 사람은 모두'에 대한 것으로 의심의 여지없이 전칭이라는 점이다. 그러나 소전제의 '열심히 일하는 사람'은 명제의 술어로 이런 상황에서는 일반적으로 특칭이거나 '주연하지 않는다'라고 표현한다. 전제에서 특칭한 부분이 결론에서는 전칭이 되었으므로 위의 논법은 성립하지 않는다. 앞에서 언급했듯 특칭 결론을 얻고 싶다면 전제도 특칭이어야 한다. 그렇다면 특칭전제가 두 개일 때 어떤 상황이 벌어질까? 다음의 예를 보자.

일부 청소년은 포르투갈어를 배운다.[대전제]
국제체스대회 우승자 중 일부는 청소년이다.[소전제]
그러므로 국제체스대회 우승자 일부는 포르투갈어를 배운다.[결론]

결론은 성립하지 않는다. 국제체스대회 선수가 포르투갈어를 배우는 경우는 실제로 가능성이 꽤 클 것이다. 그러나 위의 논리는 필연적 사실관계를 증명할 수 없다. 이런 상황을 해석하는 보편적인 원칙이 있는데, 두 개의 특칭전제는 정확한 결론을 도출해낼 수 없다는 사실이다. 그 이유를 생각해보자. 먼저 중개념은 '청소년'이다. 대전제에서는 특칭으로 '일부 청소년'이었고, 소전제에서는 술어로 쓰였는데 역시 특칭이다. 그렇기 때문에 여기서는 중개념이 주연되지 않았다. 중개념이 대개념과 소개념을 연결해주지 못하는 상황이 벌어진 것이다. 더욱 정확한 이해를 위해 위의 논법을 부호로 그려보자.

일부 M은 P이다
일부 S는 M이다
그러므로 일부 S는 P이다.

'일부 S'는 '일부 M'과 반드시 일치하지 않는다. 다음 그림을 보자.

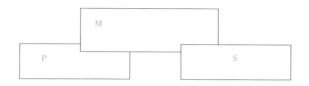

P와 M은 관계가 있고 S와 M도 관계가 있지만 P와 S 사이에는 필연적 연관이 없다는 사실을 한눈에 알 수 있다. 그런데 결론에서는 P와 S를 연관시켰으므로 거짓이다.

결론은 전제의 질을 반영한다

명제의 질(質)이란 긍정 또는 부정을 가리킨다. 예를 들어 결론이 부정이라면 전제 중 적어도 한 개는 반드시 부정이어야 한다. 대전제와 소전제가 모두 부정인 경우 어떤 상황이 생기는지 알아보자.

여자는 아들이 아니다.
웨이터는 여자가 아니다.
그러므로 웨이터는 아들이 아니다.

한눈에 봐도 결론은 거짓이다. 두 개의 부정전제는 중개념 부주연과 같은 효과를 일으킨다. 논증 과정에서 부주연한 중개념은 대개념과 소개념을 효과적으로 연결하는 역할을 하지 못하기 때문에 두 개의 부정전제도 연결 작용을 하지 못한다. 웨이터와 아들이 모두 여자와 대립되는 것은 사실이지만 웨이터와 아들 둘 사이를 대립시키는 결론으로 이어질 수는 없다. 긍정전제에서 부정결론을 이끌어내는 것은 가능할까? 다음의 예를 보자.

모든 새는 척추동물이다.
까치는 새다.
그러므로 까치는 척추동물이 아니다.

미안하지만 그야말로 헛소리 같은 논증이다. 결론이 전제와 전혀 이어지지 않는데, 내용적으로나 논리적으로 말이 되지 않는다. 볼 것도 없이 논증은 거짓이다. 부정결론이 정확한 논증을 가져온 예를 다시 보자.

펜실베이니아 주민은 캘리포니아 주민이 아니다.[대전제]
스크랜턴(펜실베이니아 주 북부 도시) 주민은 펜실베이니아 주민이다.[소전제]
그러므로 스크랜턴 주민은 캘리포니아 주민이 아니다.[결론]

이 논증에서 펜실베이니아 주민과 캘리포니아 주민은 완전히 대립되고, 스크랜턴 주민은 펜실베이니아 주민의 부분집합이다. 따라서 스크랜턴 주민이라는 부분집합과 캘리포니아 주민이라는 대전제 또한 완전히 대립되므로 결론은 참이다.

당신이 말했기 때문에
거짓

다윈(Charles Darwin)과 멘델(Gregor Mendel)

은 발생학적 오류와 아무런 관계도 없지만 이 오류의 발생과는 직접적인 연관이 있다. 대부분의 상황에서 사람들은 자신이 싫어하는 사람들의 의견을 믿으려 하지 않는다. 설령 그 의견들이 상당한 이점을 가져다준다고 해도 말이다. 의견의 출처가 싫어서 해당 논리나 의견에 반대하는 것을 발생학적 오류라고 한다. 다시 말해 논리와 그 출처를 모두 부정하는 오류다.

"기차는 꼭 정시운행 해야 한다고 생각하지 마세요. 무솔리니도 아니고."

무솔리니가 어떤 견해를 갖고 있었는지와는 상관없이 기차가 정시운행을 해야 한다는 것은 틀린 말이 아니다. 악당, 특히 말이 많은 악당도 한두 번은 옳은 일을 할 수 있다. 침팬지가 함부로 자판을 두드려도 어쩌다 맞는 단어는 나오기 마련이니 말이다. 실제로 히틀러는 교통안전을 매우 중시했으며 무솔리니도 기차 문제에 대해서는 운 좋게 맞는 말을 했을 것이다.

발생학적 오류의 쟁점은 논리의 출처가 해당 견해의 유효성에 영향을 미친다는 점이다. 악한 사람도 때로는 쓸 만한 의견을 내놓기도 한다. 성인(聖人)도 잘못을 하는 것처럼 말이다. 의견의 좋고 나쁨에 대한 판단은 그 출처로부터 영향을 받아서는 안 된다. 이 오류는 패션계에서 제일 자주 볼 수 있다. 한창 인기몰이 중인 사람의 의견은 중요하게 받아들여지고 유행으로 번지기도 한다. 그러나 같은 의견이라도 한물간 사람의 입에서 나오면 무시당하기 십상이다. 발생학적 오류를 간단히 말하면 이렇다.

'사람들이 당신을 싫어하므로 당신이 말한 논리는 성립되지 않는다.' 이는 명백한 오류다. 다음의 예를 보자.

"민영토지개발업체만 의회의 시내버스 운행 시간표에 반대했으니 그들의 의견은 무시해도 됩니다."

왜 무시해도 된다는 걸까? 민영토지개발업체도 괜찮은 의견을 내놓을 수 있는 데다, 그저 지역 정치권에서만 평판이 나쁠 수도 있지 않은가. 만약 그 반대 의견이 환경단체인 지구의 친구들(FOEI)에서 나왔다면 더 많은 동정표를 얻었을 수도 있지 않을까?

발생학적 오류는 역시 역사적으로 악명 높은 이들에게서 나온 논리에서 가장 많이 등장할 것이다. 예를 들어 어떤 관점이 히틀러와 연결된다면 그 자체로 폐기될 이유가 충분하다. 또 히틀러의 선배 격인 칭기즈칸(Chingiz Khan)이나 훈족의 왕 아틸라(Attila)도 저서는 매우 적지만 많은 의견을 남겼다. 개별 상황에서 이러한 인물들의 악명은 일종의 형용사가 되어버린다. 마키아벨리안(machiavellian, 《군주론(Il principe)》을 쓴 정치사상가 마키아벨리의 이름에서 유래한 것으로 '목적을 위해 수단과 방법을 가리지 않는 통치자나 권모술수에 능한 자'를 뜻함—옮긴이)이나 히틀러 추종자 등의 꼬리표가 붙으면 대중은 그 의견들을 수용하지 않는다.

"유전자 조작은 일종의 파시즘으로 히틀러가 추진한 사업이기도 하다."

히틀러가 소위 우량종을 번식시켜야 한다고 주장한 것은 사실이지만, 그것을 특정 질병을 없애기 위한 유전자 조작과 같다고 말할 수는 없다. 육종업이나 좋은 품종의 개를 교배시켜 명견을 얻는 작업 등은 아직까지 이어져오고 있다. 또 폭스바겐과 고속도로(히틀러는 고속도로 건설을 주요 사업으로 삼았고, 폭스바겐 설립과 자동차 개발을 지시해 독일이 자동차 강국이 되는

데 밑바탕을 마련했다—옮긴이)도 탁월한 성과를 거두었다.

발생학적 오류는 큰 파괴력을 지닌다. 필요하다면 상대방의 의견이 본질적으로 나치즘에 속한다는 점을 지적하고, 아우구스토 피노체트(Augusto Pinochet, 칠레의 군부 독재자. 쿠데타를 일으켜 17년간 대통령직을 수행했으며, 반정부 시위대를 무자비하게 탄압해 악명을 떨쳤다—옮긴이)나 사담 후세인(Saddam Hussein)이 했던 악행을 언급하자. 그리고 테레사 수녀(Mother Teresa)나 다이애나(Diana Spencer) 왕세자비의 선행을 예로 들어 악당들의 행위와 대조시키면 된다.

단어 선택의
기술

편견이 깃든 말을 고의적으로 사용하면 상대의 판단에 영향을 미칠 수 있다. 만약 당신이 객관적인 사실만을 표현하지 않고 우호적이거나 적대적인 입장을 연상시키는 단어를 계산적으로 선택한다면 의도적인 단어의 오류(loaded language)를 범하고 있는 것이다. 다음은 두 가지 기사의 헤드라인이다.

◆ 히틀러, 군벌을 소환하다!
◆ 달라디에(Édouard Daladier, 세 차례에 걸쳐 프랑스 총리를 지낸 정치가. 뮌헨 협정에 서명한 인물로 추후 독일에 선전포고를 했다—옮긴이) 총리, 국방장관에 자문을 구하다

이 두개의 헤드라인은 독일과 프랑스의 정상이 제 나라 군대의 수장을 만났다는 사실을 표현한 것이다. 같은 내용이지만 선택한 단어는 다르다. 독일은 '군벌', 프랑스는 '국방장관'으로 썼다. 또 독일의 정상은 직함 없이 '히틀러'라고 썼고 고급관료를 독단적으로 '소환'했다고 표현했다. 반면 프랑스에서는 달라디에를 '총리'로 호칭했으며, 훌륭한 민주주의자이므로 '자문'이라는 단어를 썼다.

의미가 비슷한 동의어라도 그 의미에는 미묘한 차이가 있고, 서술하는 태도에도 일정한 영향을 줄 수 있다. 의도적인 단어의 오류는 논증적 사실이 아닌 서술자의 태도에서 비롯되는 것으로, 특정 단어 선택이라는 부당한 방법을 통해 순수한 논증으로는 얻을 수 없는 효과를 노린다. 이처럼 단어를 통해 가미된 '함축적' 의미는 사실이나 가설과는 아무런 관계도 없다. 언어의 표현 방법은 매우 다양하며, 우리는 자신의 주장을 단어에 투영함으로써 타인의 반응을 불러일으킬 수 있다. 깜빡한다거나 덜렁대다, 동요하다 또는 굴복하다, 자신감 있다 또는 오만하다 등의 단어는 모두 주관성을 띠고 있어서 듣는 사람의 감정이나 상황을 해석하는 방식에 따라 사실 정도가 크게 달라진다. 공정한 논증을 원한다면 이성적이고 중립적인 방식으로 자신의 의견을 제시하도록 의식적으로 노력해야 한다. 다음의 예를 보자.

"영국이 또 다시 독재자의 비위를 맞춘 걸로 드러났다."

영국이 권력자와 우호 관계를 유지하고 있다는 뜻일 것이다. 여기서 주목해야 할 부분은 '드러났다'라는 단어가 불법적인 비밀이 밝혀졌다는 의미를 암시하고 있다는 점이다. 의도적인 단어의 오류는 배심원단을 담당하는 판사가 특히 자주 범한다. 영국의 경우 엄격한 감독관을 통해 배심원단에 판결권을 부여하고 있는데, 대부분의 판사는 재판을 받게 된 불운한 사람을 위해 법적 절차가 안고 있는 부족한 점을 메우려 무척 신중하게 단어를 선택한다.

"우리는 저렇게 엉엉 울면서 잘못을 인정하는 모습을 믿어야 할까요, 아니면 영예롭고 성실하기로 이름난 선량한 사람을 믿어야 할까요?"

이 문제에 대해 생각해본다면 당신의 평소 태도를 바꿀 수 있는 좋은 기회가 될 것이다. 여러 개의 동사들은 다양한 의도를 품을 수 있고, 서술자는 이 단어를 이용해 상대방 또는 자리에 없는 제삼자를 묘사할 수 있다. 예를 들면 이런 식이다.

"난 굉장히 확고한 편이고, 넌 무척 보수적이고, 그는 그냥 돌대가리야."

논쟁에서 서술할 때 단어 선택은 중요하다. 서술한 사실 자체에 그치는 것이 아니라 청중이 어느 한쪽을 골라 지지하도록 유도하기 때문이다. 이런 현상은 스포츠 뉴스에서도 자주 볼 수 있다.

"전반전에 스코틀랜드가 슬쩍 한 골을 넣었는데요, 그러나 잉글랜드가 끊임없이 애쓴 끝에 결국 후반전에서 동점을 만들어내고야 말았습니다……."

중계자가 어느 쪽 편인지 알아맞힐 수 있겠는가? 스포츠 뉴스뿐만 아니라 정치 뉴스에서도 비슷한 논조를 볼 수 있다.

"저는 국민들이 노동당의 부정부패와 보수당의 공약을 구분할 줄 알아야 한다고 생각합니다."

발언자는 보수당을 지지하는 것이 틀림없다. 텔레비전 토론 프로그램을 보면 대단히 흥미롭다. 그곳에서는 아주 다양한 이익이 충돌하기 때문이다. 토론 참가자들은 권위를 유지하기 위해 객관적이고 균형적이라는 탈을 써야 하는데, 만약 자신의 편견이 드러나면 교묘한 단어를 써서 무마한다. 예를 들면 이런 식이다.

"어느 쪽이 '테러리스트'이고 어느 쪽이 '자유 투사'일까요? 어떤 국가를 '정부'라 칭하고 또 어떤 국가를 '정권'이라고 부를까요?"

"당신은 국제적으로 존경받는 칼럼니스트가 쓴 완벽한 글을 믿겠습니까, 아니면 논리도 이름도 없는 평범한 작가가 쓴 글을 믿겠습니까?

"당신은 건물 밖 저 시위자들의 목소리에 영향받지 않을 수 있나요? 난 저런 폭도들이 일으키는 소음에 놀라지 않아요."

이처럼 행위를 묘사하는 언어에 자신의 견해를 싣는다면 상대를 좀 더 쉽게 설득할 수 있다. 관심 없는 방관자에게 무엇이 신중한 투자이고 무엇이 맹목적 소비인지, 어떤 것이 합리적 수당이고 어디서부터가 공금 횡령인지 명확하게 구분해줄 수 있게 되는 것이다.

누군가를 설득해본 적이 있다면 의도적 단어가 특히 유용하다는 사실을 알 것이다. 당신은 묘사를 통해 특정 상황을 암담하게 만들 수도, 이상적인 결과를 제시해 서로 대조시킬 수도 있다. 절묘한 단어 선택 덕분에 청중은 당신이 어떻게 그토록 쉽게 자신들을 설득할 수 있었는지 절대 알지 못할 것이다.

경쟁과 협력에 대한
논쟁

예를 하나 들어보자. 특정 발언 속에서 가치가정(value assumption)을 능숙하게 찾아내는 데 도움이 되길 바란다.

어떤 곳에서는 실적제를 도입해 업무 능력에 대한 평가를 기준으로 보수를 지급하는데, 이때는 다른 직원들과의 비교를 통해 보수의 인상 여부가 결정된다. 반면 다른 곳에서는 화목한 업무 분위기 조성을 중시한다. 모두가 한 팀으로 일하며, 주로 학력이나 경력을 바탕으로 보수를 정한다. 이런 회사는 직원들이 좋은 관계를 맺고 일함으로써 팀워크를 발휘하도록 유도한다.

여기서 질문. 어떤 업무환경의 생산성이 더 높을까? 개인의 생산성이 보수 인상의 유일한 근거가 되는 환경 속에서 직원 모두가 너 죽고 나 살자는 식으로 경쟁하는 곳일까, 아니면 공동체 의식을 길러 모두가 함께 전체적인 생산성을 높이려 협력하는 곳일까? 두 가지 입장을 정리하면 다음과 같다.

결론 1 | 실적제를 도입해야 한다.

이유: 개인의 업무 능력을 보수 인상의 유일한 근거로 삼으면 효율이 빠르게 높아지므로 직원들이 열심히 일하는 데 가장 큰 동력이 된다.

결론 2 | 직원들이 모두 함께 팀워크를 발휘하도록 해야 한다.

이유: 직원들이 서로 존중하며 좋은 업무 분위기를 만들 수 있으므로 직장 전체의 생산력이 높아진다.

개인의 생산성을 기반으로 보수를 인상해야 한다는 주장은 경쟁을 특히 중시한다는 점에 주목하자. 이런 업무환경을 지지하는 사람은 경쟁이 업무에 대한 개인의 열정을 자극하므로 생산성도 향상된다고 믿는다. 그래서 모두가 함께 협력하는 환경은 직장 내 경쟁의식과 생산성이 불붙지 못하도록 하는 방해 요소라고 생각한다.

가치가정: 이런 상황에서 사람들은 협력이 생산성 향상을 제약할 수 있다고 생각하므로 경쟁을 더욱 중시한다.

반면 팀워크를 통해 생산성을 최대한으로 끌어올릴 수 있다고 생각하는 사람들은 협력을 특히 중시한다. 팀에 속한 모든 직원들은 개인을 위해 일하는 것이 아니라 회사 전체(또는 팀 전체)를 위해 일하기 때문에 협력이 발전의 동력이 되어 더욱 큰 효과를 거둘 수 있다고 믿는다. 실적제를 택한 직장보다 팀의 협력을 강조하는 분위기가 더욱 우수한 업무환경을 조성하는 데 도움이 된다고 생각한다.

가치가정: 이런 상황에서 사람들은 경쟁이 생산성 향상을 제약할 수 있다고 생각하므로 협력을 더욱 중시한다.

따라서 이 논쟁의 핵심은 협력과 경쟁이라는 가치관의 충돌이다. 실적제를 지지하는 사람은 더 나은 보수를 놓고 동료와 경쟁을 벌여야 한다고 여기며, 오직 경쟁만이 최고의 생산성으로 이어진다고 믿는다. 협력은 중요하지 않다고 생각하는 것이 아니다. 두 가지 가치관 모두가 중요하다고 여길 수 있지만 직장에서는 경쟁이 더 중요하다고 여기는 것이다.

규범적 쟁점에 대한 논증은 근거와 가치가정을 모두 갖춰야 한다는 사실을 기억하자. 만약 당신이 가치가정을 발견했다면 그다음에는 어떻게 대응해야 할까? 답은 간단하다. 모든 핵심 문제의 목적을 생각하면 된다. 추론 과정을 객관적으로 평가할 수 있도록 하기 위해서다. 사고하는 사람이라면 누구나 다른 가치가정을 지닐 수 있다는 점을 알고 있기 때문에 당신은 상대가 제시한 가치가정에 의문을 품을 권리가 있다는 사실도 안다. 판단력을 갖춘 사람으로서 당신은 언제나 의혹을 제기할 자격이 있다. 논증 속에 섞여 있는 특정한 가치관을 받아들이도록 설득하기 위해 논증하는 사람은 반드시 당신에게 설명을 해주어야 한다.

동문서답하기

논점일탈의 오류는 아리스토텔레스가 처음 제시한 것으로 우리가 알고 있는 논리적 오류 가운데 역사가 가장 길다. 논점일탈의 오류는 어떤 사건을 증명하려던 사람이 실제로는 다른 사건을 증명해버리는 오류를 일컫는다. 원래의 논점에서 벗어날 뿐만 아니라 오히려 다른 결론을 도출해내는 상황이 벌어진다.

"교육의 가치를 한층 더 증명하기 위해, 저는 하교 시간을 앞당기는 정책에 반대합니다."

교육의 가치를 증명하는 것은 하교 시간을 앞당기는 것의 반증이 될수 없다. 정말로 차이점을 증명하고 싶다면 학교에서만의 교육이 아닌 다른 교육 형식을 예로 들었어야 한다. 이처럼 논점일탈의 오류는 제대로 결론을 내렸다고 스스로 생각하지만 실제로는 다른 논점에 대한 결론을 내린 상황이다. 간단히 말하면 최종적으로 증명된 논점과 애초에 증명하려던 논점 사이에 관련이 없는 상태, 즉 동문서답이다. 논증 과정에서 처음의 결론과 관련 있는 논증은 슬그머니 생략되고, 전혀 관련이 없는 결론을 뒷받침하는 논증이 주인공이 되어버린다.

"제 의뢰인이 어떻게 살인을 계획했겠습니까? 그는 당시 국내에 없었다는 증거가 있습니다."

이 변호인의 말은 확실히 믿음직스럽다. 그러나 그가 출국하기 전에 살인을 계획했을 경우나 전화로 원격 지시했을 가능성에 대해 설명할 수 있을까?

논점일탈을 식별해내기란 상당히 어렵다. 이 오류는 최종적으로 도출된 결론이 원래의 주장과는 관련이 없지만 논증 자체는 유효하기 때문에 더욱 강력한 힘을 발휘한다. 대부분의 사람들이 논증의 정확성에 주목하다 보니 애초의 주장과 논증이 무관하다는 사실은 놓쳐버리기 쉽다.

"도박이 의미 있는 직업일까요? 절 믿으세요. 우리는 다른 어떤 사람들보다 열심히 일하고 있습니다. 매일 일하는 시간 외에도 몇 시간씩 연구에 매달립니다."

열심히 하는 태도만큼은 인정하겠다. 그러나 정말로 그럴 만한 가치가 있는 일일까? 논점일탈은 간단하고도 거의 매번 성공하는 오류다. 마치 어떤 사건을 저질렀다고 지목당한 사람이 그 사건 외에 다른 일들은 모두 기꺼이 인정하는 것과 같다. 논점일탈의 오류는 언론계와 정치권에서 가장 두드러지는 특성이다. 마치 관례처럼 사용되고 있는데, 언제나 스튜디오의 조명 또는 거리에서 쉼 없이 터지는 카메라플래시를 받으며 등장한다. 눈을 가늘게 뜬 기자가 진지한 말투로 어떤 사건을 지목하면 정치인은 역시 진지한 태도로 다른 사건을 언급하며 자신이 한 일이 아니라고 호소한다.

"장관님, 빈곤층의 생활수준 하락을 방임한 것이 사실입니까?"

"저희는 무자녀 독신 여성에 대한 생활비 지원을 3.7퍼센트 늘렸고, 두 자녀를 홀로 키우는 여성들의 생활비 지원도 3.9퍼센트 늘렸습니다. 전 장관이 임기 동안 내놓은 복지정책과 비교하면 훨씬 좋아졌어요."

만약 좀 더 가벼운 분위기의 인터뷰였다면 장관은 나팔수처럼 마음껏 논점일탈 실력을 발휘했을 것이다.

"좋아요, 진행자님. 저는 이게 핵심이 아닌 것 같은데요. 그렇죠? 우리 가 이미 한 일들은……."

이게 핵심이 맞지만 그가 당신에게 말하고 싶지 않을 뿐이다. 이렇게 논점일탈의 오류를 활용하면 당신도 스스로를 보호할 방어벽을 쌓을 수 있다. 청중이 당신이 하지 않은 일을 증명하는 것에 관심을 갖게 되면 당신이 한 일에 대해서는 흥미를 잃는다. 증거를 열심히 준비했다는 티가 날수록 사람들은 핵심이 아닌 세부적인 부분에 주목하고, 더 많은 사람들이 당신이 고발당한 그 사건을 잊는다. 반대로 당신이 공격자일 경우, 사건 전부를 증명하되 결정적인 부분만 제외하는 방법도 있다. 가령 당신이 동의하지 않는 활동에 사람들이 참여해야 하는지 여부가 주제라면 원자력 발전이라든지 동물 사냥, 정제된 백설탕 등 아무 상관 없는 일에 대해 이야기할 수 있다.

"아침시간에 공원에서의 달리기는 제지해야 합니다. 학자들의 연구에 따르면 아침 달리기는 질병 예방에 도움이 되지 않고, 오히려 건강에 일정한 해를 끼친다고 합니다."

설령 진실이라 해도 이것이 공원에서 아침 달리기를 금지하는 행위에 대한 논증이 될 수 있을까? 이 논증은 달리기하는 사람들의 건강과 관계가 있다기보다는 말하는 사람의 양심과 일정한 관계가 있는 것 같다.

유머를 이용해 상대방의 관심 돌리기

변론하는 과정에서 주제와 관련 없지만 흥미로운 소재를 끌어들여 논증에 대한 관심을 돌려놓는 것을 '무관한 유머의 오류'라고 한다. 예를 들면 이런 식이다.

"상대방의 주장을 들으니 제가 예전에 들었던 재미난 이야기가 떠오르는군요……."

그 이야기는 청중이 앞서 변론한 내용을 잊어버리게 만들 가능성이 높다. 실제로 유머는 토론을 더욱 생동감 있고 흥미롭게 만드는 동시에 집중력을 분산시키는 작용을 한다. 이 오류의 목적은 유머 자체가 아니라 유머를 이용해 변론의 핵심에 모여 있던 청중의 관심을 흩뜨리는 것이다. 농담은 청중을 웃게 만들 수 있겠지만 변론에서 이기려면 일정한 언어적 기술이 필요하다.

영국 국회의원인 토머스 매시-매시(Thomas Massey-Massey)가 크리스마스의 명칭을 크리스타이드(Christ-tide)라고 바꾸자는 제안을 내놓았다. 크리스마스는 가톨릭의 기념일이니 개신교 국가에선 사용하면 안 된다는 의견이었다. 그때 매시의 제안에 반대하던 의원이 이렇게 말했다.

"친애하는 의원님의 이름도 '투-타이드 타이디-타이디(To-tide Tidey-Tidey)'로 변경하길 제안합니다." 크리스마스 명칭을 바꾸자는 제안은 그렇게 웃음소리에 휩쓸려 잊혔다.

무관한 유머의 오류를 사용하는 전형적인 경우가 바로 정치적 견해를 말하는 자리에서 우스운 질문을 던질 때이다. 선거를 치르는 의회 회의장에 웃음소리가 퍼지면 자리가 한결 재미있어지는 동시에 합리적인 논증은 핵심에서 밀려난다. 이때 후보가 더욱 재치 있게 응수한다면 '무명의 질문자'로 유명인의 어록에 끼는 것도 가능하다. 영국의 정치가 로이드 조지(Lloyd George), 윈스턴 처칠(Winston Churchill), 해럴드 윌슨(Harold Wilson) 등은 모두 이렇게 절묘한 유머로 상대를 물리쳤다.

누군가 영국 최초의 여성 국회의원 낸시 애스터(Nancy Astor)에게 물었다. "농업에 대해 아는 것이 있습니까? 돼지 발가락이 몇 개인지는 알아요?" 그녀는 태연히 대답했다. "지금 신발을 벗고 세어보시면 더 빨리 알 수 있지 않을까요?"

다음은 무관한 유머의 오류에 대한 전형으로 자주 인용되는 예다.

윌버포스(Samuel Wilberforce) 주교가 동물학자 토마스 헉슬리(Thomas Huxley)와 진화론에 대해 논쟁을 벌일 때였다. 진화론을 멸시하던 주교가 이렇게 물었다. "당신이 원숭이의 후예라니, 그럼 그 원숭이가 당신의 할아버지 쪽입니까, 아니면 할머니 쪽입니까?" 이 같은 주교의 조롱에

헉슬리는 멋진 대답으로 받아친다. "원숭이가 인간이 됐다는 사실은 하나도 부끄럽지 않습니다. 다만 제 조부가 당신처럼 많이 알고 권세도 지녔지만 그렇게 경박한 말로 진지한 과학을 조롱하는 사람이라면, 차라리 원숭이를 할아버지로 두는 게 낫겠습니다."

이성적인 논증을 하려는 사람에게 포복절도는 비웃음과 마찬가지로 반박하기가 몹시 까다롭다. 대부분의 청중은 논증이 합리적인지 따지는 것보다 소리 내어 웃는 쪽을 더 좋아하기 때문이다. 대중을 상대로 변론을 펼치려면 언제든 청중에게 던질 수 있는 딱 맞는 농담을 잔뜩 준비해야 한다. 웃음소리는 최소한 당신의 논쟁 상대의 권위를 조금씩 녹여버릴 수 있고, 당신이 다음 수를 생각할 시간도 벌어줄 수 있다.

무관한 유머를 적절히 사용하려면 똑똑한 머리와 일정한 경험이 반드시 필요하다. 토론에 참여해본 적이 있다면 빠르게 사고하는 법을 배웠을 것이다. 일전에 들었던 토론 수업에서 있었던 일이다. 갑이라는 사람이 핵탄두를 실을 수 있는 전투기를 독재국가에 팔아도 된다는 주장을 논리적으로 완벽하게 펼쳐가고 있었다. 그때 상대방이 손수레도 같은 효과를 낼 수 있다고 말하자, 당황한 갑은 순식간에 쩔쩔매게 되었다. 이런 경우도 있다. 어느 대학생이 기강을 문란하게 하고 품행이 불량하다는 이유로 벌을 받게 되었다. 공개적으로 비판받는 자리에서 그는 진지한 말투로 청중에게 말했다.

"저는 이 자리에서 비판을 받겠습니다. 그리고 우리 어머니의 성함도 공개하고 싶습니다. 왜냐하면 어머니께서 늘 저를 두고 최고의 말썽꾸러기라고 하셨거든요."

당신도 실소를 흘렸는가? 그렇다면 결과는 이미 알고 있을 것이다. 그를 비판하던 측의 논증은 웃음소리에 묻혀 무너지고 말았다.

최종 담판,
흥정의 기술

　　　　　　　　　옛말에 세상만사 바둑과 같다고 했다. 살아가는 모든 사람들은 기수와 같고 모든 행위는 보이지 않는 바둑판에 놓인 바둑알과 같다. 신중한 기수는 깊이 헤아리고 견제하면서 다채롭고 변화무쌍한 대결을 펼친다. 흥정에서 이기고 싶다면 게임의 기술을 반드시 알아야 한다.

　　춘추시대 정나라에 홍수가 났을 때였다. 어느 사내가 물에 빠져 죽은 거상의 시신을 발견했다. 거상의 가족들은 하루 빨리 돈을 주고 시신을 모셔오고 싶었지만 사내는 큰돈을 요구했다. 거상의 가족들은 이름난 학자인 등석(鄧析)을 찾아가 가르침을 구했다. "너무 많은 돈을 달라고 하면 어쩌지요?" 등석이 말했다. "걱정할 것 없소. 그 시신을 다른 사람에게 팔 수 없지 않소."

　　소식을 들은 사내도 등석을 찾아갔다. "어떻게 하면 좀 더 많은 돈을 받을 수 있을까요?" 등석이 말했다. "걱정할 것 없소. 거상의 가족들은 다른 곳에서 시신을 구할 수 없지 않소."

　　등석의 논리는 매우 뚜렷하다. 시신을 얻은 사내가 높은 값을 받으려면 가족들이 그 가격을 받아들여야 하고, 가족들이 최대한 적은 값에 시신을 사들이려면 사내가 그 가격을 받아들여야 한다. 그러므로 등석의 제안은 매우 적절했다. 경쟁을 벌이는 양측이 각자 자신에게 유리한 방향으로 이성적인 흥정을 벌이는 것이다.

'시신 흥정'을 통해 우리는 세 가지의 내시균형(Nash Equilibrium, 경쟁자의 전략에 대응해 최선의 선택을 하면 서로가 자신의 선택을 바꾸지 않는 일종의 균형 상태를 보이는 것을 가리킨다―옮긴이)을 관찰할 수 있다. 미국의 경제학자 존 내시(John Nash)가 명명한 내시균형은 게임이론에서 매우 중요한 용어다. 따라서 사내와 가족의 선택에는 다음의 세 가지 경우가 있을 것이다.

첫째, 높은 값을 부르고 높은 값을 받는다. 이것은 시신을 얻은 사내에게 유리한 결과다. 거상의 가족들이 사내의 선택을 정확히 판단하지 않고 시신을 사오기에 급급해 비싼 값을 부른다면 높은 값을 부르고 높은 값을 받는 내시균형이 나타난다.

둘째, 낮은 값을 부르고 낮은 값을 받는다. 이것은 시신을 사오는 쪽에 유리한 결과다. 사내가 가족들의 선택을 정확히 판단하지 않고 시신을 팔기에 급급해 낮은 값을 부른다면 낮은 값을 부르고 낮은 값을 받는 내시균형이 나타난다.

셋째, 중간 값을 부르고 중간 값을 받는다. 이것은 양쪽 모두에 도움이 되는 결과다. 사내와 가족들이 등석의 제안을 받아들여 자신에게 유리한 쪽으로 협상을 이끈다는 전제하에 상대방과 흥정을 한다면 중간 가격을 도출해낼 수 있을 것이다. 그렇게 양쪽 모두가 만족하는 상황이 되어 충돌은 협력으로 변할 수 있다.

비즈니스는 경쟁의 연속이다. 일상적으로 물건을 사고파는 행위부터 국제무역, 나아가서는 중요한 정치적 협상에 이르기까지 하나같이 흥정의 문제를 피할 수 없다. 중국이 WTO에 가입할 때도 마찬가지였다. 중국은 자국의 이익을 위해 여러 선진국들과 흥정을 했고, 길고 어려운 과정을 거쳐 WTO에 가입했다. 그 과정에서 흥정하는 과정이 곧 협상이라는 사실을 어렵지 않게 깨달을 수 있었다. 예를 들어 선진국들이 중국에 요구사항을 하나 제시하면 중국은 수용 여부를 결정한다. 만약 수용할 수 없다면 새로운 제안을 내놓거나 선진국들이 자신의 요구를 조정하도록 기다린다. 이런 식으로 양측이 번갈아가며 자신의 요구를 내놓으면 다단 동태적 게임(multi-stage dynamic game)이 이루어진다.

비즈니스 협상에서 협상 단계 숫자가 한 자릿수일 때는 먼저 가격을 제안한 쪽이 '선점자의 우위(first mover advantage)'를 누리게 된다. 반대로 협상이 거듭돼 단계가 두 자릿수로 늘어나면 나중에 가격을 제안한 쪽에 '후발주자의 우위(last mover advantage)'가 발생한다. 이 현상은 실제 비즈니스에서 굉장히 자주 볼 수 있다. 급히 물건을 사려는 사람은 필요한 물건을 조금 높은 가격에 사고, 서둘러 팔아야 하는 쪽은 비교적 낮은 가격에 판다. 그래서 경험이 많은 사람은 언제나 느긋하게 쇼핑을 하고, 어떤 물건이 굉장히 마음에 들더라도 점원에게 티를 내지 않는다. 또 노련한 점원은 손님에게 늘 이렇게 말한다. "이 옷이 요즘 가장 잘나가요. 이것도 마지막 한 벌 남은 거랍니다."

이런 이야기가 있다. 찢어지게 가난한 선비가 돈을 구하기 위해 마을 부자에게 서화 한 폭을 팔려 했다. 선비는 서화의 값이 최소 200냥은 된다고 생각했고, 부자는 많아야 300냥의 값어치가 있다고 여겼다. 이 상황에서 순조롭게 거래가 이뤄지려면 서화의 가격은 200에서 300냥 사이에 책정되어야 한다. 거래를 단순화한다면 이렇다. 부자가 값을 제시하고 선비가 받아들일 것인지, 아니면 다른 값을 제시할 것인지를 선택한다. 여기서 부자가 선비의 제안을 수용하면 거래는 성사되는 것이고, 수용하지 않는다면 실패하는 것이다.

이것은 두 단계로 이뤄진 동태적 게임(two-stage dynamic game)에서 매우 자주 등장하는 문제점으로 동태적 게임의 원리를 분석하면 거꾸로 알 수 있다. 부자는 서화의 값이 최대 300냥이라고 생각하므로 선비가 300냥 이하의 값을 요구할 경우 받아들일 수 있다. 그러나 첫 번째 협상에서 알 수 있듯이 선비는 부자가 200냥 이하의 값을 제시하면 거절할 것이다. 만약 부자가 290냥에 서화를 사겠다고 흥정을 시작하고 선비가 동의한다면 290냥만 받을 수 있지만, 선비가 받아들이지 않고 두 번째 협상을 시작해 299냥을 요구한다면 그래도 부자는 서화를 살 것이다. 사람의 욕심은 끝이 없다는 점을 고려하면 선비가 더 높은 가격을 요구할 가능성이 매우 크다. 만약 부자가 먼저 가격을 제시하고 선비가 더 높은 가격을 요구한다면 서화를 팔려는 선비는 더 큰 이득을 얻게 된다. 이것이 바로 나중에 가격을 말하는 사람이 얻는 '후발주자의 우위'다.

부자에게 게임이론에 대한 지식이 있다면 전략을 바꿔 선비가 먼저 원하는 값을 말하게 하든지, 아니면 가격을 제시하되 흥정은 없다고 못 박을 것이다. 만약 선비가 한 번에 끝나는 방식을 원하지 않으면 부자는 서화 거래를 진행하지 않을 것이다. 그럼 선비는 결국 한 푼도 받지 못하고 계속해서 굶을 수밖에 없다. 게임이론의 측면에서 보면 선비가 타협할 가능성이 매우 크다. 비즈니스는 곳곳에서 이익을 둘러싼 전쟁이 벌어진다. 모든 흥정은 선비와 부자 사이의 거래처럼 게임의 과정이다. 게임이론을 활용할 수 있다면 흥정에서 더 많은 승리를 거둘 수 있다.

물건 값을 흥정할 때는 잘 알려진 최후통첩 게임(ultimatum game)도 자주 써먹을 만하다. 케이크 나누기에 대한 이야기가 있다. 두 친구가 케이크 한 조각을 나눈다고 가정할 때 어떻게 나눠야 가장 공평할까? 방법은 간단하다. 한 사람이 케이크를 둘로 자르고, 다른 사람이 먼저 한 조각을 고르면 된다. 갑이 케이크를 자르고 을이 먼저 고를 수 있게 하면 갑은 최대한 똑같이 케이크를 자를 것이다. 이것이 바로 유명한 최후통첩 게임이다.

인신공격, 상대의 품행 들추기

상대의 논리를 트집 잡을 수 없다면 상대방 자체에 초점을 맞추자. 타인의 품행을 들추는 것은 다소 비겁해보일 수 있지만, 상대의 논점을 무너뜨리고 청중의 마음을 돌려놓기 위해 자주 사용되는 방법이다. 목적을 달성하면 상대를 물리칠 수 있다.

"그린 박사님은 식수에 불소를 첨가해도 괜찮다고 말씀하시지만, 10년 전 안락사와 영아 살해에 찬성하는 글을 발표한 그 그린 박사가 본인이라는 사실은 알려주지 않았습니다."

말하는 사람은 그린 박사의 견해에 반대하는 것이 분명하지만 논리는 성립하지 않는다. 불소화합물이 노인과 영아를 살해하는 데 더 효과적이라는 말을 하지 않은 이상, 우리는 저 논리와 식수에 불소를 첨가하는 것 사이에 어떠한 연관성도 찾아볼 수 없다.

인신공격의 오류가 다른 논리적 오류와 구별되는 것은 논증의 우열과는 상관이 없다는 점이다. 논증의 성패는 논점의 좋고 나쁨에 따라 결정되어야 한다. 엄밀히 말해 변론자의 품성과 논증은 관계가 없다. 상대방의 좋지 않은 과거를 들추는 것은, 나쁘거나 멍청한 사람의 입에서 우수하고 합리적인 의견이 나올 수 없다고 가정하는 우리의 심리 때문이다.

"이제 제가 로빈슨 교수님의 관점에 대해 한 말씀만 드리겠습니다. 교수님은 두 대학원 합병에 찬성하십니다. 저는 여기서 3년 전 교수님이 음주운전을 했다는 상처를 언급하고 싶지는 않습니다만, 여러분은 스스로에게 물어봐야 합니다……."

"저도 여우처럼 교활하게 굴고 싶지는 않습니다만……."

이런 식의 의식적인 부정은 보통 상대방의 품행을 들추려는 사전 신호임을 기억하자. 인신공격의 오류는 형식이 무척 다양하다. 이 오류를 효과적으로 활용하려면 일단 대담해져야 한다. 당신에게 공격당하는 쪽이 정말로 의심스러운 구석이 있어 보이도록 말이다. 상대방의 품행을 들추는 이유는 그 사람의 논증이 의심받도록 만들기 위해서다. 변호사들은 상대 증인(사실상 당사자에게 적의를 품은 증인)에게 질문할 때 조심스레 '증인의 인격'에 대해 인신공격을 가함으로써 증인의 진술이 의심받도록 유도한다. 마찬가지로 증인이 피고의 인격에 대에 진술하는 것도 같은 오류에 해당한다. 조금의 과장도 없이 말하건대, 인신공격의 오류가 잡초처럼 무성하게 자라는 비옥한 땅으로는 정치판 만한 곳이 없다. 특히 의회에서는 가장 중요한 핵심 가운데 하나다.

"제게 질문하신 분이 공직에 있을 때 인플레이션과 실업률이 두 배로 늘어났고, 임금은 물가가 오르는 속도만큼 빠르게 떨어졌다는 사실을 의원들께 알려야겠군요. 그런 분이 제게 광산업의 미래에 대해 어떻게 생각하느냐고 물으셨습니다."

의원은 완곡한 형식으로 '노코멘트'를 표현한 것이다. 서구권 국가들에서 다소 수준이 떨어지는 의회 변론은 심지어 기자들로 북적대는 의사당 입구에서도 벌어진다. 아첨하기 좋아하는 기자들 앞에서 상대방에게 인신공격을 가하면 다음 날 '인상적인 반격'이라는 기사가 나오니 정치인들은 늘 머리를 짜내어 갖은 이야깃거리를 만들어낸다.

인신공격의 오류를 활용할 때 반드시 기억해야 할 원칙이 있다. 상대에게 적대적인 정보는 가장 결정적인 순간까지 기다렸다가 어쩔 수 없이 말한다는 식으로 꺼내놓는 것이 가장 좋다. 상대방에게 이러이러한 잘못이 있지만 청중이 심각하게 생각할 문제는 아니라는 어감을 풍기면 당신의 고민은 쉽게 해결 될 것이다. 다음의 예를 보자.

"이 사진과 편지들의 사본을 공개하면서도 저는 마음이 대단히 무겁습니다. 여기 계신 여러분께 이렇게 묻고 싶군요. 열한 살짜리 소녀에게 부적절한 행동을 하며 도덕을 무시한 사람이 정책 결정에 영향력을 행사해도 되는 겁니까? 의회로서 우리는 신성한 직책을 이어갈 의무가 있습니다."

특수한 배경을
이용한 변론

상황을 전환하려고 할 때 상대방의 특수한 상황을 소구점(appeal point)으로 이용할 수 있다. 이때 논증의 핵심은 제시된 증거가 참이냐 거짓이냐의 여부가 아니라, 지위와 이익 측면에서 사람들이 당신의 주장을 받아들이도록 유도하는 데 있다.

"이익 추구를 위한 합법적인 대금업이 정당하다고 말해선 안 됩니다. 당신은 기독교인이라는 사실을 잊지 마세요. 대금업을 하면 교회에서 퇴출될 수도 있습니다."

이 논증에는 보편성이 결여돼 있다. 상대가 힌두교도나 유대인이라면 전혀 설득력이 없을 것이다. 반면 청자가 기독교도라면 기독교 신앙을 이유로 고개를 끄덕일 수 있다. 이렇게 사람들은 순전히 그 관점을 지지하는 정당의 구성원이라는 이유로 해당 관점을 받아들인다. 이런 오류가 발생하는 원인은 그 관중만이 지닌 독특한 입장이 보편적으로 수용 가능한 진리로 비치기 때문이다.

대상이 특정한 청중인 경우 이 방법을 쓰면 확실하게 설득할 수 있다. 이때 청중은 화자가 말한 내용의 옳고 그름 또는 진위 여부조차 직접 분석하지 않은 채 무조건적 수용하기도 한다.

"우리가 더 많이 활동하려면 더 많은 자금이 필요합니다. 오페라 애호가인 당신은 분명 가장 먼저 동의해줄 거라 생각합니다."

특수한 청중을 대상으로 논증할 때는 특수 상황에 호소하기 쉽다. 제 멋대로인 정치인들은 사회 전체의 이익이 아닌 공무원과 노조, 사회복지 수혜자, 소수계 인종, 성별 등 다양한 상황에 있는 특수한 정치 집단을 만족시킴으로써 본인의 지지층을 구축한다. 특정 집단의 요구만 수용할 수 있다면 해당 방안이 정당하거나 올바른지 여부는 더 이상 고려하지 않게 된다.

간단히 정리해보자. 상황을 전환하는 방법은 다음과 같이 두 가지로 나눌 수 있는데 협상에서는 일종의 우위로 간주된다.

첫째, 청중의 숫자가 상당하다는 전제하에 이렇게 말한다. "노동자 계층의 일원으로서 당신은 분명 이해하시겠지만……." 기독교 교인의 명의를 빌리면 더 큰 효과를 볼 수 있다. 많은 사람들이 교회가 요구하는 엄격한 의무들은 싫어하면서도 여전히 스스로를 기독교도라 칭하고 싶어 하기 때문이다. 그러므로 기독교도의 이름을 빌어 호소하면 그들은 여간해선 당신의 의견에 반대하지 않는다. 내키지 않거나 불만족스러운 상황이라도 당신의 주장에 동의할 수밖에 없을 것이다. 다른 방법으로는 얻을 수 없는 지지 효과다.

둘째, 당신의 의견에 반대되는 전문적인 증거는 공개적으로 무시한다. 어떤 특수 분야의 전문가 의견은 특정한 상황에서만 통한다. 그러므로 도시설계사가 당신의 도시계획에 대한 주장에 반박할 때 혹은 석유회사 전문가가 당신이 에너지에 대한 관념이 전혀 없다고 생각할 때 또는 제조업자가 관련 업계에 대한 당신의 의견이 황당하다고 비판할 때 당신은 그저 부드럽게 미소 지은 다음 청중에게 이렇게 말하면 된다. "저분이 당연히 그렇게 말할 줄 알았어요. 안 그런가요?"

제**6**장

비밀과 논리,
논리적으로
폭로하는 법

진실이 드러날 경우 조직과 당신 개인의 명성에 불리한 영향이 미친다면 감추는 것도
방법이다. 다만 질문이나 주제와 관련 있는 말을 해야 하며, 큰 의심을 사지 않으려면
상대가 당신의 답변을 통해 어느 정도의 정보는 얻을 수 있게 해야 한다.

우리가 피하고 싶은
문제들

중국뿐 아니라 세계 각지의 기업들에서 공통적으로 볼 수 있는 아주 재미난 현상이 있다. 경영자가 끊임없이 이런저런 문제들을 회피하며 사람들이 진짜 정보를 알게 될까 걱정한다는 점이다. 직장인들은 다음과 같은 상황이 낯설지 않을 것이다.

해결되지 않은 문제들을 회피하려고만 하는 사장 때문에 직원들이 회사에 대한 믿음을 잃어버리거나, 작업을 망쳐놓은 엔지니어가 상사의 꾸중을 피했지만 화가 난 책임자가 해고해버리거나, 또는 귀찮은 고객을 피하려 고객을 블랙리스트에 올렸다가 오히려 판매원 자신의 실적이 뚝 떨어지는 경우들 말이다.

특정 상황에서 문제를 회피하고 진실을 밝히지 않는 것은 본능적인 반응이다. 사람들은 진실이 가져올 난처하고 골치 아픈 상황을 원하지 않는다. 때문에 대부분의 사람들이 걱정이 생기면 회피해버린다. 입을 꾹 다물거나 화제를 바꾸는 방법은 일시적으로 곤경을 모면하는 데는 어느 정도 도움이 된다. 그러나 모든 일을 회피할 수는 없다. 보통은 정보를 감출수록 상황은 점점 악화된다. 남자들은 감정에 대한 문제를 자주 피하려고 하는데 근본적인 해결책이 아니다. 일시적으로는 통할지 몰라도 배우자가 더 이상 참아주지 않을 때는 심각한 가정불화로 이어질 수 있다. 특히 어떤 문제가 막다른 골목에 다다랐을 때 해결하지 않으면 문제는 계속해서 등장한다. 모든 사람은 '솔직하고 싶지 않을' 권리가 있다. 그러나 진실을 캐내려는 상대방과의 관계를 잘 유지하면서 그 권리를 행사하려면 일종의 기술이 필요하다.

상하이에 거주하는 28세 둥즈 씨는 여자친구가 대단히 '난처한' 질문을 자주 던져 곤혹스럽다고 털어놓았다. 어떻게 대답해야 할지 몰라 냉전과 열전을 반복하며 쉴 없이 싸운다는 것이다. 둥즈 씨는 제대로 대답할 수도, 회피할 수도 없어 어떻게 해야 좋을지 모르겠다며 머리를 감싸쥐었다.

"자기 부모님이 나 어떻대? 맘에 드신대?"

"자기는 이 세상에 영원한 사랑이 있다고 생각해? 자기가 날 평생 사랑할지 아닐지 내가 어떻게 알아?"

"자기가 나 집에 데려다 줄 거야, 아니면 그냥 친구 차 타고 가?"

"우리 웨딩 촬영은 좀 싼 걸로 하고 다이아몬드 반지를 좋은 걸로 살까?"

둥즈 씨는 이렇게 말했다. "제가 진심을 말하면 여자친구가 싫어해요. 그렇다고 말을 꾸미면 진심을 의심하거든요."

사실 둥즈 씨의 '난처한 상황'은 이 세상 거의 모든 남자들이 공통으로 겪는 일이다. 남자들은 사랑하는 여자의 추궁에 지칠 대로 지쳐 있는데, 그 이유는 여자의 질문들이 너무 곤란하다고 생각하기 때문이다. 그렇다고 남자들이 진짜 속마음을 솔직하게 말해야 한다는 뜻은 결코 아니다. 많은 경우, 여자 앞에서 솔직하게 말하는 것은 곧 재난을 의미하기 때문이다.

자세히 관찰해보면 여자와 어린아이들 사이에는 공통점이 하나 있다. 대답하기 곤란한 질문을 자주 한다는 것이다. 갓 입사해 경험이 부족한 신입사원이나 부하 직원을 닦달하는 상사에게도 적용할 수 있을 것이다. 이들과 이야기할 때 '진심'은 정답이 될 수 없다. 게다가 대부분 그 자리에서 즉시 답을 해야 하기 때문에 구세주를 찾아볼 시간도, 사전을 뒤적일 여유도 없다. 사람들은 이렇게 말한다. "여자와 부하 직원, 상사 앞에서는 진실을 말할 권리가 없는 것 같아요!" 사실이다. 그것은 일종의 철칙 같다. 그들이 묻는 이런저런 질문에 대답하려면 그저 미리 공식을 잘 외워두는 도리밖에 없다.

아내들의 전매특허인 '예 또는 아니오로 대답하시오' 문제를 예로 들어보자. 아내가 근심 가득한 얼굴로 이렇게 물었다. "여보, 나 좀 봐. 눈가에 잔주름이 늘은 것 같지 않아?" 설령 당신의 눈에 비친 아내의 잔주름이 고랑처럼 깊다고 해도 당신은 절대 사실을 인정하는 말을 해선 안 된다. 아무렇지도 않게 안경을 쓰고 자세히 들여다본 다음 단호하게 이렇게 대답해야 한다. "아닌데? 하나도 티 안나!" 또는 질문이 끝나자마자 이렇게 말한다. "전혀 아니야. 팽팽하기만 한데"

절대 긍정하는 단어를 말해선 안 된다. 예를 들어 "그러네. 자기 눈가에 주름 생겼어! 하지만 그게 무슨 상관이야. 당신에 대한 내 사랑은 여전히 처음과 똑같은데!" 만약 당신이 이렇게 말했다면 설령 '그녀에 대한 사랑은 영원히 변치 않을 것이다'라고 말했더라도 여자는 실망과 분노를 느낀다. 왜냐하면 아내의 관심은 '당신이 자신을 사랑하는가'가 아니라 '자신이 여전히 아름다운가'에 초점이 맞춰져 있기 때문이다. 이것이 바로 남자와 여자가 문제를 바라보는 시각의 차이다.

당신과 업무 이야기를 끝낸 여자 상사가 갑자기 이렇게 물었다. "조금 뒤에 회장님 뵈러 가는데 내가 입은 이 옷 괜찮아요?" 그러면 당신은 그녀에게 시선을 옮긴 다음 진지하게 대답해야 한다. "팀장님, 오늘 정말 멋지세요!" 상사는 자신의 허리에 두툼하게 붙은 군살을 가리키며 다시 물을 수도 있다. "살 찐 것 같지 않아요? 옷이 좀 끼는 것 같은데." 이때 당신은 무조건 큰 소리로 부정해야 한다. "아닌데요, 팀장님! 팀장님 몸매는 딱 표준이에요. 이 옷도 팀장님 몸에 맞춘 것처럼 완벽하게 잘 어울리십니다!"

결론적으로 질문자에게 진심을 말해줄 수 없을 때는 한 가지 방법밖에 없다. 당신의 머릿속에 떠오른 진짜 느낌은 절대로 해법이 될 수 없다. 당신은 반드시 상대방이 이미 예상하고 있는 그 답을 말해줘야 한다. 그래야 상대방을 만족시킬 수 있다. 물론 마음속에 있는 진짜 대답을 성공적으로 숨겨 진실을 말했을 때의 비난을 피할 수도 있다.

'반드시' 대답해야 하는 질문들은 또 있는데, 바로 기자나 호사가들의 예리한 질문이다. 당신을 못살게 구는 기자들 또는 절대로 대답하고 싶지 않은 질문들을 교묘하게 피할 수 있는 방법을 알려주겠다. 반드시 대답해야 하지만 회피할 수도 없는 질문들로는 성추문이나 채무 문제, 합병에 대한 루머, 주가나 정보 유출 등이 있다. 당신이 어느 기업의 대변인이고 기자가 회사에 지극히 불리한 질문을 한다면 어떻게 하겠는 가? 당신이 인기 연예인인데 기자가 사생활을 꼬치꼬치 캐묻는다면 어떻게 하겠는가? 외박하고 집에 들어온 날, 아내가 도끼눈을 뜨고 간밤에 어디에 갔었는지 묻는다면 어떻게 하겠는가?

대답하고 싶지 않은 질문을 받으면 사람들은 보통 말머리를 돌린다. 이것이 '남들이 묻는 말에 대답하는 것이 아니라 당신이 대답하고 싶은 것만 말하라'는 뜻이라는 건 많은 사람들이 알고 있다. 이것은 베트남전 쟁 당시 로버트 맥나마라(Robert McNamara) 전 미국 국방장관의 경험담 이다. 이 말을 잘 기억하고 나중에 실전에서 응용하면 당신은 질문 회피 의 고수가 될 것이다. 상대가 여자든 남자든, 사회의 경쟁자든 상관없이 말이다.

그러나 화제를 전환하기에 앞서 당신은 먼저 난관 하나를 넘어야 한다. 바로 상대방의 관심을 돌릴 방법을 찾는 것이다. 이 단계가 선행되지 않 으면 상대방이 당신의 답변, 상대의 질문과 전혀 상관없는 또 다른 화제 를 받아들이도록 만들기가 무척 어려워진다. 오토나비(AutoNavi, 2001년 설 립된 중국의 지도 및 위치기반서비스 전문 기업. 2014년 알리바바에 인수되었다—옮긴 이)가 하버드대학 케네디스쿨의 토드 로저스(Todd Rogers) 교수와 하버 드대학 경영대학원의 마이클 노튼(Michael Norton) 교수와 함께 진행한 연구는 사교 분야에서 획기적인 '화제 전환 방법'을 제시한다. 비슷한 문제에 대한 답변을 정면으로 내세워 상대방이 방금 물었던 질문을 기 억할 수 없게 만들거나 상대방을 사회적인 목표 또는 명확하지 않은 목 표에 집중하게 하면 질문을 회피했다는 사실을 더더욱 알아차리기 어 렵다는 것이다. 그러므로 당신도 이런 방법을 활용해 타인의 질문을 피할 수 있다. 여기서 명확히 해야 할 점은 회피는 상대를 속이는 것과 다르며, 관심을 돌리는 것뿐이란 사실이다. 다음은 협력적인 교류를 위한 네 가지 원칙이다. 이 원칙만 잘 따르면 질문을 회피하는 동시에 우호적인 관계까지 맺을 수 있다.

- 대화를 나눌 때는 일정한 정보를 지니고 있어야 한다. 이때는 양쪽 모두에게 필요한 정보여야 한다.
- 진심으로 대화를 나눈다. 거짓된 태도를 보이거나 상대를 속이려는 행동은 하지 않는다.
- 상대의 반감을 사지 않도록 적절한 방식으로 대화를 나눈다.
- 대화는 눈앞에 놓인 화제와 관련 있는 내용이어야 한다. 지나치게 화제에서 벗어나거나 함부로 말을 돌리지 않는다.

오토나비가 내놓은 이 네 가지 원칙은 '오토나비 협력 원칙'으로 불린다. 기업체 내의 동료나 상하 직원들 사이에서 이 원칙은 매우 중요하다. 문제를 회피하는 것뿐만 아니라 해결하는 데도 도움이 된다. 속임수를 쓰라고 부추기는 게 절대 아니다. 질문자와 청중들은 당신의 말이 진실이길 바란다. 서로 신뢰하기 위해 진실해야 하지만 스스로를 보호하기 위한 기술 또한 포기할 수는 없다. 진실이 드러날 경우 조직과 당신 개인의 명성에 불리한 영향이 미친다면 감추는 것도 방법이다. 다만 질문이나 주제와 관련 있는 말을 해야 하며, 큰 의심을 사지 않으려면 상대가 당신의 답변을 통해 어느 정도의 정보는 얻을 수 있게 해야 한다.

결국 '똑똑한 여우'가 가장 사랑받는다고 할 수 있다. 이런 유형은 사람들의 관심을 효과적으로 돌린다. 마치 축구선수들이 규칙을 위반하지 않는 전제하에 속임수를 써서 상대방의 실책을 유도하는 것과 같다. 수비수를 제치는 것은 기술 문제일 뿐 도덕과는 관계가 없다.

각도를 바꿔, 대답할 때는 질문에 답변하는 방식 외에 말하는 어조에도 신경을 써야 한다. 통상적으로 비슷한 문제를 제시했을 때 유창하게 대답하는 쪽이 더 높은 평가를 받는다. 이때는 상대방의 말에 과장이 좀 섞여 있는 것을 알아도 크게 지적하지 않고 넘어간다. 반면 솔직하고 직접적으로 대답하더라도 말에 조리가 없으면 전자보다 다소 낮은 평가를 받는다. 그의 말에 거짓이 없으며 솔직한 사람이라는 사실을 알더라도 말이다.

거짓말의 수칙을 전수하려 한다고 오해하지 말길 바란다. '똑똑한 여우'가 사람의 신임을 더 쉽게 얻는 것 같다는 점도 말해둔다. 그리고 이 모든 과정에서 자신감은 필수불가결한 요소다.

화제 전환의
논리적 기술

화제 전환이란 원래의 논제와 일정한 관계가 있는 새로운 주제로 감쪽같이 상대의 관심을 돌려 대답하기 곤란하거나 깊이 논하고 싶지 않은 화제를 피하는 기술이다. 간단히 말해 화제 전환이란 자신 또는 특정 사건에 집중된 관심을 말을 이용해 다른 곳으로 돌리는 것이다. 누구에게나 이야기하고 싶지 않거나 마주하고 싶지 않은 일이 있기 마련이다. 우리가 원치 않아도 이런 문제들은 늘 등장한다. 이때는 자신이 싫어하는 화제에서 피할 방법을 생각해내는 수밖에 다른 도리가 없다. 사람들이 가장 자주 쓰는 방법이 바로 새로운 사물에 관성적 사고를 유도해 화제를 전환하는 방법이다. 사람들이 일상적으로 매일 화제를 전환하는 까닭이 여기에 있다. 유명 연예인이나 사업가, 정치인, 심지어 어린아이까지 누구나 화제 전환을 통해 눈앞의 곤경에서 빠져나갈 줄 안다.

나의 직장 상사인 송졔 씨에게는 쳰쳰이라는 귀엽고 똑똑한 다섯 살짜리 딸이 있다. 머릿속이 온통 기발한 생각으로 가득 찬 쳰쳰은 엄마 빼고 세상에 무서울 게 하나도 없는 아이다. 어느 날 집에 혼자 있던 쳰쳰은 엄마의 하얀색 치마를 몰래 꺼내 입어보다가 거울을 깨뜨렸다. 어쩌면 좋을까? 쳰쳰은 초조하게 제자리를 맴돌았다. 잠시 뒤 엄마가 퇴근해서 집에 돌아오자 쳰쳰은 활짝 웃으며 마중을 나가더니 슬리퍼와 물을 건네며 엄마가 좋아할 만한 행동을 했다. 그렇게 하면 엄마가 자신을 혼내지 않을 거라 생각한 것이다. 그러나 상황은 쳰쳰의 바람과는 다르게 흘러갔다. 딸을 칭찬하고 물을 몇 모금 마신 뒤 침실로 들어간 엄마가 화난 목소리로 물었다. "쳰쳰, 이거 네 짓이니?"

어쩔 수 없어진 쳰쳰은 잔뜩 긴장한 채 침실로 들어갔고, 고개를 푹 숙인 채 천천히 엄마에게 다가가 말했다. "엄마⋯⋯. 내가 거울을 깼어요. 잘못했어요⋯⋯. 용서해주세요!"

그러나 엄마는 팔짱을 끼고 쳰쳰을 바라만 볼 뿐 아무 말도 하지 않았다. 엄마가 정말로 화가 났다는 사실을 안 쳰쳰은 커다란 두 눈을 불안하게 굴렸다. 그때 작은 유리 조각이 보이자 좋은 생각이 떠올랐다. 쳰쳰은 갑자기 큰 소리로 울기 시작했다. "엄마, 엄마, 아파!" 그러고는 새끼손가락을 높이 들어 보였다. 알고 보니 깨진 거울을 치우다 손가락을 다친 것이다. 처음에 조금 흐르던 피는 이미 말라붙어 흔적만 남아 있었다. 딸의 울음소리에 놀란 엄마는 아이가 다친 것을 보자 단숨에 화가 절반쯤 식어버렸다. 어린 딸이 깨진 거울을 치우다 다쳤다는데 어떤 엄마가 계속 화를 내겠는가. 결국 엄마는 꾸중만 몇 마디 했을 뿐 첸첸을 크게 혼내지 않았다.

만약 첸첸이 엄마의 꾸중을 가만히 듣고만 있었다면 어땠을까. 한참 동안은 혼이 났을 것이고, 말대꾸를 했다면 엄마의 화만 더 돋웠을 것이다. 그러나 똑똑한 첸첸은 '다쳤다'는 사건을 이용해 성공적으로 엄마의 관심을 돌릴 수 있었고 덕분에 심한 꾸중이나 처벌을 피할 수 있었다. 물론 이 이야기는 어린아이의 꾀에 불과하다. 어른들의 성공적인 '화제 전환' 방법에 대해서는 이제부터 알아보겠다. 먼저 화제 전환이 필요한 상황을 살펴보자.

첫째, 민감한 질문을 받았을 때는 어떻게 해야 할까? 이 상황은 대중 앞에 나서는 공인들 특히 정치인들에게 자주 발생한다. 정치라는 복잡한 세상에는 온갖 사람들이 있는데 자신의 이익을 위해 대중의 이익을 해치는 사람도 있다. 때문에 이들은 언론과 기자들에게 일상적으로 날카로운 질문을 받는다. 스캔들에 휘말린 경우라면 특히 심하지만, 교활한 정치인들은 언제나 책임을 회피할 방법을 찾아내며, 심지어는 처음부터 끝까지 품위 있는 태도를 유지하기도 한다.

외도 스캔들에 휩싸인 정치인이 규모가 큰 회의석상에 나타났다. 기자들이 끈질기게 따라붙으며 물었다. "외도하셨다는 소문이 사실입니까?"

정치인이 대답했다.

"저는 제 아내를 무척 사랑합니다. 제 가족도 너무나 사랑하고요."

"평소 부인과의 사이가 어떠십니까?"

"서로 아주 사랑하죠. 지난 주에는 프로방스로 두 번째 허니문도 다녀왔습니다."

"그래요? 프로방스는 어떻던가요?"

"말로 표현할 수 없을 정도로 아름답더군요."

기자는 처음에 물었던 질문을 이미 잊어버렸다. 이런 상황에서는 소문을 직접적으로 인정하지도 부인하지도 말아야 한다. 상대방의 질문에 곧이곧대로 대답해서는 더더욱 안 된다. 자신이 원하는 내용으로 교묘히 답변한 다음 상대가 그 문제에 대해 계속해서 묻도록 유도하면 결국 원래의 질문은 잊힌다.

둘째, 분위기가 어색해질 때는 어떻게 대응할까? 이런 상황은 누구나 겪을 수 있다. 어색해지는 이유는 보통 두 가지다. 누군가가 특정 장소에서 적절하지 않은 행동이나 다른 사람과 다른 행동을 할 때 또는 이러지도 저러지도 못하는 상황에 처했을 때다. 다음의 이야기를 보자.

쉬는 시간, 기술팀 직원들이 함께 앉아 차를 마시고 있었다.

"다들 난처했던 경험들 하나씩 얘기해보는 게 어때요?"

누군가가 제안했다. 호탕한 성격의 신입사원 루이루이가 얼른 대답했다. "엘리베이터 안에서 방귀를 아주 크게 뀐 적이 있어요."

그 말에 모두가 크게 웃음을 터뜨렸다. 조금 머뭇거리던 다른 직원들도 마음이 편해졌는지 창피했던 일을 하나씩 털어놓기 시작했다. 라오장이 말했다.

"신발을 짝짝이로 신고 출근한 적이 있어요. 회사에 도착할 때까지 몰랐는데, 다행히 경비원 아저씨가 알려주셔서 집으로 달려가 갈아 신었지 뭐예요."

"저는 장례식장에서 웃음이 터져서 참느라 혼난 경험이 있어요."

"전 마트에서 물건을 잔뜩 담아서 계산까지 다 마쳤는데 지갑에 돈이 하나도 없던 적이 있어요."

모두가 한마디씩 할 때마다 웃음이 터졌지만 팀장만 말하고 싶지 않은 듯 입을 꾹 다물고 있었다. 이 좋은 기회를 놓칠 수 없었던 직원들이 팀장을 재촉했다.

"팀장님도 빨리 말씀해보세요. 제일 난처했던 일이 뭐예요?"

예닐곱 명이나 되는 부하 직원들의 등쌀에 팀장은 마지못해 말했다.

"텔레비전 인터뷰를 한 적이 있는데 다 끝나고 나서 진행자가 그러는 거야. 내 앞니에 김 조각이 묻었다고."

그 말을 들은 직원들은 배꼽을 잡고 웃었고, 팀장을 한층 더 귀엽고 가깝게 느꼈다.

절로 웃음이 나지 않는가? 어쩌면 당신도 창피하고 난처했던 일을 떠올렸을지도 모르겠다. 업무에서 직원들을 이끄는 팀장이 크게 실수한 경험담을 털어놓으면 어렵게 쌓아둔 권위가 무너질 수도 있다. 그러나 팀원 모두가 돌아가며 이야기하는데 혼자만 빠지는 것은 불공평해 보인다. 이러지도 저러지도 못하는 찰나 팀장은 좋은 생각을 해냈다. 너무 큰 타격은 주지 않으면서 아주 재미있는 이야기를 떠올린 것이다. 사람들과 대화할 때 가장 좋은 방법은 당신의 유머감각을 찾아내는 것이다. 모두를 웃게 만들 이야기를 재빨리 생각해서 말하면 방금 당신이 했던 말이나 행동은 쉽게 잊히고, 난처한 상황에서 빠져나올 수 있다.

셋째, 찰거머리에게서 벗어나려면 어떻게 하는 게 좋을까? 어떤 일을 하고 싶지만 불편한 사람들이 곁을 떠나지 않는 경우가 있다. 타인이 당신의 일에 호기심을 보일 때, 당신은 새로운 사물에 즉각 관심을 보이는 인간의 관성적 사고를 이용할 수 있다. 상대방의 호기심을 만족시키는 것보다 더 중요한 일을 제시해 그의 관심을 돌려놓으면 '찰거머리'를 떼어낼 수 있다. 그렇다면 어떻게 해야 성공적으로 화제를 전환할 수 있을까? 다음은 화제 전환에 대한 실제 예를 정리한 것이다.

1. 과감히 반문한다.

하버드대학에 재학하는 내내 무척 열심히 공부한 학생이 있었다. 모든 과목에서 뛰어난 성적을 거두며 졸업한 이 학생은 CIA에 이력서를 냈다. 신입요원 선발을 담당한 수사팀장은 그가 전문 인재가 아니라고 생각했지만 테스트 기간을 거치며 그를 지켜본 뒤 생각이 달라졌다. 문득 장난기가 발동한 수사팀장이 이렇게 물었다. "자네는 학교 다니는 동안 책을 지겹게 봤을 테니 미술사 교재 90쪽에 어떤 내용이 있는지 알고 있겠지?"

그 말을 들은 학생은 당황했으나 매우 침착하게 대답했다. "팀장님께선 본인 성함을 매일 지겹게 쓰실 테니 성함에 획이 모두 몇 개인지 말씀해보시겠습니까?"

수사팀장은 크게 웃으며, 이 학생을 채용하지 않는 것은 CIA의 손해라고 생각했다.

학생은 상대와 같은 방식으로 반문함으로써 똑같은 '맛'을 보여줬다. 질문에 대답하지 못하는 난처한 상황을 피하는 동시에 과감한 기지까지 발휘하면서 수사팀장의 인정을 받았다.

2. 유머의 매력을 발산한다.

링컨 대통령이 대규모 연설을 할 때였다. 대통령의 열띤 연설이 이어지고 청중은 잔뜩 집중해서 듣고 있는데, 영부인이 갑자기 의자에서 미끄러져 엎어졌다. 민망한 모습에 모든 사람의 시선이 집중됐다. 분위기는 무척 난처해졌다. 사람들은 애써 웃음을 참으며 링컨이 이 돌발 상황을 어떻게 처리할지 지켜보았다. 링컨이 부인을 탓하든, 아니면 다가가 일으켜 세우든 난처해진 분위기를 해소하는 데는 아무런 도움도 되지 못할 게 당연했다. 링컨은 얼굴이 새빨개진 부인을 향해 미소를 지으며 말했다.

"여보, 축하는 내가 연설을 끝낸 뒤에 하기로 했잖소."

청중은 크게 웃기 시작했고 난처한 분위기는 순식간에 사라졌다.

링컨은 유머를 통해 사람들의 시선을 돌렸고 난처한 상황을 무마시켰다. 무척 지혜로운 방법이다.

화제를 전환하는 것은 쉽다. 그러나 세련되고 깔끔하게 전환하기란 무척 어렵다. 기술적인 요령 없이 무작정 달려들면 정반대의 결과를 낳는다. 억지로 화제를 전환하려 말을 얼버무리면 상대방은 당신의 의도를 알아차리고, 당신이 그 문제에 대해 이야기하고 싶어 하지 않는다는 사실을 들켜버린다. 게다가 당신이 뭔가 잘못했기 때문에 그 문제에 대해 대답하지 않으려 한다는 선입견까지 생기고 만다. 그러므로 화제를 전환할 때는 반드시 신중하게 접근해야 한다.

당신의 진심을 보여주세요

　　　　　　　　　　"그야 물론 네가 진심인지 아닌지 보려고 그러지."

우리는 평소 이런 말을 자주 듣기도 하고 하기도 한다. 이 말의 의미가 명확하다고 생각했다면 당신이 틀렸다. 이 문장은 애매한 단어의 오류를 범하고 있다. 나의 히든카드를 내놓기는 싫지만 상대방의 패가 궁금할 때 사람들은 이런 말을 자주 한다.

애매한 단어란 다양하게 해석 될 수 있는 언어로 대부분 다의어를 통해 나타난다. 보통 의도적으로 문장 속에 섞어 쓰며 취조 과정에서 용의자를 겨냥해 쓰이는 경우도 많다. 다음의 예를 보자.

◆ 행복은 삶의 종착역이다.
　삶의 종착역은 죽음이다.
　그러므로 행복은 죽음이다.

◆ Half a loaf is better than Nothing.

Nothing is better than good health.

Half a loaf is better than good health.

이 두 가지 논증은 형식상 유효하다. 오류는 어디서 발생한 걸까? 첫 번째 예시의 첫 문장 '행복은 삶의 종착역이다'에서 종착역은 취지와 목표를 의미하고, 두 번째 문장에서는 끝을 의미한다. 두 번째 예시에서는 'Nothing'이 애매하게 쓰였다. 첫 번째 문장에서는 아무것도 없다는 뜻이지만 두 번째 문장에서는 그 무엇도 없다는 의미로 쓰였다. 논리를 배우는 학생들에게 애매한 단어는 무척 어려운 문제다. 대화에서 애매한 단어를 사용하는 것은 오류의 일종이다. 상대가 단어를 특정 개념으로 받아들일 준비를 마친 상태에서 그 단어와 동일한, 그러나 의미는 다른 개념으로 바꿔버리기 때문이다. 개념 자체를 바꾼 것이 아니라면 단어만 같을 뿐 서로 다른 두 개념 사이의 관계를 따지는 일은 무의미하다.

"영국에서는 코끼리를 찾을 수 없어요. 그러니 당신에게 코끼리가 있다면 잃어버리지 마세요. 다시는 찾을 수 없을 테니까요."

여기서 '찾다'라는 단어는 두 가지 다른 개념으로 쓰였다. 첫 번째는 '발견'이고 두 번째는 '수색해 찾다'라는 뜻이다. 어떤 단어들은 애매한 뜻으로 쓰여도 쉽게 판별해낼 수 있지만 그렇지 않은 단어들도 있다. 언어논리의 고수들은 애매한 단어를 능숙하게 활용해 진실을 숨기고 완전히 다른 결과를 도출해낸다. 만약 애매한 단어의 오류가 사라진다면 정치는 지금과 완전히 달라질 것이다. 비즈니스 서신도 이런 식으로 바뀔 수 있다.

"걱정 마세요. 우리는 당신의 편지를 중요하게 생각합니다."(진실은? 이 편지는 가뿐하게 폐지함으로 들어가게 될 겁니다.)

"누구든 스미스 씨를 고용할 수 있다면 행운이죠."

애매한 단어는 유머 효과도 있다. 연극의 우스운 대사도 이 오류에서 착안한 것이 많다.

"우리 개는 코(후각)가 없어."

"그럼 어떻게 냄새를 맡나?"

"골치 아프지!"

미국의 30대 대통령 캘빈 쿨리지(Calvin Coolidge)에게 기자가 이런 질문을 했다. "가수의 공연(execution, 연주나 그림 제작 등의 솜씨. '사형에 처하다'의 의미도 있다)에 대해 어떻게 생각하시나요?"

대통령이 대답했다. "저는 늘 완전히 동의합니다."

언어논리의 고수들은 선거 후보에게 이렇게 조언한다. "어떤 말을 해야 할지 모를 때는 애매한 단어를 쓰세요." 매번 상대의 비위를 맞출 수는 없지만 당신은 언제나 그들을 손바닥 위에 놓을 수 있다. 후보는 사형에 찬성하는 사람들 앞에서는 살인자에게 가장 '실질적인' 처벌을 내릴 계획이라고 말하고, 사형 반대자들을 만났을 때는 '인도적인 방향'으로 생각하고 있다고 말한다. 대체 무슨 뜻일까? 형량을 실질적으로 경감시키거나 인도적인 사형을 집행할 계획이란 의미일 수도 있다.

애매한 단어는 국가들 사이의 복잡한 분열에서 초강력 접착제 같은 역할을 한다. 딱 잘라 해석하기 어렵다는 특성을 이용해 조율하기 어려운 의견들을 한데 모아 연결할 수 있다. 대부분 국가 사이의 전면적이고 직접적인 토론은 조약의 형식으로 합의를 이룰 때가 많은데, 이 조약에 쓰이는 단어들은 양측이 각각 다른 뜻으로 해석할 수 있도록 치밀한 계산하에 선택된다. 애매한 단어들은 국회에서도 볼 수 있다. 만약 당신이 이미 국회의원이라면 이 분야에 대해서는 더 배울 것이 없다고 봐도 무방할 것이다.

노하우가 쌓이면 당신도 '충분히 고려하겠다'라는 식의 말들을 자유자재로 사용해 애매한 단어의 오류를 능숙하게 활용할 수 있을 것이다. 그럼 행운을 빈다!

누설 비율 10퍼센트를 기억하라

무슨 일을 하든 사람들은 언제나 마지노선을 생각한다. 어떤 일에 대한 진실을 말할 때 당신의 마지노선은 어디인가? 상대의 신뢰를 얻기 위해 일부 사실을 반드시 공개해야 한다면 당신은 어떻게 하겠는가? 공개하기로 했다면 어디까지 말할 것인가? 수많은 사례가 증명하듯 히든카드를 너무 일찍 공개한 사람이 가장 먼저 지는 법이다. 아직 승패를 논할 단계가 아니고 상황도 든든하게 굳어지지 않은 상태라면 사방에 떠들고 다니는 것을 가장 경계해야 한다. 이것이 바로 출전 가능 여부를 결정하는 핵심이기 때문이다.

게임에 나서고 싶다면 판을 짤 줄 알아야 한다. 자신이 인생이라는 무대에 오른 배우라고 생각하고 뛰어난 연기로 진실을 가려야 한다. 판을 짤 때 언제나 빠질 수 없는 부분이다. 지혜로운 사람은 사람들 앞에서 어리숙한 척하며 날카로운 칼날을 숨긴다. 중국 속담에 "나무가 크면 바람도 세게 맞는다"는 말이 있다. 재능을 지나치게 드러내거나 오만하게 굴면 당신의 목표를 쉽게 들켜버릴 수 있고 사람들의 의심을 사게 되므로 절대 피해야 한다. 상대방과 겨룰 때 현명한 사람은 능숙하게 '바보 연기'를 펼친다. 자신의 실력을 드러내 보이지 않으며, 상대방의 잘못을 똑똑하게 고쳐주는 일은 더더욱 없다. 물론 이는 고도의 연기력이 필요한 과정으로 연기력이 없다면 상대방을 '속여 넘길 수'도 없을 뿐더러 내가 원하는 대로 판을 짤 수는 더더욱 없다.

당신이 어떤 분야에 종사하든 모든 업계에는 비슷한 규칙이 있다. 마지막에 웃는 승자가 되려면 자신이 정한 역할을 완벽히 연기하며 진짜 속내를 '깊이 숨겨 드러내지 않도록' 최선을 다해야 한다. 연기 재능은 개인의 경험과 성격에 따라 달라지는 일종의 처세술이다. 속이 깊은 사람은 자신의 일을 고스란히 드러내 보이는 법이 없으며 별것 아닌 소소한 사건이라도 함부로 이야기하지 않는다. "병은 입으로 들어가고 화는 입에서 나온다"는 사실을 잘 알고 있기 때문이다.

직장의 논리 고수들은 누설 비율에 따라 적절한 선에서 정보를 유출한다. 일반적으로 적게 말할수록 더 많이 들을 수 있으니, 늘 전체의 10퍼센트 정도만 말한다는 생각을 지녀야 한다. 예로부터 성공한 사람은 자신이나 타인에 대해 적게 말하고, 자신의 본성에 대해서는 더더욱 쉽게 누설하지 않았다. 이들은 누설 비율이 자신의 삶이나 사업에 얼마나 중요한지 잘 알고 있다. 이러한 선을 지켜야 더 많은 기회를 얻을 수 있다.

반대로 이 선을 넘어서면 우리 자신을 타인들에게 너무 많이 드러내고 만다. 사회에 갓 진출한 청년들은 경험이 얕은 만큼 대부분 미숙한 편이다. 억울한 일이나 뜻하지 않은 타격을 입었을 때 수용할 수 있는 힘이 매우 약하고, 작은 자극만 주어도 금세 해명하거나 반박하려 한다. 심지어 마치 상품을 진열하듯 거리낌 없이 다른 사람 앞에 자신을 드러내 보여, 본인의 숨긴 패를 모조리 펼쳐 보이기도 한다. 이들이 타인의 도구가 되어 이용당하기 쉬운 이유가 바로 이 때문이다.

어떤 측면에서 우리는 거북이처럼 살아야 <u>스스로를 보호할 수 있다</u>. 모든 것이 충족되지 않았을 때는 참을성 있게 껍질 안에 웅크린 채, 밖에서 무슨 일이 벌어져도 머리를 내밀지 말아야 한다. 거북이는 자칫 뒤집어져 배를 보이면 다시 몸을 뒤집기가 몹시 어렵다는 스스로의 약점을 잘 알고 있다. 우리도 이와 마찬가지 아닐까?

당신의 비밀은
스스로 지켜라

언어논리의 고수들은 자신의 비밀을 지키기 위해 세 개의 주머니를 준비해두고, 그중 두 개는 절대로 열지 않는다. 주머니 하나에는 가장 나쁜 소식이 들어 있고 다른 주머니 하나에는 가장 좋은 소식이 들어 있다. 언어논리 고수들은 필요할 때면 이 두 주머니가 아닌 다른 주머니를 열어, 주머니 안을 반드시 들여다 보려는 사람에게 슬쩍 보여준다. 주머니를 엿본 상대방은 그것이 진짜 비밀인 줄 알지만 실제로는 거짓 정보에 불과하다.

사생활은 개인계좌의 비밀번호와 같다. 비밀번호를 함부로 말하고 다니거나 공개적으로 자랑하는 사람은 아무도 없다. 당신의 비밀을 호시탐탐 노리는 사람은 어떤 측면에서는 도둑과 같다. 자신의 사생활에 자물쇠를 단단히 채우고 함부로 열쇠를 넘겨주는 일이 없도록 해야 한다. 그럴 필요가 없는 상황에서 다른 사람에게 당신의 사생활을 고백할 의무는 없다. 당신의 비밀을 알게 된 사람은 그것을 궁금해하는 또 다른 사람에게 새로운 선물처럼 건네줄 것이고, 결국 모든 사람이 당신의 비밀을 알게 될 것이다. 내가 비밀을 꺼내놓았으니 그 사람도 속내를 털어놓을 거라 믿는다면 그것은 지나치게 순진한 생각이다. 상대방은 당신을 스스로조차 제대로 지키지 못하는 멍청이라고 생각할 것이다. 만약 누군가 당신을 '배신'했더라도 원망해선 안 된다. 당신의 비밀은 당신 자신이 지켜야지 다른 사람이 지켜줘야 할 의무는 없기 때문이다.

덜렁대는 성격의 절친이 내게 이런 하소연을 했다. 회사에서 제일 친하고 가장 믿는 동료에게 '절대 아무에게도 말하면 안 된다'는 조건을 붙여, 자신이 전 남자친구에게 금전사기를 당했던 일을 털어놓았다는 것이다. 나중에 어떤 일이 벌어졌는지는 당신도 이미 알고 있을 것이다. 그 동료는 절대로 다른 사람에게 말하지 않겠다고 맹세까지 했지만, 일주일도 채 지나지 않아 회사 전체의 모든 사람이 그녀를 이상한 눈으로 보기 시작했다. 그녀의 '비밀'이 모두에게 알려진 것이다. 나의 이 '순진'한 친구는 결국 상처만 입은 채 회사를 떠날 수밖에 없었다.

비밀은 오직 한 사람이 알고 있을 때만 비밀이다. 두 사람이 알게 되면 온 세상이 다 아는 것과 같다. 나를 '배신'했다고 남을 원망하기 전에 자신의 입 단속부터 단단히 해야 한다.

시어도어 루스벨트(Theodore Roosevelt)가 해군차관보에 있을 때의 일이다. 하루는 친한 친구가 갑자기 그를 찾아왔다. 두 사람이 대화를 나누던 중, 친구는 해군이 캐리비안의 어느 섬에 기지를 건설한다는 이야기를 꺼냈다.

"이보게 친구, 그 기지를 세운다는 소문이 사실인가?"

조심스럽게 몸을 일으켜 세운 루스벨트는 사방을 한번 둘러본 다음 목소리를 잔뜩 낮춰 대답했다.

"외부로 유출되면 안 되는 정보네. 비밀을 지켜줄 수 있겠는가?"

"지킬 수 있지!"

친구는 얼른 대답하고 상반신을 기울였다.

"그럼 나도 비밀을 지키겠네."

루스벨트는 미소 지으며 대답했다.

말할 수 있는 일은 '비밀'이 아니라 '말 못할 사정'쯤 된다. '말 못할 사정'이란 보통 시효성이 있어 특정한 시기가 지나고 나면 자연스럽게 풀리는 일이다. 예를 들자면 불행한 만남이나 생각하고 싶지 않은 경험, 자신이 했던 떳떳하지 못한 일, 감정의 배신 등 사람들이 원하지 않거나 받아들일 수 없는 사건들이다. 자기보호기제 덕분에 이러한 '비밀' 등은 우리 마음속 깊숙한 곳에 숨겨진다. 그러나 속마음을 말하길 갈구하고 상대의 이해를 원하는 것은 거의 모든 사람들이 지닌 본능이다. 이때 '털어놓기'야 말로 가장 빠른 방법이다. 믿음직하거나 자신을 이해해줄 것 같은 사람을 만났을 때 혹은 마음이 가장 약해진 상태에서 털어놓고픈 충동이 이는 순간, 사람들은 참지 못하고 자신의 비밀을 모조리 꺼내놓는다. 이렇게 '고백'했을 경우 어떤 일이 벌어질지에 대한 이성적 계산은 감정에 밀려난다. 그렇게 비밀을 폭로한 대가가 발생하기 시작한 뒤에야 비밀의 주인은 현실을 깨닫고 후회한다.

여자들 사이의 문제는 '비밀'과 관련된 경우가 많다. 한때 못 할 말이 없을 정도로 친하게 지내던 절친이 철천지원수가 되는 경우를 한 번쯤은 보았을 것이다. 내가 아는 어떤 여자들은 별것 아닌 '작은 사건' 때문에 등을 돌리고 말았다. 왜일까? 두 사람이 다투는 과정에서 한쪽이 상대방의 비밀을 반격의 도구로 이용했기 때문이다. 다른 사람들이 잔뜩 있는 곳에서 비밀을 말해버린 탓에 당사자는 무척 난처한 상황에 처했고 본인의 평판에도 큰 영향을 받았다. 정치권의 알력 다툼을 그린 영화를 보면 비슷한 이야기가 자주 나온다. 어떤 고위관료의 사생활이 그의 발목을 잡고, 그로 인해 잘나가던 정치인이 한순간에 추락하면서 가족들까지 연루된다는 이야기 말이다.

방법은 매우 쉽다. '당신의 일'을 비밀로 만들고 싶다면 말하지 말라. 가장 가까운 사람이 캐물어도 조개처럼 입을 다물어라. 반드시 말해야 하는 상황이라면 가장 피해야 할 사람은 바로 '믿을 만한 사람'이다. 당신 자신도 비밀을 지키지 못하는데 누가 당신의 비밀을 지켜주겠는가.

다른 각도에서 보면 비밀 발설도 나름의 필요가 있다. 마음속 비밀을 말하면 부담과 죄책감이 덜어져 일시적인 해방감을 느낄 수 있다. 하지만 비밀 공개는 자신의 약점을 다른 사람에게 알리는 것과 같다는 사실을 반드시 기억해야 한다. 상대의 손에 당신을 공격할 무기를 쥐어주고 싶은 것이 아니라면 누구에게라도 말하고 싶은 마음이 강해질 때, 비밀 발설은 원치 않는 결과를 가져올 수 있다는 사실을 반드시 기억해야 한다.

까마귀가 날았기 때문에
배가 떨어졌다

미식축구팀인 시카고베어스의 쿼터백 제이크 커틀러(Jake Cutler)는 뛰어난 미식축구 선수였다. 커틀러가 《스포츠 일러스트레이티드(Sports Illustrated)》의 표지를 장식한 지 얼마 지나지 않아 NFL 챔피언십 경기에서 초반에 부상을 입었다. 결국 시카고베어스가 17 대 31이라는 큰 점수 차로 그린베이 패커스에 지고 말았다. '스포츠 일러스트레이티드 징크스'(《스포츠 일러스트레이티드》의 표지모델이 되고 나면 성적이 부진해지는 징크스)가 또 한 번 발휘됐기 때문일까, 아니면 다른 원인이 쿼터백의 불운을 초래한 것일까? 객관적으로 분석해보면 패커스가 대단히 완벽한 방어를 펼쳤다는 식으로 커틀러와 베어스가 실패한 원인을 다른 데서 찾을 수 있을 것이다. 단순히 《스포츠 일러스트레이티드》의 표지에 실린 것을 패배 원인으로 꼽는다면 논리적인 오류를 범하고 있는 것이다.

사람들은 해답을 찾기에 앞서 특수한 사건이 문제를 일으킨 원인이라고 생각하는 경향이 있다. 이를테면 갑이라는 사건은 을이라는 사건 전에 발생했으니 갑이 을의 원인이라는 식이다. 이런 식의 추론이 발생하는 이유는 두 가지 사건이 잇따라 발생했을 때, 첫 번째 사건을 두 번째 사건의 원인으로 믿는 사람들의 일반적인 성향 때문이다. 그러나 이런 생각과 달리, 실제로는 두 사건이 연달아 벌어졌어도 그 사이에는 아무런 관계가 없는 경우가 많다. 처음의 사건이 두 번째 사건의 원인이라고 잘못 결론을 내린 경우, 우리는 선후인과의 오류를 범했다고 한다. 선후인과의 오류란 라틴어로 'post hoc, ergo propter hoc fallacy'라고 하는데 '이것이후에 일어났으니 이것 때문이다의 오류'라는 뜻이다. 선후인과의 오류란 사건 을이 시간상 사건 갑의 직후에 일어났다는 이유 하나만으로 을이 갑에 의해 벌어졌다고 가정하는 것을 의미한다. 이런 추론방식은 위에서 언급한《스포츠 일러스트레이티드》표지모델 징크스 같은 미신으로 이어지기 쉽다. 또 아주 훌륭한 논문을 집필할 때 모자를 썼다는 이유로 그 모자가 영감을 줬다고 판단해, 다음부터 논문을 쓸 때마다 반드시 그 모자를 쓰는 사람도 있다. 다음의 예는 이런 추론방식이 초래할 수 있는 또 다른 문제점을 보여준다.

"그제 내가 얻은 이 20센트짜리 홍콩 동전이 행운을 가져온 게 틀림없어. 이 동전이 생긴 이후로 좋은 일들이 생기고 있거든. 어제는 우리 전공에서 제일 어려운 과목 시험에서 A학점을 받았고, 내가 제일 싫어하는 수업이 갑자기 휴강이 된 데다, 어제 저녁 텔레비전에서는 내가 제일 좋아하는 영화가 방송됐다고."

무척 재미있게도, 이 학생은 사건을 유발한 진짜 원인들을 모조리 무시하고 있다. 시험을 잘 치른 까닭은 본인이 열심히 공부했기 때문이고, 휴강은 교수의 여섯 살짜리 아이가 감기에 걸렸기 때문이며, 텔레비전 방송은 동전이 생기기 전에 이미 편성되어 있던 프로그램이다.

관찰력이 좋은 사람들은 정치권과 비즈니스계 거물들도 이 선후인과의 오류를 자주 활용한다는 사실을 알고 있을 것이다. 상황이 그들에게 유리할 때는 더더욱 그렇다. 예를 들면 본인이 취임한 이후에 발생한 모든 좋은 일들은 자신의 공으로 돌리고 나쁜 일들은 다른 사람의 탓으로 돌린다. 직접적으로 대답하고 싶지 않을 때 사람들은 이런 논증 방식을 떠올리는데, 비밀을 유지하면서 상대와의 관계에 해를 끼치지 않을 수 있기 때문이다.

등가교환의 원칙에 따라 어떤 상대가 당신에게 이만큼의 비밀을 알려주고, 그 대가로 당신이 알고 있는 비밀 일부를 원할 때가 있다. 이때 당신은 먼저 상대가 건네준 비밀의 가치를 식별해야 한다. 억지로 만든 두 사건 사이의 인과관계에 속아선 안 된다.

두 가지 사건이 잇따라 발생했다고 해서 양자 사이에 인과관계가 있다는 의미는 아니라는 점을 기억하자. 이런 종류의 선후 관계는 그저 우연에 불과할 수 있다. 이런 추론방식을 듣게 된다면 가장 먼저 스스로에게 두 가지 질문을 던지자. "이 사건을 설명할 다른 원인은 없을까?" "두 사건이 잇따라 발생했다는 것 외에 개연성이 큰 다른 증거는 없을까?"

낭만적인 말을 퍼부어라

90퍼센트 이상의 사람들이 실질적인 이득이 없어도 듣기 좋은 말을 좋아한다. 마치 의사가 환자에게 비타민C가 감기를 낫게 한다고 말해주는 것과 같다. 하지만 실제로 감기에 대한 비타민C의 작용은 플라시보 효과(placebo effect)에 불과하다. 이렇게 영양가 없고 모호한 말을 들었을 때 대부분의 사람들은 곰곰이 따져보지 않는다. 심지어는 듣기 좋은 말에 그저 현혹되기도 한다. 소통을 위해 이런 말을 써야 할 때가 있다. 시간 낭비이기도 하지만 전문직 특유의 신비감을 조성하는 역할도 하기 때문이다. 우리는 사람들에게 국가(정치인)가 당신에게 무엇을 해줬냐고 반문할 수 있다. '당신'이 그들을 투표로 선출해 정치권에 보냈고, '당신'이 그들에게 봉급을 주고 있으니 진상을 알 절대적 권리가 있기 때문이다. 그러나 케네디(John F. Kennedy) 대통령이 한 이 말은 대단히 낭만적인 데다 무척 강한 선동의 의미를 지녔다는 사실을 우리는 인정해야 한다. 이런 종류의 말에 '낭만적인 말'이라는 듣기 좋은 이름을 붙여주기로 하자.

예로부터 중국인들은 낭만적인 말을 좋아했다. 고대 중국인들이 했던 '낭만적인 말'들은 아직까지도 베스트셀러로 사랑받고 있는데, 고금을 막론해 가장 잘 팔리는 전략 필독서 《손자병법(孫子兵法)》도 독자들이 마음껏 상상력을 발휘하도록 하는 낭만적 요소가 아주 많다. 이 책에서 손자는 전략을 자세하고 구체적으로 기술하지 않는다. 어떻게 활용할 수 있는지도 명확하지 않다. 다만 뛰어난 문장력으로 근사하고도 놀랍게 묘사했고, 그렇게 '낭만적 요소'를 듬뿍 담아 무척 매력적인 작품으로 만들어냈다.

손자는 책에서 군세(軍勢)는 "산 위에서 갑자기 바위가 굴러 떨어지듯 막을 수 없는 기세"여야 하고, 공격할 때 "기병을 움직이는 것은 천지가 움직이듯 변화무쌍해야 한다. 하천이 세게 흐르는 것이 바로 그렇다. 물이 영원히 멈추지 않듯" 해야 한다고 썼다. 또한 병사의 기세를 바르게 하고 서로 순환하게 하는 방법에 대해서는 "소리의 종류는 다섯 가지에 불과하나 제대로 활용할 줄 알면 다양한 음률을 만들어낼 수 있다. 색깔은 다섯 종류에 불과하나 이를 제대로 배합할 줄 알면 다채로운 색상을 만들 수 있다"고 서술했다. 또한 비유에 능했던 손자는 당신이 저렇게 해낼 수만 있다면 상산(常山)의 뱀처럼 강해질 것이라는 점을 강조했다. 적이 당신의 머리를 공격하면 당신은 꼬리로 반격할 수 있고, 적이 등 뒤에서 당신의 꼬리를 노리면 머리를 돌려 공격할 수 있다는 식이다. 이렇게 그럴듯하고 애매한 비유는 확실하고도 단일한 해석을 내리기가 어렵다. 어떤 방식으로 이해하고 변론해도 모두 말이 되기 때문이다.

중국인들이 이렇게 애매한 개념을 좋아하는 이유는 간단하다. 명확하지 않고 형이상학적인 것을 이해할 줄 아는 것은 남들보다 지적 소양이 더 높다는 뜻이기 때문이다. 이렇게 생각하는 사람도 있을 것이다. '언제 어디서나 실패하지 않는 독특한 처세술이나 전략은 없는 걸까?' 물론 있다. 바로 모두가 듣고 싶어 하는 낭만적인 헛소리를 많이 하는 것이다.

대형서점을 한번 돌아보라. 《손자병법》을 주제로 삼은 책을 100권은 족히 찾을 수 있을 것이다. 사업, 협상, 세일즈, 경영, 투자, 주식, 부동산, 처세, 연애, 자녀 교육 등 주제도 다양하다. 손자가 되살아나 서점을 둘러본다면 대단히 감동할 것이다. 간단히 말해 손무(孫武)는 고대 베스트셀러의 저자일 뿐이다. 새로운 시대에 들어와서 이 베스트셀러 덕분에 신화적인 존재가 되었다. 실제로 대단한 것은 손무가 아니라 《손자병법》을 읽고 이해한 사람들이다.

손무 외에도 장자, 공자, 노자 등 고대의 베스트셀러 저자는 많았다. 이들 모두 낭만적 요소를 듬뿍 넣어 책을 썼고, 문장 속에는 그럴듯하고 애매모호한 비유들이 가득하다. 고룡(古龍)의 무협소설에 등장할 법한 구호 같은 멋진 문장들이 세대를 거듭해 독자들을 사로잡았다. 그러나 이들의 내용 자체를 들여다보면 큰 차이는 없다.

사실 제 말은
이런 뜻이었어요

재정의란 처음에 등장한 단어의 의미를 바꿔 원래의 논리적 판단과 다르게 서술하는 것이다. 간단히 말하면 갑자기 앞서 말했던 어휘의 의미를 바꿈으로써 대화 중 저지른 실수나 허점을 무마하려는 행동이다.

"장 선생님은 출국한 적이 없어요."

"장 선생님은 타이완에 간 적이 있잖아요."

"타이완에 가는 건 출국이라고 할 수 없죠."

단어의 용법은 통속적으로 발생한다. 많은 사람들이 사용하는 방향으로 단어의 의미가 정해지는 것이다. 상대방이 우리 말에 반대할 때 앞서 사용했던 어휘가 실은 다른 의미였다고 말하면 우리가 한 말의 논리성이 훼손될 수 있다.

재정의의 오류는 단어의 뜻을 정확히 설명하는 척하며 하나의 개념을 몰래 다른 개념으로 바꾸는 것이다. 이때 대체된 단어가 앞서 언급한 단어를 올바르게 설명해내지 못할 수도 있다. 이를테면 음주운전 단속에 걸린 운전자가 이렇게 말하는 경우다.

"경찰 아저씨, 방금 술 안 마셨다고 말한 건 평소에 마시던 것보다 덜 마셨단 뜻이었어요."

논쟁에서 밀리고 있을 때 재정의를 통해 기존의 것과 완전히 다른 관점을 제시하면 체면을 만회할 수 있다. 많은 경우 더욱 까다로운 조건을 덧붙여 혹시 모를 예외의 가능성까지 제거해버린다. 다음의 대화를 보자.

"당신은 테러리스트를 상대해본 경험이 전혀 없잖아요."

"저는 말레이시아와 싱가포르 정부에서 반테러 고문을 역임했습니다. 미국에서는 반테러 대학원에서 4년간 공부했고요."

"제 말은 당신이 영국에서 테러리스트를 상대해본 경험이 없단 뜻이었어요."(이때 런던 등 더욱 구체적인 영국 도시를 언급하면 한층 더 안전해진다.)

재정의는 철학자들이 가장 애용하는 구제 수단 가운데 하나다. 그들은 이런 식의 말을 자주 쓴다. "우리가 이미 독재자의 통치를 받고 있다고 말한 것은 당연히 세금관리와 정부를 가리킨 것이며 황제 폐하를 뜻한 것이 아닙니다."

철학자들 사이에서는 '미덕' '선' 심지어 '의의'에 대한 정의도 탈출구가 될 수 있다. 하키공이 골문으로 멋지게 들어가지 않고 골대를 맞추면 철학자들은 재빨리 골대를 재정의한다. 공이 다시 튕겨 나오지 않도록 골대의 위치를 살짝 옮기는 것이다.

루이스 캐럴(Lewis Carroll)의 《거울나라의 앨리스(Through the Looking-Glass and What Alice Found There)》에는 이런 대화가 등장한다.

험티덤티가 말했다. "내가 너에게 영광을 주마."

앨리스가 말했다. "당신이 말하는 영광이 무슨 뜻인지 모르겠어요."

험티덤티는 경멸하듯 비웃었다. "물론 내가 말해주기 전엔 모르겠지. '단번에 상대를 쓰러뜨릴 수 있는 훌륭한 논쟁을 주겠다'는 뜻이다."

앨리스가 반박했다. "하지만 '영광'은 단번에 상대를 쓰러뜨릴 수 있는 논쟁이란 뜻이 아닌 걸요."

험티덤티는 경멸하는 어조로 앨리스에게 말했다. "내가 그 단어를 사용할 때는 바로 그 뜻이야. 더도 덜도 말고 말이지."

영국의 재무장관들 가운데는 제대로 일할 줄 아는 사람이 없다. 재정 관료들을 잔뜩 뒀지만 그들의 업무 내용이란 '성장' '투자' '소비' '경기' 등의 단어를 재정의하는 것에 불과하다. 사실 적절한 때에 논증을 재정의해 모호한 단어의 뜻을 정확히 짚어주는 것은 절대적으로 현명한 행동이다. 단어의 이면에는 권위가 숨어 있으므로 표현 방법에 특히 유의해야 하는데, 발언을 시작할 때는 일단 기술적인 단어를 최대한 사용하는 것이 좋다.

"물론 저는 통계학자처럼 정확한 '기대치'를 활용해 수익률과 확률을 계산할 수 있죠. 하지만 어떤 일이 발생하길 바란다는 뜻은 결코 아닙니다." (혹은 그런 뜻이었을 수 있다. 교묘하게 책임에서 빠져나간 사람 하나만 빼고.)

재정의할 때 당신을 보호해줄 기막힌 방법이 있다. 모든 사람이 당신의 두 번째 정의를 이해하고 있는데 당신을 비판하는 사람만 유독 까다롭게 군다고 가정하는 전략이다. 다음의 예를 보자.

"아까 제가 기차가 정시에 도착해야 한다고 이야기했을 때, 제가 의도한 정시 운행의 뜻이 정해진 시간의 10분 이내에 도착해야 한다는 뜻이었다는 것은 모두가 아실 거라 생각합니다."

어쨌든 모두가 다 그렇게 하고 있다. 말을 할 때는 최대한의 여지를 남겨 언어의 함정에 빠지지 않도록 해야 한다. 당신이 어떤 의미로 말했는지는 아마도 당신 자신만이 정확하게 설명할 수 있을 것이다. 부디 그럴 수 있기를 바란다!

절대 그런 뜻은
아니었어요

재정의의 오류가 단어의 정의를 바꾸는 것이라면, 단어의 범위에 손대는 것은 외연축소의 오류라고 한다. 외연축소의 오류에서 단어는 '내포(intension)'와 '외연(extension)' 두 가지 방면으로 해석할 수 있다. 언급된 사물의 특질을 묘사할 수도 있지만 예시를 들어 설명할 수도 있다. '영화계 스타'라는 단어를 예로 들면, 한 영화에 출연한 남녀 주인공에 대해 이야기할 수도 있고 유명한 인기배우 몇 명을 가리킬 수도 있다. 두 가지 모두 '영화계 스타'의 뜻을 표현할 수 있다.

사람들은 단어를 조합하는 방식을 통해 미세한 의미를 전달한다. 잔잔한 물처럼 흐르던 사고가 자극을 받아 거세게 움직이면 과거 생각했던 다양한 개념과 연상 작용을 일으킨다. 단어에 미세한 어감의 차이가 있다는 것은 전달자와 수용자 모두 감안하는 부분이다. 그런데 이때 단어를 사용한 사람이 그 단어의 '외연적' 정의만을 고집한다면 외연축소의 오류를 범하기 쉽다.

"제가 이 조사를 받아들이겠다고 말한 것은 사실이지만, 그 조사가 독립적이고 공개적으로 진행되거나, 또는 조사 결과를 대중에게 공개해도 된다는 말은 아니었습니다."

'조사'라는 단어를 제한적으로 정의한다면 발화자의 말이 맞을 수도 있다. 그러나 절대다수의 사람들이 보편적으로 이해하는 조사의 의미는 아니다. 사람들이 다른 뜻으로 이해할 만한 단어를 자기만의 의미로 사용하면 오류가 생긴다. 논쟁의 핵심은 전달자와 수용자 양측 모두가 똑같이 이해해야 하며 그렇지 않으면 이성적인 토론을 이어갈 수 없다.

외연축소의 오류를 범하는 경우는 일반적으로 두 가지다. 첫째는 처음부터 의도적으로 축소한 경우고, 둘째는 단어의 정의를 수정함으로써 논리적으로 취약한 부분을 메우려는 경우다.

"저희가 대표전화를 설치할 수 있다고는 했지만 그게 반드시 유용할 거라고 말한 적은 없습니다."(숨은 의미는? 그들 또한 말한 적이 없다.)

광고업체들도 과장된 광고들을 그럴 듯하게 꾸미곤 한다.

"저희는 1년 된 당신의 중고차를 매입해 드리고, 새 차를 사실 때 처음 지불하신 가격만큼 할인해드립니다."

엄밀히 말해 당신이 처음 자동차를 샀을 때는 정가와 추가로 붙는 세금까지 모두 지불했을 것이다. 처음에 지불한 가격에는 세금도 포함돼 있지만 세금까지 계산해 할인해주는 업체는 없다.

많은 사람들이 이런 친구를 봤을 것이다. 어떤 결과가 이미 발생한 뒤, 과거에 별 생각 없이 했던 충고를 대단한 양 다시 꾸미는 친구 말이다.

"거 봐, 내가 뭐랬어. 억만장자들은 다 괴롭다고 그랬잖아. 우리 다 알고 있던 사실 아냐? 그러니 불평은 그만하지 그러니!"

외연축소는 발화자의 행위를 드러낸다. 항해 중인 선박이 파문을 일으키는 것처럼 말은 사고의 궤적을 반영한다. 사람들은 "그러니까 제 말은……" "제가 정확히 어떤 말을 하려고 했는지 당신이 안다면……" 등의 말을 덧붙여 자신이 굉장한 자격이 있다는 사실을 전달하려 한다. 이때 당신은 그 사람의 진면목을 바로 볼 줄 알아야 한다. 그는 결코 직설적이고 명쾌한 말은 하지 않을 것이며, 그가 하는 말이 정확히 무슨 뜻인지 파악하려면 사전을 뒤져야 겨우 알 수 있을 것이다. 만약 같은 단어로도 남들보다 훨씬 넓은 의미를 전달하는 경지에 이르렀다면 당신이 애용하는 레퍼토리에 외연축소를 응용해보자. 소통 과정에서 더욱 큰 주도권을 쥘 수 있을 것이다.

절대 틀릴 수 없는 예언

애매한 표현은 마치 밭 주위에 둘러친 울타리처럼 논증의 정확성을 보호해준다. 애매한 표현이란 논증 과정에서 모호한 말을 이용함으로써 나중에 상황에 따라 다르게 해석할 여지를 확보하는 것을 뜻한다. 예를 들면 이런 식이다.

"사람들이 가장 우려하는 것은 중동에서 벌이는 전쟁이 자원만 낭비하는 일이 될 경우입니다. 저 또한 그런 생각에 찬성하고요. 지금 우리가 벌이는 '제한적인' 전쟁은……"

애매한 표현은 보통 재정의의 준비 단계와 관련이 있다. 발화자는 나중에 정의를 바꾸기 쉽도록 신중하게 단어나 문장을 고른다. 만약 자신의 논리에 반대되는 논증 또는 예시가 나타날 가능성이 보이면 미리 깔아둔 애매한 표현을 재정의해 자신의 논리를 방어한다.

밤늦게 귀가한 남편이 아내에게 한 말을 보자. "적당한 시간에 집에 들어온다고 말했잖아. 평소 귀가시간을 생각하면 밤 11시 정도는 적당한 시간이야."

애매한 표현이 논리적 오류에 속하는 이유는 둘 혹은 그 이상의 다른 명제를 하나의 의미인 척 위장하기 때문이다. 마치 그리스신화 속 영웅 오디세우스의 친구인 반인반수 멘토르를 외눈박이 거인이 구분하지 못하는 것처럼, 청중이 당신의 논리를 사람인지 양인지 제대로 판별하지 못하게 하려는 의도다. 애매한 표현의 목적은 아주 간단하다. 전달된 모든 정보를 무효화시키는 것이다.

애매한 표현의 오류를 써먹을 기회를 주지 않는다면 점쟁이들은 괴로운 지경에 빠질 것이다. 경마장을 찾은 사람들이 대개 위험요소를 줄이기 위해 두 필 혹은 그 이상의 말에 돈을 거는 것과 같다. 사람들은 자신의 말이 틀리지 않도록 하나 이상의 결과를 동시에 언급하려 한다. 셰익스피어(William Shakespeare)의 희곡 《맥베스(Macbeth)》 4막 1장에서 마녀는 이런 말을 한다.

당신은 잔인하고 용감하며 결연하다.
인간들의 능력 따위 일소에 부칠 수 있지.
여자가 낳은 자는 누구도 맥베스를 해칠 사람이 없다.

여기서 마녀는 명백히 애매한 표현을 쓰고 있다. 제왕절개로 어머니의 배를 가르고 나온 맥더프는 여자가 낳지 않았으니 예외라는 점을 맥베스에게 알려주지 않았기 때문이다. 맥베스는 긴 시간의 오해와 고난 끝에 비로소 그 사실을 깨닫는다.

점쟁이와 보험설계사는 대부분 애매한 표현을 쓰는데, 그 애매모호한 수준이 우리의 상상을 가뿐히 뛰어넘을 정도라 여러모로 악명을 떨친다. 16세기 프랑스의 예언가 노스트라다무스(Michel de Nostredame)가 쓴 예언시를 모은 《예언집(Les Propheties)》은 무슨 뜻인지 알기 어렵고 해석 방식도 너무 다양한 탓에 거의 모든 사건에 적용할 수 있을 정도다. 사람들은 그의 예언 가운데 놀랍도록 정확한 부분을 많이 찾아볼 수 있다고 말한다. 나폴레옹과 히틀러, 심지어는 근대의 교황이나 정치인들도 나온다고 말한다. 애매한 표현을 사용한 예언들은 당연히 논리적 허점이 있다. 사람들은 노스트라다무스의 책에서 이미 발생한 사건의 흔적을 찾길 좋아하지만, 실제로 미래에 일어날 일을 정확히 기술한 부분은 찾아보기 어렵다. 또 하나 공통적인 부분은 이들 예언을 수십 년 혹은 수백 년 뒤에 다시 보면 이미 발생한 사건들을 미리 예측했단 해석이 가능하다는 점이다.

애매한 표현에서 가장 두드러지는 특성은 고의성이다. 발화자가 일부러 모호한 단어를 집어넣는 것은 상대를 속이기 위함인데, 명확하지 않은 단어를 쓰면 나중에 어떤 결과가 나오든 그 예언이 들어맞았다고 해석할 수 있기 때문이다. 절 입구에 좌판을 간 점쟁이들은 애매한 표현을 악의적으로 감추지 않고 '살면서 여행을 조심하라'고 일러준다. 반면 경제학자들은 자신의 애매한 표현을 숨긴 채 이렇게 말한다. "세계경제에 큰 변동이 생기기 전까지 상황은 더 악화될 수 있습니다."(상황이 좋아진다면 세계경제에 큰 변동이 생겼기 때문이다.)

비밀 누설에 재능이 있는 사람은 애매한 표현을 쓸 줄 아는 사람이다. 이러한 언어기술은 사전에 계획을 세워야 한다. 생각나는 대로 말부터 해놓고 나중에 슬쩍 바꿀 만한 표현이 있는지 찾기보다는 앞서 미리 할 말을 준비해두는 것이 좋다. 애매한 표현들을 충분히 비축해두는 것이 바람직한데, 겉으로는 이해하기 쉬운 표현이되 필요할 때 곧바로 실전에 응용할 수 있는 단어들이 좋다. 텔레마케터가 새로운 투자를 하라며 고객에게 하는 말을 보자.

"수표를 현금으로 바꾸시면 곧바로 고객님의 은행계좌에서 확인하실 수 있을 거예요"

위에서 "하실 수 있을 거예요"는 당신의 애매한 표현 목록에 포함해야 할 것이다. 위의 문장을 애매하게 만드는 공범이기 때문이다. 위의 텔레마케터는 당신의 돈이 구체적으로 언제 은행계좌로 들어가는지 명확히 말하지 않았다.

직장 동료는 친구가 될 수 없다

직장에서 산전수전 다 겪은 달인들은 갓 입사한 신입사원에게 이렇게 경고한다. "매일 함께 일해도 동료와 친구가 되는 건 좋은 생각이 아니에요. 충성심이나 안정감은 생기겠지만 잠재적인 문제도 같이 생기거든요. 일단 문제가 터지면 권위라든지 카리스마 같은 더 귀중한 걸 잃을 수 있어요." 당신은 이 말에 일리가 있다고 생각하는가?

친구 사이는 매우 순수한 관계로 지위의 높고 낮음이 없다. 생각이나 감정을 솔직하게 드러내며 서로 간에 거리감도 없다. 반면 직장 동료는 일반적으로 직위에 차이가 있을 뿐만 아니라 이익에 대한 계산이나 생각도 다르다. 더 많은 보수를 위해 '대내전투'를 해야 할 수도 있어 적당한 거리가 필요하다. 이 두 가지 역할 관계를 전환한다는 것은 완전히 다른 두 얼굴을 지녀야 함을 의미한다. 전혀 다른 두 개의 관계를 '합일'시키려면 난처하고 어색한 상황이 반드시 발생하기 마련이고, 단순하게 처리할 수 있는 일들도 복잡해진다.

소프트웨어를 개발하는 모 업체의 팀장이 이런 말을 했다. "팀원들한 테 '형제 같은 분위기'로 일하자고 했다가 골치 아프게 됐어요. 부하직원들이 제 지시를 '건의'로 생각하고 예전처럼 재깍재깍 일하질 않네요. 예전처럼 부서장 위치에서 지시하고 감독할 수가 없고, 갑자기 태도를 바꿔 부하 직원을 혼내기도 좀 민망하고요. 부서장과 부하 직원들은 정말로 친구가 될 수 없는 걸까요?"

또 다른 상황을 보자.

자오원과 샤오우는 같은 회사 같은 부서에 함께 입사한 대학동창이다. 하지만 자오원이 과장으로 승진하는 동안 샤오우는 여전히 기술직 평사원에 머물렀다. 자오원은 예전에는 이런저런 문제에 대해 자주 이야기하던 샤오우가 어느 순간 변했다는 걸 알아차렸다. 그는 샤오우를 찾아가 오랜 동창 관계가 멀어진 이유를 물었다. 샤오우의 답변에도 일리가 있었다. "언제 이직해야 할지 같은 문제를 상사 겸 친구한테 말하고 싶진 않거든."

이것이 문제의 핵심이다. 직장에서, 특히 직원들 사이가 비교적 딱딱한 부서나 특수 업계에서는 동료들과의 관계가 복잡하게 얽히지 않고 단순할수록 좋다. 상사와 부하 직원이 각자의 역할을 정확히 아는 것은 직장생활에서의 EQ와도 관계가 깊다. 특히 부서장의 역할이 중요한데, 중국 기업의 고위간부들 가운데도 부하 직원과의 거리를 잘 조절하지 못해 골치를 앓는 경우가 적지 않다. 상사와 지나치게 가깝게 지내는 직원도 부서 내 다른 직원들 사이에서 눈엣가시가 되기 쉽다.

내가 대학원을 갓 졸업하고 어느 중견 광고회사에서 일할 때였다. 회사에 신입사원이 한 명 들어왔는데 마음대로 이사실에 드나드는 등 이사와의 관계가 무척 가까워보였고 다른 동료들에게도 주도적으로 다가가면서 대화를 자주 나눴다. 그러자 사람들 사이에 은근히 이런 말이 돌기 시작했다.

"말이나 행동할 때 조심해야겠어."

"이사님이 우리 감시하라고 보낸 거지 뭐. 정말 뜻밖이네. 이사님 그렇게 안 봤는데."

부서 전체에 의견이 분분했다. 가십거리를 좋아하고 자신의 상사에 대해서도 이런저런 뒷담화를 자주 하는 사람들에게 그 신입사원은 새로운 이야깃거리가 되었다.

하루는 이사가 업무 상황을 보고하라며 나와 또 다른 동료를 불렀다. 우리는 업무에 대한 생각과 건의사항을 있는 그대로 이야기했다. 그때 이사가 갑자기 우리 말을 끊더니 신입사원을 불러 의견을 들어보자는 것이었다. 신입사원이 나타났을 때 나와 동료는 의심스러운 표정을 숨길 수 없었다. 신입사원은 소파 위에 앉아 목을 가다듬더니 엄격한 태도로 우리의 업무 내용을 평가하기 시작했다

"계약된 프로젝트가 없으면 엔지니어도 필요 없습니다. 계약 건이 생기면 사람이야 얼마든지 구할 수 있죠……"

그의 말을 들은 이사는 고개를 끄덕였다. 우리의 지난 업무를 부정하는 것과 다름없었다. 그저 입을 다물고 침묵할 수밖에 없었다. 이사가 모두함께 저녁식사를 하자고 제안했을 때 우리는 그제야 신입사원이 이미 퇴근했다는 사실을 깨달았다. 이사에게 인사도 없이 사라져버린 것이다. 신

입사원의 무례한 태도는 또 한 번 화제가 되었다. 그때부터 그에 대한 말들이 끊이지 않았는데 사장의 차를 마음대로 빌려 탄다느니, 부서 내 업무 회의를 소집한다느니, 같은 직급의 동료들에게 업무를 나눠준다느니, 보고를 듣는다느니 종류도 다양했다. 그의 직권이 대체 어느 정도인지 아무도 알 수 없을 정도였지만 우리는 그가 이사의 친한 친구라는 사실을 다 알고 있었으므로 예의를 갖추고 거리를 두었다. 나는 나중에 그 회사를 떠났다. 그리고 그 신입사원이 이사 대신 계약을 맺었다가 회사에 큰 손실을 입혔고, 결국 이사가 책임을 지고 퇴사했다는 사실을 전해 들었다.

다년간 직장생활을 한 사람으로서 말하자면, 회사 또는 부서의 책임자는 다음과 같은 두 가지 원칙을 반드시 기억해야 한다.

첫째, 당신을 도와줄 사람이 필요하다면 그 사람과는 친구가 되지 않는 것이 좋다. 당신과의 관계가 지나치게 가까워지면 그의 발전을 가로막을 수 있고, 당신 또한 부하 직원들의 존경심을 잃는 등 이미지에 큰 영향을 받게 될 것이다.

둘째, 당신의 상사가 단 둘만의 식사나 커피를 자주 제안한다면, 그리고 다른 동료들이 그 사실을 알아차렸다면 최대한 빨리 관계를 끝내라. 필요하다면 이직을 하는 것도 좋다.

그래서
그렇게 된 거야

초등학생의 우울증 발병률이 놀랍게 증가했다는 최신 통계가 있다. 그래서 어느 기자가 전문가를 찾아가 이런 현상이 나타나는 주요 원인을 물었다. 전문가의 의견을 종합하면 다음과 같은 몇 가지로 요약할 수 있다. 유전적 요인, 아이들 사이에서 유행하는 괴롭히기 놀이, 부모의 무관심, 텔레비전 뉴스에 자주 등장하는 테러리즘과 전쟁, 종교적 믿음 부족, 학습에 대한 스트레스.

자신이 답을 알고 있다고 주장하는 전문가들도 실제로는 정확한 답을 제시하지 못하는 경우가 많다. 어떤 사건이 발생했을 때 단순하고도 유일한 원인을 찾으려는 심리 때문이다. 그러나 실제로 모든 사건은 다양한 원인들이 복합적으로 작용해 빚어진 결과다. 다시 말해 복합적인 요인이 사건 발생에 필요한 전체 환경을 제공한 것이다. 예를 들어 다양한 원인이 한꺼번에 결합해 일으킨 독특한 작용 때문에 아동 우울증이 늘어났을 가능성이 높다.

인간의 특성 및 활동과 관련된 사건들 가운데는 단일한 원인보다 여러 개의 원인이 한꺼번에 작용한 경우가 훨씬 많다. 인과에 대한 가장 좋은 해석은 몇 가지의 원인을 결합한 경우다. 이러한 원인이 한꺼번에 작용했을 때 비로소 하나의 사건이 발생한다. 따라서 기자의 질문에 대한 가장 좋은 전문가의 답변은 이런 식이어야 한다. "현재로서는 그런 일이 발생하게 된 정확한 원인은 밝혀지지 않았습니다. 하지만 사건을 유발했을 수 있는 여러 원인들은 유추해볼 수 있죠."

따라서 사건의 원인을 찾을 때는 좀 더 명확해져야 한다. 우리가 찾아낸 단일한 원인들은 유일한 원인이 아니라, 사건 발생에 작용한 여러 개의 요인 가운데 하나일 가능성이 매우 높다. 이렇게 복잡한 요인들의 작용을 계산하지 못하면 인과관계를 지나치게 단순화시키는 오류를 범한다. 지나치게 단순화시킨 인과의 오류란 특정 사건을 해석할 때 전체 사건을 설명하기에 충분하지 않은 인과 요소를 내세우거나, 하나 혹은 여러 개의 요소의 역할만을 강조하는 오류다. 재미있는 점은 우리가 불편한 질문에 대한 답변을 회피할 때 이 오류를 굉장히 유용하게 활용할 수 있다는 사실이다.

어떤 의미에서 거의 모든 인과관계는 단순화시킬 수 있다. 따라서 어떤 사건의 발생 원인에 대한 질문을 받았을 때, 유발했을 가능성이 있는 모든 요소를 일일이 언급하지 않더라도 틀리지 않은 답변이 되는 셈이다. 물론 인과관계를 통해 도출된 결론은 충분한 인과 요소를 포함하는 것이 가장 바람직하다. 그래야 당신이 상황을 지나치게 단순화시키지 않고 있다는 점을 상대방에게 설득시킬 수 있기 때문이다 그렇지 않다면 당신이 강조하는 인과 요소는 수많은 원인 중 하나라는 점을 상대방에게 설명해야 한다. 당신의 결론은 여러 개의 요인 중 하나일 뿐 유일한 원인이 아니기 때문이다.

모든 논리 고수는
훌륭한 답변자다

타인과 소통할 때, 특히 상사와 소통할 때 상대방의 질문을 정확히 이해하는 모습을 보인다면 당신에 대한 상대방의 인식에 직접적인 영향을 줄 수 있다. 상사에게 좋은 인상을 남기고 싶다면 답변자의 입장에서 질문을 분석할 줄 알아야 한다. 답변자의 입장에서 질문을 분석한다는 것은 말 그대로 질문자가 제시한 문제를 분석해 질문자가 무엇을 묻고 싶고 무엇을 알고 싶은지 이해하는 것이다. 홀륭한 답변자가 되는 것은 전혀 어렵지 않다. 다음과 같은 세 가지 방면에서 노력해보자.

첫째, 타인의 질문 속 핵심어를 파악한다. 누군가와 대화하고 질문에 답변할 때 우리는 상대방이 질문하는 의도가 무엇인지 알아차려야 한다. 그렇다면 어떻게 해야 상대방의 의도를 알 수 있을까? 질문을 듣고 재빨리 질문의 핵심어를 파악해야 한다. 상대방의 질문 속 핵심을 잡아내려면 먼저 질문 속에 담긴 정보를 이해해야 하는데, 같은 정보라도 어떤 것은 부수적인 내용이라 생략할 수 있고, 어떤 정보는 중요한 내용이라 중점적으로 생각해야 한다. 질문의 핵심을 분석했으면 이제 핵심어를 찾아내면 된다. 다음의 예를 보자.

상사가 천광에게 물었다. "자네 어제 어디 갔었나? 출근도 안 하고 병가도 안 내고 말이야?"

천광이 말했다. "죄송합니다. 어제 몸이 아파서요."

상사가 말했다. "아프면 병가를 냈어야지!"

상사의 질문부터 분석해보자. 질문 속에는 '어제 어디 갔었나?' '왜 출근을 하지 않았나?' '왜 병가를 내지 않았나?'의 세 가지 정보가 들어 있다. 직원이 사정상 출근하지 못할 상황이라면 회사에 병가를 내야 한다. 이것은 상사에 대한 가장 기본적인 예의다. 그러므로 상사의 질문에서 핵심은 '출근도 안하고 병가도 안냈다'는 부분일 것이고 핵심어는 '병가'다. 여기서 만약 천광이 '자네 어제 어디 갔었나'를 질문의 핵심으로 판단했다면 어떨까? 이렇게 동문서답하는 직원을 좋아할 상사는 아무도 없을 것이다. 그러므로 타인의 질문에 대답하기에 앞서 반드시 질문의 의도와 핵심을 파악해야 한다.

둘째, 질문을 분석하는 과정에서 적절한 상호작용을 해야 한다. 만약 상대방의 질문이 명확하지 않아 의도를 파악하기 어렵다면 되물어 확인하는 방식으로 상대와 상호작용을 해야 한다. 상호작용을 통해 당신은 더욱 쉽게 문제의 핵심을 잡아낼 수 있고, 자연히 더 좋은 답변을 내놓을 수 있다. 다음의 예를 보자.

팀장이 왕샤오에게 물었다. "뭐가 그렇게 바빠요? 저번에 말한 기획서는 어떻게 됐죠?"

팀장이 '뭐가 그렇게 바쁜지'를 알고 싶은지, 아니면 '기획서는 어떻게 됐는지'를 알고 싶은지 파악할 수 없었던 왕샤오는 팀장에게 물었다. "제 기획서 말씀이십니까?"

팀장이 말했다. "그래요."

왕샤오가 대답했다. "거의 다 돼갑니다. 끝부분만 마무리하면 되고, 지금 처리하고 있습니다."

대화 속에서 왕샤오는 되묻는 방법으로 팀장이 무엇을 알고 싶은지 다시 확인할 수 있었다.

셋째, 답변은 간결하고 알차게 한다. 상대의 질문에 장황하게 대답한다면 상대방은 당신이 말에 조리도 논리도 없다고 여길 수 있는 데다 정작 무슨 말을 하고 싶은지도 알 수 없게 된다. 군더더기 없이 깔끔하게 답변하고 싶다면 가장 좋은 방법은 간결하고 알차게 대답하는 것이다.

질문의 핵심을 파악하고 상대방의 의도가 무엇인지 알았다면 그 핵심에 대해 생각한 다음, 단순하면서도 전면적인 대답을 생각해내자. 상대방에게 조리 있고 효율적인 사람이라는 인상을 줄 것이다. 특히 직장인이라면 미래를 위해 답변의 기술은 더더욱 중요하다. 업무 능력이 엇비슷한 두 직원이 어떻게 질문에 답하는지 살펴보자.

주간회의에서 사장이 신입사원 자오빙과 리스에게 물었다. "두 사람의 기획안은 언제쯤 받아볼 수 있죠?"

자오빙이 말했다. "아직 제대로 파악하지 못한 문제가 몇 가지 있는데, 제가 잘 아는 분야가 아니라서요. 그래서 그쪽 방면에 계신 몇 분과 이야기를 나눠보고 좀 더 생각한 뒤에 완성할 수 있을 것 같습니다."

리스가 말했다. "몇 가지 작은 문제만 남았습니다. 이번 주말이면 보실 수 있을 겁니다."

자오빙의 대답은 사장의 반감을 샀다. 그가 알고 싶었던 사실은 '기획안을 언제 낼 것인가'였지만 자오빙은 이런저런 이유를 말하며 한참을 떠들어댔고, 정작 언제 낼 것인지는 명확하게 말하지 않았다. 사장은 자오빙의 업무 능력에 대해서도 반신반의하게 되었다. 반면 간결하게 요점만 전달한 리스의 대답은 무척 만족스러웠고, 그의 업무 효율도 좋을 거라 여기게 되었다.

서둘러 논리적인 말솜씨를 배우지 않으면 직장인 자오빙의 미래는 대단히 험난할 것이다.

절대적으로 옳은 논리는 없다

이 세상에 절대적으로 성립하는 진리는 없다. 논리도 그와 비슷하다. 형식적으로는 절대적으로 옳을 수 있지만 내용상으로는 '절대적'과 '상대적' 성립이 한데 섞여 있다. 경찰이 수사 중 발견한 사실처럼 특정한 조건과 상황에서만 성립한다. 사건 발생 현장을 벗어나면 증거는 가치를 잃을 수도 있다.

하늘은 둥글고 땅은 사각형이라는 고대 중국의 전통적 세계관을 예로 들어보자. 당시의 조건에서는 절대적으로 옳은 논리였다. 당시 고대 중국은 광활한 영토와 수많은 인구를 보유하고 있었다. 끝이 없는 대평원에 서서 보면 하늘이 마치 활처럼 둥글게 대지를 덮고 있는 것처럼 보였다. 이러한 실제 경험을 토대로 고대인들은 자연히 '하늘은 둥글고 땅은 사각형'이라는 결론을 도출해냈다. 이러한 논리는 중국에서는 통했지만 고대 그리스에서는 성립되지 않았다. 그리스는 바다로 둘러싸여 있는 데다 지진이 잦은 국가다. 사방을 둘러싼 망망대해를 보고 살아온 고대 그리스인들은 자손들에게 이렇게 말했다. "세상은 거대한 고래란다. 우리는 고래 등 위에서 살고 있지. 이따금씩 고래가 가려워 몸을 비트는데, 그래서 지진이 일어나는 거야."

두 나라 사람들의 말은 모두 일리가 있고, 그들의 논리는 상대적으로 성립한다. 그러나 과학이 발달한 21세기에 하늘은 둥글고 땅은 사각형이라거나 세상이 거대한 고래라는 논리를 펼친다면 대단히 큰 잘못이다.

상황과 장소, 말하는 대상을 구분하지 못하고 어떤 논리가 반드시 옳다거나 그르다고만 주장하면 웃음거리가 되기 십상이다. 논리라는 여정에서 더욱 멀리 갈 수 있도록 여기서는 절대적 논리와 상대적 논리에 대해 소개하겠다. 언어논리의 고수들에게 이른바 절대적 논리란 어떤 상황에서 추론해도 형식과 내용면에서 모두 성립하는 사실이다. 이와 달리 상대적 논리란 일정한 조건하에서만 성립하는 추론이다. 먼저 어느 경찰 아카데미의 고전적인 추리 문제를 살펴보자.

몹시 추운 겨울날 새벽 4시, 피로에 지친 택시기사가 차를 몰고 새하얀 도로를 달리고 있었다. 집에서 몇 골목밖에 떨어지지 않은 곳에서 경찰이 임시검문을 한다며 차를 세웠다. 택시기사는 경찰의 지시에 따라 검문에 협조했고, 꼼꼼히 검문을 마친 경찰은 택시기사를 보내주었다. 기사는 계속해서 차를 몰았다. 두 번째 골목에 도착했을 때 방금 퇴근한 경찰이 택시를 불러 세웠다. 마침 방향이 같아서 기사는 경찰을 차에 태웠다. 담배 생각이 난 택시기사는 중간에 차를 세우고 편의점에 들어가 담배를 샀다. 기사가 아침식사를 사서 돌아왔을 때, 경찰은 그를 죽여버렸다. 어떻게 된 일일까?

논리는 일정한 상대성을 띠므로 특정한 조건과 상황하에서 비로소 성립한다. 위의 사건에서 우리는 상황과 조건의 핵심어를 분석해야 한다. 새벽, 임시검문 그리고 아침식사다. 이렇게 분석해놓으면 사건의 논리를 추측하기는 그리 어렵지 않다.

상황은 이랬을 것이다. 경찰의 임시검문은 매우 정상적이지만 새벽 5시에 하는 경우는 매우 드물다. 그러므로 아마도 범죄자가 도주 중일 것이라는 추론이 가능하다. 그러므로 택시기사가 두 번째 골목에서 태운 경찰은 진짜 경찰이 아니라 경찰이 쫓고 있는 도주범이다. 도주범은 경찰인 척 기사의 차에 탄 뒤 달아날 수 있을 거라 생각했지만 뜻밖에도 기사가 중간에 차를 세우고 편의점에 들어가 담배를 샀다. 편의점 주변에는 도주범의 몽타주와 수배전단지가 여러 장 붙어 있었고, 도주범은 그 전단지를 본 택시기사가 자신을 알아보고 신고할 것을 우려해 죄 없는 기사를 죽인 것이다.

이 사건의 추론과 결론은 특정한 시간과 장소, 상황이 모두 충족되었을 때만 성립한다. 이들 조건에서 벗어났을 때, 이를테면 사건 발생 시간이 대낮이었다면 경찰은 택시기사가 왜 화를 당했는지 쉽게 추론해내지 못했을 것이다. 그러므로 언어논리의 틀을 세울 때 우리는 반드시 말하는 장소를 구분해 근거 없는 말을 함부로 하지 말아야 한다.

중국 속담에 "산을 보고 노래를 부른다"는 말이 있다. 이 속담은 소통에도 똑같이 적용된다. 상대성과 절대성에 주의하지 않으면 소통은 막혀버리기 쉽다. 가령 자신이 처한 환경에 따라 문제를 구체적으로 분석하지 않고 논리의 절대성과 상대성을 구분하지 못한다면 이런 사람은 칼자루를 남의 손에 넘기기 십상이다.

친구들의 부추김에 넘어간 어느 학생이 시험지를 잔뜩 안고 교무실로 가져갔다.

"선생님, 이 연습문제 너무 어려워요. 주말은 이틀밖에 없는데 저는 다른 과목도 공부해야 해요. 절대로 다 끝낼 수 없어요."

"변증법적으로 말하자면 세상에 절대적인 건 없단다. 모든 일은 하기 나름이야. 남들은 다 하는데 왜 너만 못하겠다는 거니?"

학생은 지지 않고 반박했다. "세상에 절대적인 건 없다면서요. 그럼 선생님 말씀도 절대적으로 옳은 건 아니잖아요."

선생님은 더 이상 말을 잇지 못했다.

위의 대화에서 학생은 논리의 상대성과 절대성의 관계를 혼용하고 있다. 교사의 말은 절대적으로 옳은 것은 아니지만 당시 사람들에게 인정받는 상대적으로 옳은 진리다. 이렇게 상대적으로 옳은 말을 절대적으로 옳은 말로 여기면 상대방을 난처하게 만들고, 양측의 소통은 가로막혀버린다.

절대성과 상대성 사이에서 균형을 유지하고 싶다면 소통 과정에서 자기중심적인 태도를 피해야 한다. 대화할 때 자신의 생각에만 집중하면서 자기중심으로 사고할 경우 자신이 절대적으로 옳다고 여긴다. 이렇게 절대적 논리가 형성되면 발화자에게 선입견이 생기고, 자신의 의견이 옳다고 인정받으려는 욕구가 강해져 양측의 교류도 막히고 만다.

중증급성호흡기증후군 사스가 유행했을 때 중국 전역에서는 소금 사재기 열풍이 불었다. 이때 광저우 어느 대학의 학생들이 유언비어가 발생하는 원인과 확산 과정을 연구하기 위해 설문조사를 펼쳤다. 자료 준비를 마친 학생들은 거리로 나가 시민들을 인터뷰했다. "소금 사재기에 대한 유언비어를 들은 적이 있나요?" "소금 사재기에 대한 유언비어 확산에 동참하셨나요?" "소금에 대한 유언비어가 나도는 사태의 직접적인 원인이 무엇일까요?" 그러나 대부분의 시민들은 학생들의 질문에 고개를 흔들며 설문지의 내용을 이해할 수 없다고 했다. 대부분의 일반적인 시민들은 '유언비어'의 내용을 알지 못했고, '사태 확산' 같은 말은 들어

본 적이 없었기 때문이다.

  설문조사가 실패로 끝난 이유는 대학생들이 학술적 연구라는 자신의 입장에서 설문지를 작성했기 때문이다. 그들의 입장에서는 연구 조사에서 그런 단어를 사용하는 건 절대적으로 옳았다. 하지만 생각지도 못한 이런 개인주의적 사고방식이 조사자와 응답자 사이의 교류를 가로 막은 것이다. 대화 중에 이런 상황이 벌어지지 않게 하려면 상대방의 입장에서 생각하고, '내 생각이 절대적'이라는 사고방식을 버려야 한다. 그래야만 효과적인 소통이 가능하며, 잘못된 말 한마디 때문에 얼굴 붉히는 일을 피할 수 있다.

  절대적, 상대적인 논리는 모두 일정한 사실과 조건에 입각해 판단된다. 그러므로 나의 언어 습관에 논리성을 더하고 싶다면 논리가 성립하는 전제를 잊어선 안 된다. 말을 할 때 원인과 결과를 모두 제대로 전달해야 비로소 논리가 더욱 명료해진다.

  이 세상에 절대적으로 옳은 논리는 없다. 우리가 논리의 절대성과 상대성 사이에서 균형 잡는 법을 익힌다면 언제 어디서나 자유자재로 대화를 이끌어갈 수 있을 것이다.

모든 변론에서 이기게 해주는
악마의 대화법

1판 1쇄 인쇄 2019년 11월 4일
1판 1쇄 발행 2019년 11월 22일

지은이 자오잔우
옮긴이 이정은
펴낸이 여종욱

책임편집 최은영
디 자 인 〔★〕규

펴낸곳 도서출판 이터
등 록 2016년 11월 8일 제2016-000148호
주 소 인천시 중구 은하수로229 영종 한신더휴 스카이파크
전 화 032-746-7213 **팩 스** 032-751-7214 **이메일** nuri7213@nate.com

ISBN 979-11-89436-09-4 03190

이 도서의 국립중앙도서관 출판시도서목록(CIP)은 e-CIP 홈페이지
(http://www.nl.go.kr/cip.php)에서 이용하실 수 있습니다. (CIP제어번호:CIP2019041213)

값은 뒤표지에 있습니다.
잘못 만들어진 책은 구입처에서 교환해 드립니다.

DEVIL
LOGIC